本书为国家社科基金青年项目
"新时代青年农民工精神生活需求及价值引导研究"
（18CKS036）的结项成果

新时代

青年农民工精神生活需求及价值引导研究

蔡小菊 著

天津出版传媒集团

天津人民出版社

图书在版编目（ＣＩＰ）数据

新时代青年农民工精神生活需求及价值引导研究 /
蔡小菊著. -- 天津：天津人民出版社, 2023.9
ISBN 978-7-201-19850-7

Ⅰ.①新… Ⅱ.①蔡… Ⅲ.①民工—精神文明—研究
—中国 Ⅳ.①D422.6

中国国家版本馆 CIP 数据核字(2023)第 183096 号

新时代青年农民工精神生活需求及价值引导研究
XINSHIDAI QINGNIAN NONGMINGONG JINGSHEN SHENGHUO
XUQIU JI JIAZHI YINDAO YANJIU

出　　版	天津人民出版社	
出 版 人	刘　庆	
地　　址	天津市和平区西康路35号康岳大厦	
邮政编码	300051	
邮购电话	（022）23332469	
电子信箱	reader@tjrmcbs.com	

责任编辑	郑　玥	
装帧设计	汤　磊	

印　　刷	天津新华印务有限公司	
经　　销	新华书店	
开　　本	710毫米×1000毫米　1/16	
印　　张	17.25	
插　　页	2	
字　　数	200千字	
版次印次	2023年9月第1版　2023年9月第1次印刷	
定　　价	78.00元	

目录
CONTENTS

导　论

一、问题研究的缘起

党的二十大报告强调"丰富人民精神世界"是中国式现代化的本质要求之一。关注和满足青年农民工精神生活需求,让他们享有更加充实、更高质量的精神生活,是提高社会文明程度,维护社会和谐稳定,彰显中国式现代化优势与特色的重要举措。2020 年 10 月 29 日,中国共产党第十九届中央委员会第五次全体会议通过的《中共中央关于制定国民经济和社会发展"十四五"规划和二〇三五年远景目标的建议》中,明确提出要推进以人为核心的新型城镇化,完善农业转移人口市民化的相关政策,强化基本公共服务保障,加快农业转移人口市民化。自 2009 年中央经济工作会议明确提出要把解决符合条件的农业转移人口逐步在城镇就业和落户作为推进城镇化的重要任务后,在中共中央和国务院有关文件和国家领导人讲话中多次出现"推进农业转移人口市民化"这个重要表述。由此可见,农业转移人口市民化、将符合条件的农业转移人口逐步转为城镇居民,这是在我国新型城镇化道路中所要关注的重点问题。

"农业转移人口"既包括户籍在农村但已经从农村迁出城镇工作生活或在农村与城镇之间流动的农村户籍人员,也包括已落户城镇并在城镇工作生活的这一小部分城镇居民。前者的主体就是农民工,在农业转移人口群体中占据了较大比重。而青年农民工在全国农民工总量中的占比越来越高。根据国家统计局发布的《2020年农民工监测调查报告》显示,1980年及以后出生的青年农民工占比全国农民工总量从2016年的46.1%上升至2020年的50.6%。①这表明,青年农民工已逐渐成为农民工的主体。

青年农民工与老一代农民工相比,具有明显的特征。青年农民工受教育程度高,消费水平较高,融入城市意愿强烈,在工作中有较强的主体意识和进取精神,更加注重对自身利益的维护,精神世界和价值追求更为丰富。作为从农民工中分化出来的新群体,青年农民工具有鲜明的代际特征和时代特征。在美好生活需要中,精神生活需求是他们追求的一个重要维度。青年农民工既是推进城镇化的重要主体,又是乡村振兴战略的重要主力军,只有关注并满足青年农民工群体的精神生活需求,用科学的价值观对他们进行价值引领,丰富他们的精神世界,才能更好地推进青年农民工的现代化转变,更好地推进以人为核心的新型城镇化,进而助力新时代人民群众美好生活建设。

二、核心概念界定

核心概念的界定是课题研究的起点。本课题的核心概念是青年农民工和精神生活需求,要对它们的内涵和外延进行厘清,为后面的研究奠定基础。

---

① 中华人民共和国中央人民政府网.http://www.gov.cn/shuju/2021-04/30/content_5604232.htm.

（一）青年农民工的概念

1.农民工

农民工是世界工业化史上的一个新概念，是农村剩余劳动力向城市流动过程中形成的一个独特的社会阶层。[①]1991年，国务院发布了《全民所有制企业招用农民合同制工人的规定》，明确指出"农民工是指企业招用的农民合同制工人"，这是国家文件中最早使用"农民工"一词。农民工的概念，《现代汉语词典》还未将其收纳，只有对"民工"一词进行解释，即"一是指在政府的动员和号召下从事参与修筑公路、堤坝或帮助军队运输等工作的人。二是指到城市打工的农民"[②]。今天我们所讲的农民工从通常意义上说主要指后者。

学界对农民工问题的研究，最早是1984年中国社会科学院张雨林发表于《社会学通讯》（内部发行）的文章《县属镇的农民工》。文中首次提出"农民工"，此后，"农民工"一词在学界被广泛使用。20世纪90年代之后，"农民工"一词逐渐进入国家政策、学术研究、大众传媒和民众话语体系中，成为当时最流行的词语之一，从这个时期开始学术界对"农民工"问题的研究很多，成果逐渐增多。中国社会科学院李培林教授将农民工界定为"流动民工"，他认为从农业工商服务向工商服务等非农产业流动、从欠发达地区向较发达地区流动、从低收入阶层向高收入阶层流动是"流动民工"的三个主要流动方向。[③]国务院研究室课题组在《中国农民工调研报告》中从广义和狭义的角度对农民工进行了界定，报告指出，广义的农民工包括县域内在第二、第三产

①　李贵成：《民工荒视域下的新生代农民工价值观研究》，科学出版社2016年版，第31页。

②　中国社会科学院语言研究所词典编辑室编：《现代汉语词典》（第6版），商务印书馆2012年版，第903页。

③　李培林：《流动民工的社会网络和社会地位》，《社会学研究》1996年第4期，第44页。

业就业的农村劳动力,而狭义的农民工多指跨地区外出进城务工人员。①笔者认为《中国农民工调研报告》中对农民工的界定是较为科学和全面的。

当然,很多学者也从不同研究语境对农民工进行研究,如有学者从地域、职业、劳动关系和制度身份劳认识和界定农民工(陆学艺,2004);有学者指出农民工特指进城务工的数以万计的农民群体,与最初进入乡镇企业工作的农民截然不同(王琳琳、冯继康,2004);有学者认为,农民工是主要从事第二、第三产业工作的非城镇户口的人员,他们从农村来到城镇,既是消除城市文明与乡村文明隔阂的积极实践者,也是社会主义物质文明和精神文明的建设者(赵文斌等,2002)。综合学界对农民工概念的界定,本课题认为所谓农民工,就是在城市从事非农业工作的农村户籍的工人。

国家统计局发布的《2020年农民工监测调查报告》中将农民工分为外出农民工和本地农民工。外出农民工是指在调查年度内,在本乡镇地域以外工作6个月以上的农村户口的劳动力。本地农民工是指在调查年度内,在本乡镇地域内从事非农活动6个月以上的农村劳动力。根据调查报告显示,2020年全国农民工总量达到28560万人,其中,外出农民工16959万人,占59.3%;本地农民工11601万人,占40.6%。报告显示,从农民工年龄结构来看,1980年及以后出生的青年农民工占比全国农民工的比例逐年上升,从2016年的46.1%上升至2020年的50.6%,这表明,青年农民工已逐渐成为农民工的主体。

2.青年农民工

当今,我国农民工群体产生较大的代际分化,从国家统计局发布的《农民工监测调查报告》中可以看到,"80后""90后"和"00后"的农民工群体所占农民工总数比例超过50%,我们将这类1980年及以后出生的、在城市从事非农业工作的、拥有农村户籍的工人称为青年农民工。要了解青年农民工

① 国务院研究室课题组:《中国农民工调研报告》,中国言实出版社2006年版,第1页。

群体的内涵和特征,不得不考究另一个概念,那就是"新生代农民工"。

中国社会科学院研究员王春光首次提出"新生代农民工"这一概念,他称其为"新生代农村流动人口"。他在其文章当中用社会学视角分析不同个体特征的农村流动人口并提出相关概念,认为 20 世纪 90 年代初次外出务工的"新生代流动人口"没有务农常识和经验,文化程度相对于老一代流动人口要高,且外出动机开始从经济型转到经济型和生活型并存。王春光主要从年龄特征、务农经历、外出动机和教育程度等维度来界定新生代农村流动人口。①"新生代农民工"一词首次进入国家政策文件话语体系是在 2010 年 1 月 31 日中央一号文件《关于加大统筹城乡发展力度 进一步夯实农业农村发展基础的若干意见》,此后这一概念被学术界广泛接受和使用。刘传江认为新生代农民工主要以"80 后"和"90 后"农民工群体为主,他们对农村和城市有着不同于老一辈农民工的社会认知、认同度和工作生活期望值,因此新生代农民工是一个社会学概念而不是人口学概念。②全国总工会发表的《关于新生代农民工问题的研究报告》中将新生代农民工界定为出生在 20 世纪80 年代以后,在异地以非农就业为主的农业户籍人口。从概念上看,青年农民工和新生代农民工的概念是一致的,青年农民工又可以称为新生代农民工。

当然,青年农民工不仅在于用出生年龄来将其进行代际划分,更重要的是这个群体在思想观念、消费方式、教育程度、生活需求等方面和老一代农民工有很大区别。正如有学者说,青年农民工与传统农民工的差异在于,他们的行李袋由蛇皮袋变为拉杆箱,里面的行李由棉被变成日常生活用品,衣着光鲜代替了灰头土脸,神情自信代替了表情木讷。③青年农民工因为生活

---

① 参见王春光:《新生代农村流动人口的社会认同与城乡融合的关系》,《社会学研究》2001 年第 3 期,第 64—76 页。

② 刘传江:《新生代农民工的特点、挑战与市民化》,《人口研究》2010 年第 2 期,第 34 页。

③ 吴红宇,谢国强:《新生代农民工的特征、利益诉求及角色变迁》,《南方人口》2006 年第 2 期。

的时代不同,而且长期在城市打工,他们已逐渐适应城市生活并努力融入城市。他们受教育程度较高,职业期望值也较高,收入较高,因此消费水平也较高。维权意识强烈,对社会保障的要求较高,但缺乏老一辈吃苦耐劳的品格,工作耐受力低,工作流动性较大。他们对城市的认同感不断加强,有融入城市的强烈愿望,想成为真正的城市人,乡土观念相对老一代农民工而言比较淡薄等,这些都是青年农民工的群体特征。

总体而言,青年农民工渴望被社会承认和认同,他们对城市的美好生活需求非常渴望,而美好生活需求不仅仅体现在物质生活,更重要的是人文关怀、情感交流等精神方面。他们对知识信息的追求、良好人际关系的向往、教育公平的诉求、生态宜居的需要、自我价值实现需求和政治参与的诉求等更加强烈,但由于发展的不平衡和不充分,城乡二元结构负效应的存续,致使青年农民工理想高远但难以实现,休闲娱乐需求依然停留在基础性层面,社会尊重和关怀需求的失落以及获得感和归属感仍有缺失。因此,新时代要解决新矛盾,必须关注青年农民工群体的精神生活需求,才能更好地实现青年农民工的美好生活。

(二)精神生活需求的概念

马克思主义认为人是社会性存在,人的本质是社会关系的总和,因而人具有广泛的体现其社会本质的需求。"在现实世界中,个人有许多需要"[1],人的需求不仅体现在物质层面,更体现在精神层面的需要,恰恰因为人有精神需求,才与动物区分开来。人的精神需求是在物质需求得到满足以后才会产生和发展。进入新时代,个体在物质文化需求得到一定满足后,更高层次的需求即精神需求就产生了,因而精神生活需求是美好生活需求的重要维度。

---

① 《马克思恩格斯全集》(第3卷),人民出版社1960年版,第326页。

从语义学的角度去理解"精神生活需求""精神生活",没有找到这两个词的现成定义,但在《中国大百科全书》(哲学卷)中找到了"社会精神生活"的概念。其一,一定社会人们的精神生产、思想传播和精神享受过程的总称,是社会生活的两大领域之一。社会精神生活包括的范围主要有:(1)精神生产;(2)精神生产成果的传播、意识的传播;(3)精神享受。①虽然社会精神生活与个体精神生活有所不同,但社会精神生活是构成个体精神生活的来源和内容所在,因此对社会精神生活的理解对我们界定个体精神生活、精神生活需求的概念有一定帮助。其二,理解精神生活需求必须要明晰精神生活和物质生活的关系,因为在现实生活中,任何事物都不是孤立存在的,精神更是如此,"'精神'一开始就很倒霉,受到物质的纠缠"②。所以精神生活与物质生活密不可分,精神生活需求与物质生活需求也是密切相关的,对精神生活需求的界定不能离开物质生活。

基于以上两点,我们对精神生活需求的概念界定为:在一定社会条件和物质生活基础上,人们在改造客观世界的实践活动中,为推进自身发展、不断超越自我而产生的精神层面的需要、状态和方式。课题认为精神生活需求的内容主要体现在信息和知识需求、主观认知和判断需求、情感生活需求、审美需求、休闲娱乐需求、品质和意义生活需求、政治参与感需求、社会信任需求、社会承认需求、公平正义需求这十个方面。

三、国内外研究成果综述

青年农民工是推动我国现代化建设的重要力量,对青年农民工的精神生活需求进行价值引导对提高青年农民工的综合素养、推动城乡文化建设、

---

① 《中国大百科全书》(哲学卷),中国大百科全书出版社1987年版,第760-761页。
② 《马克思恩格斯选集》(第1卷),人民出版社1995年版,第81页。

全面建设社会主义现代化强国具有重要意义。党的十八大以来,学术界主要围绕精神生活需求、青年农民工精神生活需求以及青年农民工精神生活需求价值引导等问题进行了深入研究,取得了较为丰硕的研究成果。本书就这些成果进行初步梳理,以期推动青年农民工精神生活需求及价值引导理论的深入研究。

(一)精神生活需求的研究

在马克思看来,人们的精神需要就其内容而言是"对科学的向往、对知识的渴望,他们的道德力量和他们对自己发展的不倦的要求"①。在马克思主义关于精神需要理论的指导下,学术界对精神生活需求的含义、内容等进行了多方面研究,为推进青年农民工精神生活需求及价值引导问题的研究奠定了理论基础。

1.对精神生活需求含义的研究

对精神生活需求含义的准确理解是研究青年农民工精神生活需求及价值引导问题的基础和依据。综观党的十八大以来的文献,学术界关于精神生活需求含义的研究并不多见,且尚没有一个统一的界定,而多是通过对精神生活内涵的阐释,从中得出关于精神生活需求的涵义。有学者认为,精神生活是个人用其拥有、选择、追求和创造的精神资源来满足和超越自身精神需求的一种精神活动及状态,其中,精神需要是人精神生活形成与发展的内在动力,其发展层次决定了人精神生活质量的程度。②也有学者指出,精神生活以物质生活为基础,是个人在改造客观世界过程中通过选择、向往及创造精神资源从而不断满足自身精神需求,并推进自身发展和超越的一种状态和

---

① 《马克思恩格斯选集》(第 2 卷),人民出版社 1995 年版,第 32 页。
② 廖小琴,廖小明:《重构人的精神生活》,中央编译出版社 2015 年版,第 11–12 页。

方式。①也有学者把精神生活理解为个体为满足其精神需求而进行的精神活动以及其精神上的生活状态和方式,认为其既具有一般意义上的实践性、社会性和超越性特征,也具有阶段渐进性、有限转移性和分享增值性的特有属性。②还有学者从存在方式、实践活动和价值体认三方面角度,指出精神生活是个人从其精神需求出发、面向其精神世界的一种实践活动,也是个人追求生命价值、对意义世界的一种价值体认,还是彰显个人本身存在本质的一种存在方式。③还有学者将精神生活分为广义和狭义两种,认为广义的精神生活指精神需要的满足及相应价值的实现,狭义的精神生活指终极关怀的展开及终极价值的实现。④

　　此外,也有部分学者针对精神需求、精神需要等概念进行了阐释,有学者指出,人的精神需要是相较于物质需要更高层次的需要,可以分为自尊、自知和自爱的需要、自我价值认同和自我实现的需要,以及对自我价值和意义的追求及实现的需要三个层次。⑤还有学者认为,精神需求是人类所特有的一种需求,它是指与物质需求相对应的,通过人与物、人与人之间的联系及人的活动而形成精神和心理状态来满足的需求,包括个体人、群体人和社会人的精神需求。⑥也有学者强调,精神需求满足的程度在一定意义上直接决定了人们精神生活的质量,可以说,精神生活需求就是人们精神生活产生的动机与源泉。⑦对精神需求、精神需要等概念的厘清,为精神生活需求含义的研

---

① 郑永廷,罗珊:《中国精神生活发展与规律研究》,中山大学出版社 2012 年版,第 7 页。
② 曾兰:《90 后大学生精神生活现状及其优化研究》,华中师范大学博士学位论文,2016 年,第 21-23 页。
③ 王崎峰:《改革开放以来中国大学生精神生活研究》,武汉理工大学出版社 2016 年版,第 25 页。
④ 贡华南:《饮酒与中国人的精神生活》,《江淮论坛》2020 年第 1 期,第 60 页。
⑤ 马国庆,郑粉花:《青年精神需要的层次性及其满足途径》,《人民论坛》2012 年第 17 期,第 116 页。
⑥ 凌石德:《论当代大学生的精神需求》,《湖北社会科学》2014 年第 10 期,第 162 页。
⑦ 岳瑛:《城市老年人精神需求的调查》,《中国老年学杂志》2014 年第 18 期,第 5223 页。

究提供了很好的理论借鉴。

2.对精神生活需求内容的研究

著名心理学家马斯洛将人的需求分为五个层次，即生理需要、安全需要、归属与爱的需要、尊重需要和自我实现需要。[①]学者们基于马斯洛的需求层次理论，对精神生活的内容进行了系统阐述，对于当前研究精神生活需求的内容具有重要借鉴意义。学术界关于精神生活内容的研究主要可分为两类，一类是从宏观上概括总结其内容的层次或结构。有学者认为，精神生活的内容结构依据个人精神发展水平差异可分为感性层次的心理生活、理性层次的伦理生活和超越层次的信仰生活，精神生活的形式结构主要包括精神生产方式的学习创造生活、精神交换方式的精神交往生活和精神消费方式的休闲娱乐生活。[②]也有学者认为，精神生活从结构上应包括艺术、道德、理论和信仰四种形式，这些构成了人的精神世界的基本要素。[③]也有学者认为，精神生活是人的信念信仰、情感情绪、意志等心理的精神活动及其呈现出的精神状态，从内容上看精神生活包括四个层次，即丰富内心世界、信仰、道德和愉悦层次。[④]还有学者指出，人的精神生活就内容而言，包括政治信仰这一超越层面、理想这一现实层面和社会心态这一基础层面。[⑤]还有学者认为精神生活的内容丰富多样，既包括人们日常的、享受性的精神文化需要的满足，又包括人的精神世界的充实和精神境界的提升。[⑥]

① [美]马斯洛:《动机与人格》,许金声等译,中国人民大学出版社 2007 年版,第 15–29 页。
② 曾兰:《90 后大学生精神生活现状及其优化研究》,华中师范大学博士学位论文,2016 年,第 25–27 页。
③ 苏威:《当代中国人的精神生活困境及其超越研究》,东北师范大学博士学位论文,2018 年,第 30 页。
④ 王玉如:《当代中国人的精神生活质量研究》,东北师范大学博士学位论文,2012 年,第 7 页。
⑤ 何海兵,向德彩:《精神生活的现代境遇及其变革诉求》,《思想教育研究》2017 年第 7 期,第 42 页。
⑥ 陈新夏:《精神生活与人的发展》,《中共中央党校学报》2018 年第 1 期,第 89 页。

另一类是从微观上明确指出精神生活的具体内容。有学者从精神生活的要素结构出发，认为其内容包括求知、情感、审美、道德、政治和意义生活。[①]也有学者指出，精神生活包括人们对世界观、人生观、价值观、理想抱负、道德情怀、信念、社交关系、兴趣爱好和文化娱乐等的树立、选择、培养和追求，包含审美、道德和信仰三个层次。[②]还有学者指出，精神生活作为一种精神生产和享受活动，既包括世界观和人生观、理想、道德品质的树立、选择和修养，也包括对兴趣、信念、社交、爱情和知识的追求，还包括对文化娱乐的享受等。[③]还有学者认为，精神生活作为人的精神活动过程，是人的精神世界的展开，包括日常的精神生活、求真的认知精神生活、求善的道德精神生活、求美的体验精神生活等。[④]还有学者从精神生活的维度和向度角度，指出精神生活在维度上可分为实践活动、社会交往、休闲娱乐和家庭生活，在向度上可分为求真向善、求谊向和、求乐向美、求睦向亲。[⑤]

综上，尽管学术界尚难见到关于精神生活需求内涵及内容的专题研究，但学者们围绕精神生活的含义和内容展开了深入探讨，为全面认识和研究青年农民工的精神生活需求问题提供了重要的理论借鉴。

（二）青年农民工精神生活需求的研究

青年农民工作为我国社会的特殊群体，因成长环境、发展经历和身份地位等与其他群体不同，其精神生活需求在新时代背景下也呈现新特点。对

---

① 廖小琴：《当前中国青年精神生活质量调查研究》，中国社会科学出版社2019年版，第20页。

② 鲍荣娟：《大学生精神文化生活建设研究》，哈尔滨师范大学博士学位论文，2017年，第15页。

③ 金飞、冯正垚：《以社会主义核心价值观为引领构建大学生精神生活世界》，《学校党建与思想教育》2019年第4期，第48页。

④ 颜晓峰：《满足人民美好精神生活需要的高质量发展》，《南通大学学报（社会科学版）》2019年第1期，第2页。

⑤ 罗姗：《论当代社会精神生活的维度与向度》，《思想理论教育》2012年第15期，第35页。

此,学术界针对青年农民工的精神生活需求问题进行了较为系统的研究,通过整理相关研究成果发现,其主要集中于以下五个方面:

1.青年农民工精神生活需求的内涵

就当前所查阅的资料来看,学术界关于青年农民工精神生活需求内涵的相关研究成果较少,主要是从青年农民工的精神家园、精神文化和精神需求等内涵进行解读,且大多来源于对自身研究所做的交代性概述。有学者认为,青年农民工的精神需求随物质生活条件的改善开始由谋生转变为追求权益平等,更多渴望在城市发展,体验城市文明,因而对休闲娱乐、情感交流、人文关怀等方面的需求更加迫切。① 还有学者指出,农民工在精神文化方面的需要不仅包含了思想、观念等范畴的文化,还包含了用于消遣、娱乐等的非物质生活。② 也有学者认为,青年农民工构建精神家园的内涵包括期望有拓展才能的平台、培养道德直觉与自律方面的品质,并期望在社会交往中提升精神境界。③

2.满足青年农民工精神生活需求的重要性

目前,学术界关于满足青年农民工精神生活需求的重要性问题的研究相对较少,并且主要是从青年农民工的精神文化发展和价值观等方面体现满足其精神生活需求的重要性。有学者认为,促进青年农民工精神文化发展有利于提高他们的整体素质,建设人力资源强国;有利于解决他们面临的突出问题,推进工业化、城镇化;有利于构建和谐社会和国家的长远发展。④ 还

① 李贵成:《新生代农民工精神家园的现实困境及其构建机制研究》,《东南学术》2015年第5期,第88页。

② 兰剑,王金霞:《走出文化"孤岛":农民工精神文化生活困局及其破解路径》,《湖北民族学院学报(哲学社会科学版)》2016年第1期,第23页。

③ 王帆宇:《新生代农民工的精神家园困境及其机制建设路径》,《农村经济》2013年第4期,第20页。

④ 彭焕才,王习贤:《新生代农民工精神文化发展问题析论》,《湖湘论坛》2012年第4期,第100页。

有学者认为，新生代农民工的价值观会影响他们的思维方式和行为方式以及从农民到市民的角色转换，引导他们形成正确的价值观对于促进其理想目标的实现，保持城乡社会和谐发展具有重要意义。①也有学者从价值观角度出发，指出考察农民工的价值观并对其进行教育引导不仅能够丰富社会主义价值观的教育内容和农民工价值观的教育体系，而且有利于增强农民工获得感与幸福感，推进农民工融入城市和社会。②

3.青年农民工精神生活需求的现状及问题

通过梳理相关文献可以发现，学术界在青年农民工精神生活需求的现状及问题方面的研究成果丰硕，并普遍认为新时代青年农民工在精神生活需求上存在着诸多问题。有学者指出，青年农民工在追求知识、休闲娱乐、生活方式、心理调节和婚恋情感等方面的精神生活需求虽日益强烈，但限于各种因素，其需求的满意度很低，同时其需求还出现了过度功利化和实用主义等不良倾向。③还有学者发现，青年农民工在精神需求上出现了困境，主要表现在情感上空虚且压力大，理想上愿望强烈但难以实现，休闲生活上单调且水平低，信仰上淡化而无精神支柱。④也有学者发现，新生代农民工在劳动权益、自身主体地位、市民身份和城市生活方式上有着强烈的诉求，在从业、自我发展和消费上有着超值的预期，与此同时，他们也存在从业观念不确定、思维心智不稳定、价值观念变动不居等问题。⑤

---

① 李贵成：《价值冲突与精神皈依：社会转型期新生代农民工价值观研究》，《内蒙古社会科学（汉文版）》2013 年第 5 期，第 146 页。

② 吴凯波：《城镇化进程中农民工价值观现状及教育引导研究》，华中师范大学博士学位论文，2018 年，第 3-4 页。

③ 王明学，胡祥等：《新生代农民工精神文化生活研究》，《中国青年研究》2013 年第 1 期，第 93-95 页。

④ 赵丽欣，张璇等：《新生代农民工精神需求的困境及对策研究》，《学术交流》2013 年第 5 期，第 150-151 页。

⑤ 冯菲菲，史春林：《新生代农民工的精神特质》，《理论探讨》2012 年第 6 期，第 38-41 页。

4.影响青年农民工精神生活需求满足的因素

通过对我国社会基本情况的研究或对调查研究结果的分析，学者们认为，青年农民工精神生活需求满足的影响因素主要包括城乡社会结构、主流价值观、社会大众看法、企业和社区关注度以及青年农民工自身等。有学者指出，青年农民工之所以在精神文化生活方面遇到障碍，主要是由于城乡二元格局下城乡文化之间的隔阂、社会服务上处于边缘化以及青年农民工自身在经济、时间、经历等条件上的缺乏等原因造成的。①还有学者从经济、时间和空间三个层面总结了新生代农民工精神文化生活困境形成的原因，指出经济收入与结余低、闲暇时间少且工作强度大、空间交往范围窄是制约新生代农民工精神文化生活发展的主要因素。②也有学者基于对北京和珠三角地区调查数据的实证分析发现，青年农民工精神生活需求的满足除了与流动的劳动力体制、个人条件、社会支持、移民压力和劳动权益等因素有关，还与社会交往方面的因素有关。③

5.满足青年农民工精神生活需求的对策

针对新时代青年农民工在精神生活需求方面出现的困境，学者们认为满足青年农民工的精神生活需求需要政府、企业、社会和青年农民工个人等多方面的努力。有学者提出，满足青年农民工的精神生活需求需要从三方面着手，即在制度建设上应完善城乡二元户籍管理制度、社会保障制度和就业制度；在文化建设上应建设流动性文化设施和社区化公共文化服务体系；在社会建设上应积极倡导公共精神、全社会参与、企业建立图书馆等文体设

---

① 丁成际：《新生代农民工精神文化生活现状分析及对策》，《毛泽东邓小平理论研究》2012年第6期，第53页。

② 廉思，陶元浩：《服务业新生代农民工精神文化生活的实证研究——基于北京的调查分析》，《中国青年研究》2013年第5期，第57-58页。

③ 郭星华，才凤伟：《新生代农民工的社会交往与精神健康——基于北京和珠三角地区调查数据的实证分析》，《甘肃社会科学》2012年第4期，第33页。

施。①还有学者认为,引导新生代农民工价值观的对策应当从政府、企业、社区和城市层面去寻找,政府要完善政策及职能建设,企业要整合农民工的价值需求与价值目标,城市要接纳和善待农民工,社区要对农民工进行思想道德素质与文化知识水平教育,学校要开展职业教育与培训,大众传媒要维护和塑造农民工的权益和价值观。②也有学者指出,新时代要通过优化社会治理、加强价值引导、促进主体素质来筑牢青年农民工精神家园的根基、搭建他们精神生活的框架、化解他们精神生活发展的困境。③

由上可以看出,党的十八大以来,学术界围绕精神文化生活、精神家园和精神需求等问题对青年农民工精神生活需求的内涵、现状及满足的意义和对策等进行了较为深入的研究,为推进新时代青年农民工精神生活需求及价值引导问题的研究做出了重要贡献。

(三)青年农民工精神生活需求价值引导问题的研究

在新时代背景下,随着青年农民工的生活环境日益多元化和复杂化,其精神生活需求也表现出多元化和多层次性,一些消极落后的精神生活需求与我国主流价值观呈现出了一定的偏离倾向,亟须通过价值引导使其回归到正确的航向。就目前学术界的研究成果而言,学者们对青年农民工精神生活需求价值引导问题的研究主要集中于对其路径的探索,经过整理分析可归结为以下方面:

1.以马克思主义引导青年农民工精神生活的相关研究

坚持以马克思主义为指导,认真学习马克思主义中国化最新成果,用科

---

① 宣天:《新生代农民工精神文化生活困境破解》,《人民论坛》2012年第23期,第149页。

② 李贵成:《民工荒视域下的新生代农民工价值观》,科学出版社2016年版,第186-215页。

③ 万美容,张艳斌:《论新生代农民工精神生活发展困境及应对——基于个体化理论的研究视角》,《学习与实践》2017年第7期,第48-50页。

学理论武装头脑是引导青年农民工精神生活需求呈现正确导向的思想基础。对此,有学者认为,要促进青年农民工精神生活的全面发展,要坚持马克思主义指导思想不动摇,廓清并破除非马克思主义价值观的负面影响,坚定马克思主义信仰,掌握马克思主义理论,以确保马克思主义价值观念在精神世界的统领地位。①还有学者指出,在引导农民工价值观过程中,要坚持以马克思主义理论为统领,以中国特色社会主义理论为前提,以习近平新时代中国特色社会主义思想为基础,运用马克思主义科学理论引导农民工提升劳动境界、树立正确人生理想、平衡多元价值观、树立和谐人际观、提升职业观。②也有学者强调,要推进农民工群体对马克思列宁主义等主流意识形态的认同,应注重依托政治社会化路径体系,提高政治教育,培育先进文化,重视社会传播,改善农民工生存发展环境,从而帮助农民工坚定主流意识形态所倡导的价值观念和规范体系。③

2.以思想政治教育引导青年农民工精神生活需求的相关研究

思想政治教育的历史使命在于培养人和塑造人,发挥思想政治教育对青年农民工精神生活需求的引导,能充实他们的内心世界,提高他们在精神上的归属感和幸福感,不断培植其共有的精神家园。具体的实现路径有学者认为,要突破新生代农民工思想教育现实困境,应从环境营造和载体搭建两大方面着手,通过创设良好的制度、生活和舆论环境,搭建形式丰富的文化、活动、网络和管理载体对新生代农民工进行有效的思想教育。④还有学者建

---

① 荀晓坤:《青年农民工的正确价值观培育研究》,北京交通大学博士学位论文,2014年,第83-113页。

② 吴凯波:《城镇化进程中农民工价值观现状及教育引导研究》,华中师范大学博士学位论文,2018年,第82-85页。

③ 吴春梅、郝苏君等:《政治社会化路径下农民工主流意识形态认同的实证分析》,《政治学研究》2014年第2期,第102-103页。

④ 房彬、黄学武:《城市融入进程中新生代农民工思想教育的现实困境与突破路径》,《继续教育研究》2017年第11期,第33-35页。

议，加强新生代农民工思想政治教育要在坚持促进新生代农民工自身与经济社会和谐发展相统一的基础上创新教育方法，坚持社会化定位与社会交往相结合、解决实际问题与解决思想问题相结合、隐性教育与显性教育相结合的方法。①也有学者指出，为提升农民工的政治素质和思想道德素质，帮助其树立正确价值观和良好心态，应当加快构建农民工思想政治教育的动力机制、保障机制、社区化人文关怀机制、社会工作介入机制、网络化机制、职业教育载体机制和评估机制。②

3.以社会主义核心价值观引领青年农民工精神生活需求的相关研究

社会主义核心价值观是我国全体人民共同的基本价值追求，培育和践行社会主义核心价值观有利于推动青年农民工精神生活的健康有序发展。对此，有学者认为，在自媒体环境下，必须通过培育意见领袖营造正能量舆论场、开发自媒体平台传播主流价值观、加强舆情监管占领舆论制高点、提升新生代农民工媒介素养等方法，不断创新培育新生代农民工社会主义核心价值观的路径。③还有学者强调，要充分发挥社会主义核心价值观对青年农民工经济价值观、政治价值观、文化价值观、职业价值观、道德价值观和生活价值观的引领作用，帮助他们树立正确的价值观念。④也有学者基于社会动员视角，认为应通过基层权威动员与草根精英动员相联合、利益动员与价值动员相契合、参与动员与内化动员相结合的方式重构新生代农民工党员对社会主义核心价值体系的认同路径，使其主动认同社会主义核心价值观，

① 杜爱玉：《新生代农民工思想政治教育的现状及路径选择》，《学术界》2017年第5期，第233-235页。

② 刘启营：《农民工思想政治教育机制研究》，山东大学博士学位论文，2016年，第50-123页。

③ 马莉：《自媒体环境下培育新生代农民工核心价值观的创新路径》，《中国成人教育》2017年第5期，第153-156页。

④ 吴凯波：《城镇化进程中农民工价值观现状及教育引导研究》，华中师范大学博士学位论文，2018年，第96-116页。

牢固树立坚定理想信念。①

4.以先进文化丰富青年农民工精神生活需求的相关研究

提升青年农民工的文化修养水平对于引导其精神生活具有积极作用,有利于满足和引领青年农民工日益增长的精神文化需要。对此,有学者认为,农民工市民化进程中的文化融入离不开城乡文化及农民工自身的调整,只有塑造开放包容的城市文化,弘扬乡村优秀文化传统,同时畅通城乡文化交流渠道,才能提升农民工的文化适应能力,让他们在融合城乡文化过程中不断提升自身整体文化素质,尽快融入城市文化环境中。②还有学者指出,新生代农民工的价值观培育应夯实其培育的文化根基,通过扩大城市公共文化便民服务、创新文化产品开发和加强中华优秀传统文化传播,为新生代农民工营造积极向上的文化环境,引导其文化价值观的正向发展。③也有学者强调,为改善青年农民工先天性文化素质不足,后天精神文化生活匮乏的现状,社区、企业、工会、共青团和农民工非政府组织等都应该发挥各自优势开展广泛多样的文化娱乐活动,不断丰富青年农民工的文化生活,帮助他们提升自身的内在素质。④

5.以道德规范制约青年农民工精神生活需求的相关研究

加强思想道德建设是提升整个社会道德水平的重要资源,对于规范和引导青年农民工精神生活需求具有重要作用。对此,有学者认为,要通过建立城乡统筹的农民工思想道德教育体系、树立科学世界观人生观价值观、加

---

① 黄立丰:《新生代农民工党员对社会主义核心价值体系的认同研究——基于社会动员的视角》,《吉首大学学报(社会科学版)》2014年第5期,第73-74页。

② 楚德江:《农民工市民化进程中的文化融入:困境与改革》,《学术界》2019年第10期,第130-132页。

③ 何丽梅:《新生代农民工如何实现价值观的理性构建》,《人民论坛》2020年第25期,第89页。

④ 黄丽云:《新生代农民工市民化中的价值观问题研究——以福建省为例》,福建师范大学博士学位论文,2012年,第141-143页。

快推进城镇化建设和完善教育培训制度等路径提高对青年农民工的思想道德教育,匡正他们的思想观念和精神世界,实现其思想道德的健康有序发展。①也有学者强调,为引导新生代农民工树立正确的就业观,提高其城市适应能力,要注意对新生代农民工进行职业道德教育和社会公德教育,帮助他们树立良好的职业意识和素养,培养勤劳致富和吃苦耐劳的精神,加快他们在心理和行为特征上向良好市民转变的过程,从而更快更好适应城市生活。②还有学者指出,在新型城镇化进程中,加强新生代农民工道德建设要通过培养敬业精神与职业道德、塑造道德自信与价值取向、重视社会认同与城市融入、加强精神熏陶与思想引导、完善道德建设制度保障等路径帮助和促进新生代农民工形成成熟的道德人格,养成良好的道德习惯。③

总的来看,学术界针对青年农民工的精神生活需求提出的引导策略,既为进一步提升青年农民工的精神生活质量、促进社会和谐发展提供了借鉴,也为当前及今后推进农民工精神生活引导的相关研究奠定了基础。

(四)新时代青年农民工精神生活需求及价值引导的研究展望

通过上述研究成果的归纳和梳理可以发现,党的十八大以来,学术界针对青年农民工精神生活需求及价值引导的相关问题进行了较为丰富和深入的研究,为进一步引导新时代青年农民工的精神生活需求提供了一定的理论借鉴。但总的来看,还需从以下方面对其做进一步的探索和拓展。

1.在研究总量上加强系统性研究

目前所查阅的文献显示,国内学术界针对新时代青年农民工精神生活

---

① 廖元新,卢忠萍等:《新生代农民工思想道德建设思考》,《江西社会科学》2012 年第 11 期,第 212–213 页。

② 李贵成:《民工荒视域下的新生代农民工价值观》,科学出版社 2016 年版,第 222–223 页。

③ 汤苍松,林盛:《新型城镇化进程中的新生代农民工道德建设问题》,《探索》2014 年第 5 期,第 136–137 页。

需求及价值引导问题的研究多散见于对青年农民工的精神文化生活、精神需求或对青年农民工的价值观引导、农村青年思想政治教育等的研究,关于青年农民工精神生活需求价值引导问题的专门性研究鲜少涉及,可以说还处于起步阶段甚至空白状态,其研究总量明显不足且缺乏系统性。就此而言,今后学术界不仅应加强青年农民工精神生活需求的价值引导这一领域的研究,加强青年农民工精神生活需求及价值引导的综合性研究,而且应加强包括理论基础、深刻内涵、价值意蕴、现状调查、影响因素、引导路径等在内的多领域研究,以形成较系统的研究体系。

2.在研究对象上加强具体性研究

从研究主体来看,学术界关于青年农民工精神生活需求及价值引导问题的研究多是对青年农民工这一主体的整体性研究,而缺乏以比如性别、区域、职业等为标准对其进行分类细化的具体化研究,导致对研究对象的关注度不够,研究成果较少。因此,未来学术界一方面应多集中于对青年农民工这一对象进行研究,将其分为男性与女性、省内与省外、发达地区与不发达地区、东部与西部、北方和南方、不同行业青年农民工等对象进行具体化研究;另一方面,还应将上述不同对象进行对比性研究,探索他们在精神生活需求上的区别,以对其产生的困境提出更有针对性的对策,更有效地引导其树立正确的思想观念和价值取向。

3.在研究内容上加强创新性研究

综观学术界相关研究可以发现,其研究内容多局限于对青年农民工精神生活需求的现状调查、主要困境、困境产生的原因及应对策略这四个方面进行的重复性研究,除部分学者对青年农民工的特点及其精神文化发展的重要性,精神生活需求困境的基本特征、不利后果等进行了阐述之外,很少有学者在此基础上做进一步的创新,导致部分研究对推进青年农民工精神生活需求及价值引导研究的意义并不明显,研究内容相对单一。就此,今后学术界既要加强对青年农民工精神生活需求的理论来源、本质内涵、形成发展和逻辑依据等的基础性研究，又要加强对青年农民工的精神特征、青年农民工精神生活需求与我国社会政治制度变迁的内在关系等新问题的研究，以在内容上增强创新性。

4.在研究视角上加强多样性研究

青年农民工的精神生活需求及价值引导问题既涉及社会学、政治学、教育学、心理学和经济学等学科，也涉及管理学、哲学、法学、传播学、组织行为学和生理学等学科，是需要多学科协同研究的综合性问题。但目前学术界的大多数研究主要是从社会学、经济学、教育学和心理学等学科视角展开的，而较少针对其他相关学科进行研究，使得研究的视角缺乏多样性，研究的深度和广度难以拓展。显然，在研究视角上注重跨学科分析，多借鉴其他学科的理论与方法，从例如马斯洛的需要层次理论、马克思关于人的需要理论、班杜拉的社会学习理论等一些具体的理论视角出发来深入阐述相关研究，拓展研究的思想深度、理论厚度和认知广度，无疑是未来学术界研究美好生活问题的需要特别关注的问题之一。

5.在研究方法上加强交叉性研究

目前，部分学者针对精神生活需求和青年农民工精神生活需求的研究主要采用的是调查研究的方法，并且在现状调查上多为定量研究，通过数据或图像直观地反映调查对象的情况，在困境、原因分析和问题解决上多为定性研究，通过对调查结果的分析进一步分析和解决问题。也有学者运用文献研究法，在分析前人调查研究或相关文献资料的基础上，对青年农民工精神生活需求及价值引导问题进行系统阐述。但总体而言，研究方法还是相对单一且交叉运用多种方法进行的研究比较少。所以有必要综合运用如概念分析法、经验总结法、理论思辨法、比较研究法、行为研究法等来深入探究相关的重要理论和现实问题，以推进研究的进展，为有效引导青年农民工的精神生活需求奠定坚实基础。

通过上述对学术界关于新时代青年农民工精神生活需求及价值引导问题研究的综合分析可以看出,关于青年农民工的精神生活需求问题,尤其是关于青年农民工精神生活需求的价值引导问题还有许多值得探索之处,还需要引起学术界足够的关注和重视,以加强与完善相关领域的研究,为新时代用社会主义核心价值观引导青年农民工的精神生活需求、推动经济社会和谐发展提供重要的理论支撑和实践指导。

四、研究价值和意义

探究新时代青年农民工的精神生活需求和价值引导,有重要的理论价值和现实意义。

(一)理论价值

1.深化青年思想政治教育研究

青年是思想政治教育的重点对象,青年农民工是青年群体的一部分,是具有典型特征的特殊青年群体,因此青年农民工也是思想政治教育的重点对象。青年农民工作为农民工群体、青年群体、乡村振兴群体以及城市产业工人群体的重要组成力量,加强青年农民工的思想政治教育,使之在社会主义核心价值观的引领下建构科学的认知方式、生活方式和行为模式,有利于增强其对社会主义和国家的认同,更好地投身于社会主义现代化建设。目前,青年农民工群体有不同程度的心理困惑,其精神生活需求也出现一些突出问题,必须对其进行思想政治教育,引导其建立正确的价值观。以往对青年农民工的研究大部分是从社会学、经济学的角度展开,本课题立足马克思主义理论的视野,对青年农民工精神生活需求进行深入分析,探究其精神生活存在问题的原因并探索对其价值引导的现实路径，这是新时代农村青年思想政治教育研究的新领域和新内容，因此本课题的研究是对青年思想政治教育的深化研究。

2.深化社会主义核心价值观理论与实践研究

社会主义核心价值观包含国家、社会、个人层面的价值目标、价值取向、价值准则，是社会主义最本质的精神要素，是全体人民共同的价值追求。对社会主义核心价值观的研究是为了解决价值遵循的正确方向问题，换言之就是为人的认知、道德、理想、情感以及行为等提供正确的价值遵循，为人的精神生活的丰富与发展提供正确的价值导向。当前社会转型期，新旧价值观的碰撞和冲突必然会发生，而多元的新生价值观也会在融合和冲突中重组。对于青年农民工而言，他们成长在农村地区，较多接受到的是传统价值观教育，而进入城市工作和生活后，城市的现代价值观必然会对他们既有的价值认知、价值观念形成冲击，再加上社会转型带来的价值混乱，新旧价值观的冲突，这些都对青年农民工的价值观念带来强烈冲击，也对他们的精神生活需求产生重要影响。因此，满足新时代青年农民工精神生活需要、提升青年农民工精神生活质量，必须坚持以社会主义核心价值观的核心价值为引领、为导向。本课题基于青年农民工精神生活需求进行青年农民工的社会主义核心价值观引导研究，是社会主义核心价值观作用于不同主体的不同视野的研究，为青年农民工价值观引导研究提供新的视角，推动了社会主义核心价值观理论与实践研究。

(二)实践意义

1.引导青年农民工构建美好生活

精神生活需求是美好生活需求的重要维度，青年农民工的美好生活需求，不仅体现在物质文化生活层面，更体现在精神生活层面。但就目前的现状而言，美好生活的需求与现实社会的供给之间存在的较大落差导致青年农民工的精神生活存在着诸多问题，影响了他们追求美好生活的正确方向。要有效解决这些问题，必须从思想、心理、感情等方面加强对他们的引导，只有用正确价值观来引导他们追求新时代精神生活，才能使他们获得真正美好而幸福的生活。本课题在探究青年农民工精神生活需求现状的基础上，分析青年农民工精神生活存在的突出问题及原因，并通过培育弘扬社会主义核心价值观，去引导青年农民工丰富其精神生活，进而构建美好生活。

2.助推青年农民工实现现代性转化

青年农民工的现代性是青年农民工价值观念、思想形态和行为方式等方面与城市相适应的一种特性，是实现由传统价值观和生活方式向现代价值观和生活方式的转化，实现青年农民工的现代性是实现国家现代化的重要前提。然而现实中青年农民工的现代性水平与城市居民之间仍有较大差距，有的甚至还出现了与现代性背道而驰的特质。要加快青年农民工现代性获得的步伐，除了需要创造有利于他们获得现代性的客观环境外，更重要的是要从主观上对他们的精神生活进行正向、科学、深层的引导，让他们更加积极主动地融入城市社会，成为真正的"现代人"。本课题关注青年农民工的精神生活需求，用社会主义核心价值观引领精神生活需求，帮助青年农民工建构起健康、积极、向上的精神生活需求，助推青年农民工实现现代性转化。

3.实现乡村振兴的强大精神力量

乡村文化振兴是乡村振兴的重要组成部分，既是乡村振兴的灵魂和根本，也是实施乡村振兴战略的必然选择，乡村文化振兴为实现乡村振兴提供了精神支柱和文化滋养。青年农民工在整个农村群体中具有独特的知识、素质和技能等优势，是加快实现乡村文化振兴的重要主体。在新时代乡村文化振兴深入推进的历史机遇期，通过研究青年农民工的精神生活需求，对其进行价值观培育，引导其回归乡村主动参与振兴乡村文化的大潮，能有效解决乡村文化振兴进程中的人才短缺问题；而解决了青年农民工的精神生活需求问题，就是提升乡村振兴主体的精神力量和精神动力，能够有效助推乡村振兴早日实现。

4.助力新型城镇化建设的精神支撑

青年农民工是由农村转移到城市的新型劳动大军，是我国城市现代化建设的主要力量，因而青年农民工是城镇化的主体和关键，促使他们真正融入城市，是城镇化进程中必须要解决的现实问题。然而现实中青年农民工在从"农民"向"市民"转变过程中并不是很顺利，他们对城市的适应能力较低，在城市还处于边缘化或底层地位，缺乏城市认同，甚至不能享受市民地位和权利，以至于他们在文化心理上没有形成现代性的思维方式、生活方式和行为方式。本课题致力于解决青年农民工精神生活领域的问题，提升青年农民工的幸福感和归属感，增强青年农民工的自我认同与社会认同，引导他们积极主动地参与到城市文化治理和文化建设之中，使其真正由"农民"向"市民"转变，为推进以人为核心的新型城镇化夯实精神支撑。

五、研究方法

研究方法的选择要根据研究对象的特点和内容来决定，它是研究取得预期效果的重要手段。探讨新时代青年农民工精神生活需求及价值引导研究是一个理论探讨与实践探索相结合的课题，因此本课题在研究方法上运用了问卷调查法、文献研究法、跨学科研究法等方法。

第一，问卷调查法。根据青年农民工的集中区域与行业分布情况，选择典型区域与从业集中行业的青年农民工的精神生活需求进行调研，通过问卷了解青年农民工在信息和知识需求、情感生活需求、审美需求、休闲娱乐需求、品质和意义生活需求、政治参与感需求、社会信任需求、社会承认需求、公平正义需求、自我价值实现需求等方面的需求现状,得出切合实际的一手资料,尽可能全面掌握青年农民工精神生活需求,为后面的研究做好实践准备。

第二,文献研究法。本课题采用文献法查阅与本课题相关的理论研究成果,主要包括马克思主义经典文献、国外学者关于精神生活理论和推拉理论等、青年农民工或新生代农民工的相关理论、精神生活等前期理论成果,分析青年农民工精神生活需求价值引导的理论依据和理论借鉴,揭示新时代青年农民工精神生活需求价值引导的现实必要性、青年农民工精神生活需求的主体内容、精神生活存在问题的原因,为后面的路径研究提供充足的理论材料。

第三,跨学科研究法。本课题采用了学科交叉的研究方法,在坚持马克思主义科学方法论的基础上,在分析研究中分别从社会学、传播学、心理学、伦理学、教育学和经济学等多学科视角进行全面分析,既有文献追踪等质的探索,又有问卷调查等量化分析;既用数据分析了新时代青年农民工精神生活需求的现状,又用多学科视角研究了新时代青年农民工精神生活需求存在问题的原因,探讨对其价值引导的必要性和路径选择。

第一章　青年农民工精神生活需求价值引导的理论依据和理论借鉴

　　研究青年农民工的精神生活需求及价值引导，首先必须寻找精神生活需求存在和发展的理论依据，借鉴相关的理论，从而确立研究的可能性。马克思主义关于人的需求理论、马克思主义关于工农阶级培养与教育引导理论以及西方学者关于精神生活需求价值引导的相关理论，是本研究重要的理论依据和理论借鉴。

一、马克思主义关于人的需求理论

　　关于人的需求理论，马克思恩格斯在《德意志意识形态》《1857—1858年经济学手稿》《政治经济学批判》《自然辩证法》《资本论》等较多经典著作中进行了相关论述。可以发现，马克思在深刻把握人的本性和人类社会发展规律的前提上，在对生产和流通过程的综合研究中，以及在批判吸收前人理论的基础上提出自己的创见、发展自己的学说，并从不同侧面阐述了其需求理论，内容十分丰富。

（一）马克思主义关于人的需求理论的相关论述

1.人的需求即人的本性

需求是人为了生存和发展所与生俱来的欲望本能。马克思把人的需求视为人的本质特点的确证,在《德意志意识形态》一文中,他指出"他们的需要即他们的本性"①,同时强调,"任何人如果不同时为了自己的某种需要和为了这种需要的器官而做事,他就什么也不能做"②。可见,需求不仅是人的目的的原始根据和从事一切活动的动机, 也是判断一定活动和结果是否具有价值、是否值得的根本标准。恩格斯在其《评托马斯·卡莱尔的〈过去与现在〉》一文中同样认为,"人只须要……真正依照人的方式,根据自己本性的需要来安排世界,这样的话,他就会猜中现代的谜了"③。实际上肯定了以人的需求来衡量人的活动的价值尺度。还需要指出的是,人具有多种需求,但并非所有的需求都是合理的需求,只有那些符合"人的本性"的需求,即那些能巩固人在物质世界中的主体地位、在人的对象化活动中不断增强人的本质力量和提高人素质的需求才是人的真正的需求, 而这样的需求才能真正体现人的本性。

2.人的需求的划分

人的需求按照不同标准有不同划分。首先,以需求对象的不同为标准,马克思认为,人作为拥有自然属性和社会属性的统一体,其需求主要包括自然需求和社会需求两个部分,也称为物质需求和精神需求。物质需求是指人在社会生活中与人的生产活动紧密相关的吃喝穿住行的需求;精神需求则是人为了获得精神层面的满足而提出的需求。马克思强调物质生产活动和

---

① 《马克思恩格斯全集》(第3卷),人民出版社1960年版,第514页。
② 《马克思恩格斯全集》(第3卷),人民出版社1960年版,第286页。
③ 《马克思恩格斯全集》(第1卷),人民出版社1960年版,第651页。

物质需求对于社会和人的基础性地位,同时提出也要重视精神需求,指出精神需求是一种创造性需求,是人的创造性和超越性的集中体现,人的精神需求是人的本质特征的体现。同时,马克思对于精神需求概念的范围界定很广,认为人的精神需求不仅包括人的精神生活领域,还可以延伸到人的政治生活领域。

其次,按照需求作用的不同,马克思把人的需求划分为三个层级,即生存需求、享受需求和发展需求。他认为,人的"生存需求"是人对包括衣食住行在内的生存资料的需求。正如马克思在《德意志意识形态》中所指出的:"一切人类生存的第一个前提,也就是一切历史的第一个前提,这个前提是:人们为了能够'创造历史',必须能够生活。但是为了生活,首先就需要吃喝住穿以及其他一些东西。"[①]只有满足最基本的生理(生存)需求,人才能作为有生命的个体而存在和延续。享受需求是基于生存需求得以满足之上的更高层次的需求,是维持人生活的手段。恩格斯指出,"人类的生产在一定的阶段上会达到这样的高度:能够不仅生产生活必需品,而且生产奢侈品"[②]。他认为,人不仅为了生存而斗争,也为了享受而斗争。同时,享受需求又包括物质享受的需求和精神享受的需求,比如对音乐、舞蹈、美术等艺术享受的需求等,随着生产力的发展和社会的不断进步,其涵盖的具体内容也会越来越广泛。无论按何种标准划分人的需求,人的精神层面的需求都是在最基本的生存需求和物质需求得到满足以后,才会产生的更高层面的需求。

3.人的需求源自于生产实践活动

马克思主义认为,人类一切历史活动产生于人类的需求,而人的需求又是被人类社会的实践水平所决定的。如他所指,"物质生活的生产方式制约

---

① 《马克思恩格斯选集》(第1卷),人民出版社2012年版,第158页。
② 《马克思恩格斯选集》(第4卷),人民出版社1995年版,第623页。

着整个社会生活、政治生活、精神生活的过程"①。所有的物质需求和精神需求都无法摆脱人类社会实践的制约，其能否得以满足都要通过人的生产实践活动才能实现。所谓的社会生产实践，本质上是人所从事的自由自觉的、生产物质财富和精神财富的劳动，这是人的类特性，也是人的最根本、最具有决定性意义的需求。通过生产劳动来满足包括生存需求、享受需求和发展需求在内的所有需求的活动，就是人类历史的全部活动。同时，在马克思看来，人区别于动物而成为独特的人，在于人是社会中的人；而人又优越于动物的地方，就在于人可以根据自己的需求和现实的条件，去改造和创造出自在世界没有的物质，从而满足自己的各种需求。因此，人的需求是人通过生产实践、在改造自己的自然本性的基础上形成和发展起来的；人的需求的满足，人的本质的全部生成和表达，是与社会文明、与人类社会发展历史在实践的基础上统一的。

在《政治经济学批判》《资本论》这两部经济学巨著里，马克思结合资本主义经济和发展规律，在批判资产阶级经济学家错误观点的基础上，论证了需求同社会经济中的生产、分配、交换和消费的关系问题，进一步丰富和完善了人的需求理论。他认为，需求和生产是辩证统一的关系，需求决定生产，生产决定需求，它们之间互相制约又互为前提。个体需求与生产的差异性产生了交换，而人的需求最终在消费中得以实现。马克思在这一时期中把人的需求理论同生产、劳动、资本、剩余价值、社会制度等结合起来进行考察，全面揭示了人的需求本质和实现途径。这表明，现阶段人的需求受生产水平的制约，生产实践的水平越高，人的需求层次也越高。

---

① 《马克思恩格斯选集》(第 2 卷)，人民出版社 1995 年版，第 32 页。

(二)马克思主义关于人的精神需求的相关论述

精神需求是个人对观念对象的需求和对精神生活的自觉反映，具有一定的主观能动性。马克思认为"精神需求"是"对科学的向往、对知识的渴望，人们的道德力量以及人们对自己发展的不倦的要求"[①]，精神需求包括"为自身利益进行宣传鼓动，订阅报纸、听课、教育子女、发展爱好等"[②]。马克思主义关于人的精神需求理论是马克思主义需求理论的重要内容。

1.精神需要满足的必要性

马克思在《德意志意识形态》一文中着重强调了生产和满足人类的物质性需要的重要性。作为与物质需要紧密联系的精神需要，它是在个体满足自身物质需要的过程中产生和发展起来的。马克思指出，"已经得到满足的第一个需要本身、满足需要的活动和已经获得的为满足需要而用的工具又引起新的需要"[③]，这种新的需要便是精神需要。人的精神需要是随着物质需要的增长而不断增长的，当最基本的物质需要得到了满足后，人的精神需要也要不断得以满足，这是人得以自由全面发展的必要前提，而马克思在其著作《资本论》中同样指出了人具有精神需要，且应该得到重视和满足，如"工人必须有时间满足精神的和社会的需要，这种需要的范围和数量由一般的文化状况决定"[④]。在社会主义中国，随着改革开放和社会生产力的不断深入发展，在广大人民群众的物质需要得到了基本保障和满足后，人的精神需要被提到较高的位置。2012 年，习近平首次用 7 个"更"来描绘"美好生活"概念，在 2017 年的"7·26"重要讲话中，习近平又增加"更丰富的精神文化生活"这

---

① 《马克思恩格斯全集》(第 2 卷)，人民出版社 1995 年版，第 106–107 页。
② 《马克思恩格斯全集》(第 30 卷)，人民出版社 1995 年版，第 247 页。
③ 《马克思恩格斯选集》(第 1 卷)，人民出版社 1995 年版，第 79 页。
④ 《马克思恩格斯全集》(第 23 卷)，人民出版社 1972 年版，第 260 页。

一表述,勾画了 8 个"更"的"美好生活"图景。党的十九大报告指出,新时代中国社会主要矛盾已经转化为"人民日益增长的美好生活需要和不平衡不充分的发展之间的矛盾"。从原来强调物质文化需要转化为美好生活需要,这里蕴含着满足物质需要基础上的精神需要,更强调人民群众多维度的精神层面上的"美好生活需要",正体现着满足人的精神需要对于人的全面发展、社会的和谐发展和国家的繁荣发展的必要性。满足人民群众的精神需要,不仅是要满足人民群众在学习理论知识和实现智力发展的需要,而且要满足人民群众在实现自身精神追求和精神世界获得充实感的需要;不仅要满足单个人的精神需要,而且要满足整个民族和社会全体成员的精神需要。满足人的精神需要必须具备一定条件,最终取决于社会的经济发展状况。在资本主义社会,私有制条件下的工人遭到资本的无限剥削,同时缺乏必要的社会和文化条件,工人精神需要的满足及发展难以实现。而在社会主义国家,工人和劳动人民是国家的主人,在不断改善社会物质条件的基础上,满足人民群众的精神需求,是新时代社会主义国家的重要任务。

2.精神需要的层次性

马克思主义认为,人的本质属性在于它的社会性。人类处在一定的社会关系之中,其精神需要必然在社会生活得以形成和发展。社会生活具有丰富性,这决定了精神生活的丰富性,也决定了人的精神需要的多层次性。也就是说,人们的精神需要总是在物质文化不断发展的基础上逐步产生和得到满足,总是由低到高不断深入发展。在《德意志意识形态》中,马克思恩格斯对人的需要作了划分。认为人的需要大致可划分为三个基本层次:生存需要、享受需要和发展需要。其中,享受需要和发展需要则属于精神层面需要的范畴。

具体来说,根据马克思主义的观点,人的精神需要具有三个层次。首先是精神适存的需要。即与社会生活相适应的最基本的精神生活需要,主要体现在社会交往中的精神交往和社会情感的需要,具体表现为亲情、友谊、爱情、尊重感、荣辱感、归属感等。这些是作为一个生活在社会中的、马克思主义意义上的完整的"人"所应该形成的最基本的情感需要,是人的精神世界和精神生活得以发展和完善的必要前提,是不可或缺的。马克思所说的意识"只是由于需要,由于和他人交往的迫切需要才产生的"①,则体现了这一基本精神需要的重要性。

其次是精神发展的需要。马克思在《共产党宣言》中提出的"实现每一个人自由而全面发展"的目标,是共产主义的最高价值旨归,而人的自由全面发展从根本上要求人的精神需要的全面发展,即要求个人在社会生活及精神生活上最终实现精神的充实、发展和进步。精神发展的需要,具体表现在人们对科学理论知识、高尚道德情操和强大道德力量的要求,以及人们对正确的价值观念和坚强的意志品质的追求等,这是一个更高层次的需要。当这一层次的精神需要被满足,就能够对个人和社会的发展产生强大的推动力。

最后是精神完善的需要。这是个体对自我精神要求最高的一个层次的需要。主要表现为个体对理想人格的追求、对理想生活的渴求、对理想社会的向往、对自我价值实现的祈求等。这种追求尽善尽美的个人精神完善的需要,不仅是一种目的,更是一种手段。即人们通过追求精神完善和完美的过程和活动,不仅能够使自身精神世界愈加丰富,而且能够实现精神愉悦和精神享受,从而达到个体精神的完善。总之,人的精神需要总是由低到高逐步形成与满足的,具有一定的层次性。

3.精神需要的多样性

人的精神生活所具有的丰富性还体现在人的精神需要的多样性上。这种多样性主要表现在人们具有多种类型的需要,如理论需要、情感需要、意

---

① 《马克思恩格斯选集》(第 1 卷),人民出版社 1995 年版,第 81 页。

志需要等。在《〈黑格尔法哲学批判〉导言》中,马克思提出了"理论需要"①的概念。人的理论需要就是人对理论思维及其成果的需要。恩格斯指出,"一个民族要想登上科学的高峰,究竟是不能离开理论思维的"②。这强调了理论思维之于个人和民族的精神生产能力和物质生产能力得以发展的重要性。人对理论思维的需要,本质上是实践主体即人的实践活动对理论指导的需要。列宁曾说:"没有革命的理论,就不会有革命的运动。"③人的实践能否成功取决于理论实现的程度,而理论在一个国家实现的程度,决定于理论满足这个国家需要的程度。因此,人们在实践活动中需要理论的指导。但由于社会条件和个人认知水平的限制,人们难以自然地形成和掌握理论,而列宁提出的"灌输理论"便适应了人的理论需要。即通过系统的理论灌输来使广大人民实现对马克思主义理论,尤其是科学社会主义理论等先进文化知识的掌握,最终指导个体实践。而当人们的理论需要所产生的理论活动使其理论需要一经得到满足,便会形成个人或社会的理论素质,最终推动其实践长效发展。

除了理性的精神需要,人们还具有感性的精神需要,即情感需要。人的情感就是人在社会实践中形成的,感知自我需要和客体对象的情绪体验,主要有喜、怒、哀、惧、爱、好、恶、欲等情感表现。在实际生活中,人们通常通过情感来连接和维系与他人和社会之间的交往,如亲情、友情、爱情、热情以及爱国之情等。在《英国工人阶级》一文中,恩格斯用了较多笔墨来阐述工人阶级的顽强、勇敢、坚毅、愤怒等情感对于推动革命运动胜利的强大作用。因此,人的情感在一定意义上是推动社会实践活动向前发展的重要精神动力。人的意志需要是人的不可或缺的、深层次的精神需要。人的意志即人在实现某种目的的过程中所体现出来的,具有明确指向的、坚定的、持久的坚毅精

---

① 《马克思恩格斯选集》(第1卷),人民出版社1995年版,第11页。
② 《马克思恩格斯选集》(第4卷),人民出版社1995年版,第285页。
③ 《列宁选集》(第1卷),人民出版社1995年版,第311页。

神。在《资本论》一书中,马克思把意志和劳动联系在一起,指出"除了从事劳动的那些器官紧张之外,在整个劳动时间内还需要有作为注意力表现出来的有目的的意志"[①],强调了意志对于劳动的重要性。

事实上,人们在实践活动过程中所达到的既定目的,离不开意志的作用,任务越是艰巨,实践越是难以进行,意志的作用就越重要。而实践对意志的需要表现为实践主体的意志需要,人是实践的主体,具有与他人相异的意志状况,但总的来说,每一个人都需要有自己的意志,都有自己的意志需要,即希望自己能够具有坚强的意志品质。但人的意志需要不是自然地能够得到满足的,必须通过各种途径和方法,经历长期的培养、锻炼和磨砺意志的实践过程,才能满足自身的意志需要,而这个过程同样也是推动实现个体既定目标,获得成功的过程。总之,人具有多层次、多种类型的精神需要,这些精神需要是推动个人的精神发展,以至于推动个人乃至社会全面发展的巨大动力。

人民的美好生活需要不仅是对物质生活要求更高,在民主、法治、公平、正义等方面的需求也日益增长,这些需求实质上都内含了精神生活需求。新时代青年农民工群体作为新时代推动中国特色社会主义现代化的特殊群体,他们同样存在更多层次、更多形式的需要,尤其在知识生活、休闲娱乐、文化享受、情感生活、道德生活等精神层面的需求更加强烈。因此,马克思主义关于人的需求理论尤其是精神需求理论,是研究青年农民工精神生活需求和价值引导的重要理论指导。

---

① 《马克思恩格斯全集》(第23卷),人民出版社1972年版,第202页。

二、马克思主义关于工农阶级培养与教育引导理论

马克思主义经典作家长期关注工人阶级和农民阶级的培养和教育问题,提倡要运用科学的先进的理论对工人阶级和农民阶级进行理论武装,用道德教育去规范他们的意识和行为,逐步提高他们的文化素质,进而达到全面发展的培养目标。马克思主义关于工农阶级培养与教育引导理论对新时代青年农民工精神生活需求的价值引导有重要的理论指导意义。

(一)马克思主义关于农民阶级培养引导理论研究

农民教育问题是马克思主义经典作家长期关注的重点问题,也是新时代培养和引导青年农民工的重要思想指导。在马克思看来,农民阶级是夺取革命胜利必须要联合的重要对象,但由于农民阶级自身存在根深蒂固的小农意识,不能主动参与社会革命,因此无产阶级要从经济层面和思想层面去教育农民,逐步提高农民阶级的文化素质,进而达到农民阶级自由而全面发展的培育目标。新时代的青年农民工在适应城市化的过程中面临着新情况和新特点,社会矛盾的转变和青年农民工的发展要求我们必须将目光聚焦在青年农民工这一特殊群体。在新的历史条件下借鉴马克思主义农民教育思想,对于加强青年农民工的教育,关注他们的精神生活需求,用社会主义核心价值观引导他们的价值观,从而使他们更好地参与社会主义建设之中具有重要的现实意义。

1.马克思主义关于农民阶级培养引导重要性的相关论述

马克思主义经典作家们认为,农民阶级是一个特殊且复杂的阶级,在革命中具有双重性。一方面,农民阶级具有革命性。在社会各阶级中,农民阶级处于社会的最低端,是受到剥削与压迫最严重的阶级,在残酷的徭役经济和

农奴制的剥削之下,农民大多贫穷困苦,因而也就更能与无产阶级具有共同的革命目标,将成为无产阶级重要的革命同盟者。另一方面,农民阶级又具有保守性。从居住情况看,农民阶级分散在广阔的地域,利益牵连少,革命意识弱,对政治冷漠无知,日复一日的重复单调生活;从生产方式看,农民阶级以务农为主,依靠传统的生产工具进行繁重的农业活动,无法从体力劳动和旧的生产方式中解放出来。这种小农经济的分散性和落后性严重束缚了农民阶级的思想观念,也必然会导致在政治和革命上呈现出保守性和落后性。农民阶级身上的二重性意味着无产阶级革命离不开农民阶级的助力,但其固有的保守性和小农意识又会对革命事业产生消极影响。因此,必须要对农民阶级进行教育,帮助他们从旧的生产制度中解放出来。

在不同的历史时期,马克思主义经典作家们看到了农民在革命中的重要性,因而对培养和引导农民阶级进行了一系列重要论述。恩格斯在《法德农民问题》一文中提到:"农民到处都是人口、生产和政治力量的非常重要的因素。"[1]农民阶级在社会人口中占据绝大多数,在社会中是主力军,在革命中也是必须联合起来的重要力量,但同样重要的是,由于"住处分散、环境安定、职业固定,因而思想也就保守"[2]。所以要摆脱农民阶级落后的思想观念,就要对其进行培养引导。列宁在领导俄国革命的过程中,认识到俄国是一个经济文化都很落后的小农国家,农民阶级文化素质低下,封建思想根深蒂固,先进的生产技术无法有效推行,他认为"苏维埃建设要想取得成功,文化和技术教育必须提高到更高层面"[3],要通过在农村开展文化革命,提高农民阶级的文化水平和基本素质,才能实现生产力和经济的发展,苏维埃政权才能稳固。毛泽东有着重要的农村生活经历,常年与农民阶级接触,对农民阶

---

① 《马克思恩格斯文集》(第4卷),人民出版社2009年版,第509页。
② 《马克思恩格斯全集》(第2卷),人民出版社1957年版,第554页。
③ 《列宁全集》(第38卷),人民出版社1986年版,第176页。

级有深厚情感,也十分重视农民教育问题,曾作出"严重的问题是教育农民"①的重要论断。

2.马克思主义关于农民阶级培养引导具体内容的相关论述

农民阶级培养引导问题,是历史问题,也是现实问题。不同的时代背景下,马克思主义经典作家们都提出自己的见解,且在农民阶级培养引导思想上,呈现出一脉相承又与时俱进的特点。总的来看,在经济方面,马克思主义经典作家们认为要引导农民走社会主义道路,在思想方面,强调要加强农民的思想政治教育,其培养目标是要提高农民素质,成长为全面且自由发展的人。

(1)经济上要引导农民走社会主义道路。马克思恩格斯对于农民阶级的局限性有深刻的认识,并将农民比作一个个分散又独立的"马铃薯",虽然人数众多,但他们长期分散在小块土地劳作,封闭分散的生产方式导致农民思想落后又狭隘,他们执着于小块土地的所有制,甚至反对任何变革农村生产方式的革命。因此,无产阶级在联合农民时要思考如何帮助农民阶级摆脱小农意识思想,积极投入革命。马克思恩格斯认为,"我们对于小农的任务,首先是把他们的私人生产和私人占有变为合作社的生产和占有"②。加强农民合作,教育农民发展合作经济,可以从经济上维护农民阶级的利益,改变小农经济的分散性,进而消除他们的私有意识,逐步过渡到公有制,转向社会化大生产。列宁也坚持发展合作社经济,认为"我们的第二个任务就是在农民中进行文化工作","就其经济目的来说,就是合作化"。③解放战争时期,毛泽东同样看到农民的革命力量,分析农民个体生产的分散性不利于社会生产和革命事业的发展,并指出,"目前我们在经济上组织群众的最重要形式,就是合作社"④。

---

① 《毛泽东选集》(第4卷),人民出版社2006年版,第1477页。
② 《马克思恩格斯文集》(第4卷),人民出版社2009年版,第524页。
③ 《列宁全集》(第43卷),人民出版社2017年版,第371页。
④ 《毛泽东选集》(第3卷),人民出版社2006年版,第931页。

进入新时代,为了进一步解决三农问题,乡村振兴成为时代任务。习近平强调要在农村实现产业振兴,发展和壮大集体经济,走共同富裕道路。可以看出,农民教育问题一直都是马克思主义思想家们重点关注的问题,纵然这些思想家们所处的时代背景不尽相同,各自生活的国家也不相同,但他们在经济方面都强调要引导农民发展合作经济。通过合作化的经济形式,农民密切关注的利益没有受到侵害,依旧可以共同占有土地,继续进行农业生产,并且在生产过程中将逐步走向规模化道路,农民将会获得比之前个体生产更多的经济利益,也就更加能意识到资产阶级的剥削性,在思想上自觉主动地成为无产阶级的同盟者,在实践中走社会主义道路。

(2)思想上要加强农民的思想政治教育。无产阶级建立工农联盟,要关注和维护农民的经济利益,除了在经济上引导其进行合作化生产以外,在思想层面上,无产阶级要不断的教育农民,通过政治动员将革命理念和革命目标传达给农民群众,培养农民阶级的革命思想与社会主义意识,进而与无产阶级共同联合起来组建一支革命大军。马克思认为,“理论只要说服人,就能掌握群众;而理论只要彻底,就能说服人”①。要用科学的教育理念去培养和指导农民阶级,提高他们的政治意识,说服他们加入工农联盟,不断壮大革命队伍。在俄国,农民由于长期遭受农奴制的迫害而生活贫困,加之贵族权贵对政权和经济的把控,广大农民阶级文化素质低,列宁认为“在一个文盲的国家里是不能建成共产主义社会的”②,而文盲中农民阶级的人数又最多,因此必须要开展扫盲运动提高农民的文化素质。列宁还认为苏维埃政权是新生政权,只有得到俄国广大农民群众的认可和拥护才能长久的发展下去,但农民阶级的陈旧思想会阻碍多项政治活动在国内的顺利开展,为避免农民远离甚至背离革命政权,必须要加强农民的思想政治教育,增强他们对新

---

① 《马克思恩格斯文集》(第1卷),人民出版社2009年版,第11页。

② 《列宁选集》(第4卷),人民出版社1995年版,第294页。

生政权的认同感。毛泽东在领导全党人民进行革命和建设过程中,认为我们不仅要建设政治自由、经济繁荣的国家,更重要的是建设新文化统治的文明先进国家,但他也看到了"中国历来只有地主有文化,农民没文化"①的客观事实。因此,党的教育工作重点要放在人数众多且文化水平不高的农民群众身上,加强农民的思想政治教育,提高农民的文化水平与思想觉悟,从而为社会和国家的发展培养人才。

在新时代,习近平继承和发展了马克思主义的农民教育思想,从我国实际和农民文化水平情况出发,强调要加强农民尤其是青年农民的思想政治教育,培养一批新型职业农民,更好助力乡村振兴。

(3)农民阶级的培养目标是使他们成为全面而自由发展的人。在西方国家,马克思恩格斯最先提出要教育农民阶级,将农民从蒙昧无知的状态下解放出来,列宁继承和发展了农民教育思想,在俄国的政治工作中重视对农民阶级革命意识和政治觉悟的培养。在东方国家,马克思主义农民教育思想实现中国化,以毛泽东为核心的第一代领导集体坚持马克思主义教育思想,开创中国农民培养和引导的工作新篇章,在此基础上,其后的中央领导集体进一步将农民教育思想贯彻到"三农"工作之中,出台各种育农政策。无论是在西方国家还是东方国家,马克思主义思想家们关于农民阶级的培养和引导思想,都是经过长期的历史考察与现实的革命实践而总结出来的,现实的人的发展问题始终体现在农民阶级培养引导思想之中,其根本目的是要培养全面而自由发展的人。马克思主义认为,我们要评价和思考某个对象,不能脱离社会关系,必须"从社会生产力和生产关系之间的现存冲突中去解释"②。

随着经济的发展,生产方式日益社会化与生产资料私人占有的矛盾冲突愈发尖锐,而农民却不能意识到这种矛盾冲突给他们带来的深重伤害,没

---

① 《毛泽东选集》(第1卷),人民出版社1991年版,第39页。
② 《马克思恩格斯全集》(第31卷),人民出版社1998年版,第413页。

有看到社会发展的基本趋势,不能认识自己的历史命运,依旧固守土地私有制观念,缺乏主动的革命精神。关注现实的人的思想,是东西方马克思主义思想家们思考农民教育问题的源头。根深蒂固的小农意识束缚农民的思想,阻碍农民的进步,关注现实的个人,就要关注农民的根本利益需求,在经济上使农民意识到自己无法作为一个独立阶级维护自身利益。无产阶级政党的义务是"随时随地向农民解释"[1],要善用各种合理科学的方式与农民讲清楚他们的发展方向,意识到只有发展合作经济才能维护自身利益;在思想上使农民阶级意识到要实现自身解放,只有依靠无产阶级用先进的教育思想开拓革命视野,用无产阶级革命精神唤起革命觉悟,并通过无产阶级与农民阶级的共同努力,消除私有制、阶级对立等不平等现象,最终实现"每个人自由而全面的发展"[2]。

3.马克思主义关于农民阶级培养引导理论对青年农民工教育的启示

马克思主义关于农民阶级培养引导理论是马克思主义教育理论的重要组成部分,也是新时代青年农民思想政治教育的理论来源。青年农民工作为城镇化和乡村振兴的主力军,其成长与发展需要运用马克思主义教育理论进行培养和引导。

(1)关注利益诉求是满足青年农民工精神生活需求的前提。农民阶级思想观念的形成,离不开农民的物质生产生活,也离不开农民的物质利益需求,因此马克思主义思想家们始终关注农民阶级的切身利益。青年农民工是21世纪成长起来的一个特殊群体,一方面,他们是农民工身份,文化素质有待加强;另一方面,他们比老一代的农民工更具发展性与成长性,很大一部分已经摆脱了土地对他们的束缚,不再从事土地劳作,而是前往城市谋生,从事各种体力和技术工作。他们更多希望能满足自身劳动权益、健康权益、

---

[1]　《马克思恩格斯文集》(第4卷),人民出版社2009年版,第527页。
[2]　《马克思恩格斯选集》(第1卷),人民出版社1995年版,第294页。

教育权益、休闲娱乐权益等,这也就意味着青年农民工通过自身的努力,已经能够满足自身的物质利益需求,且对精神文化的需求日益迫切。因此,党和国家在培养与引导青年农民工的实践中,要坚持"变"与"不变"的原则,依旧要从青年农民工的利益诉求出发,从物质利益维护转变到精神文化满足,以便更好地让青年农民工参与到社会主义建设之中。

(2)思想政治教育是提高青年农民工素质的重要手段。国家现代化的前提是人的现代化。作为现代化建设的主体力量,青年农民工必须提高自身的综合素质,努力获得现代性。然而现实中这一群体的文化素质、价值观念、行为方式等还不能很好地适应现代化、高水平的城市发展,要改变和提升他们深层次的价值观念仅靠青年农民工自身的觉悟和努力无法很好实现。马克思主义提出,无产阶级的任务是随时随地教育农民,帮助农民阶级认清自己目前的生存现状和未来的发展方向,继而同无产阶级一起反对资产阶级的剥削压迫。这给我们的时代启示就是,要使青年农民工获得其现代性,必须要在党的领导下加强其思想政治教育,不断提高这一群体的思想文化素质。通过思想政治教育这一重要手段,青年农民工在政治观念上形成明确的政治认知,坚决拥护党的领导,在价值多元环境下做出正确的价值判断,保持理想信念不动摇;形成正确的消费观和利益观,抵制消费主义错误思潮,养成艰苦奋斗、勤俭节约的正确的消费观,通过劳动去创造自己的幸福生活。

(3)用社会主义核心价值观引领和教育青年农民工。马克思主义关注社会现实,关注现实的人,他们提出在对农民阶级的培养引导中,不仅要引导农民阶级加入工农联盟,同时还要引导他们在社会的发展历程中更好地适应社会生存环境,深刻认识到未来成为无产阶级的历史必然性。青年农民工是历史进程中出现的特殊群体,要引导他们适应现代化生活,促进他们的全面发展,除了要关注他们的物质利益,更重要的是要促进这一群体的精神生活全面发展。用社会主义核心价值观引领和教育青年农民工,让他们在物质层面和精神层面都富裕起来,逐步树立起正确的价值观,才能以饱满的精神面貌和激昂的劳动热情投身到现代化建设中。

党的十九大报告指出,"社会主义核心价值观是当代中国精神的集中体现,凝结着全体人民共同的价值追求"[①]。习近平也强调"广大青年要自觉践行社会主义核心价值观,不断养成高尚品格"[②]。青年农民工正处于社会转型的大背景下,生产方式的日渐多样,价值观念的多元冲突,不可避免地导致这一群体容易在思想上迷茫、信仰上缺失、价值观错乱。要消除青年农民工个体在全面发展过程中受各种非马克思主义思潮的错误导向,必须要坚持以社会主义核心价值观为指导,并将社会主义核心价值观贯彻于青年农民工经济价值观、政治价值观、文化价值观、职业价值观、道德价值观、生活价值观等培育的全过程,帮助青年农民工形成理性有度的消费观念、鲜明坚定的政治态度、文明礼貌的综合素养、敬岗爱业的工作态度、诚信友善的道德理念、积极进取的生活态度,让青年农民工摆脱封建落后的思想束缚,在城市生活中增强自身的文明素养,树立与社会主义发展相适应的价值观。

农民教育问题始终都是一个需要长期关注的重点问题,历史也充分证明,对农民阶级的培养引导,是社会主义革命的迫切需要,是发展社会主义经济的现实需要,也是巩固革命政权的客观需要。马克思主义思想家们在把握农民阶级的基础上,采取各种灵活变通的教育方式提高农民阶级的文化素质和政治素养,努力团结和教育农民阶级,使农民阶级深刻地意识到,无论时代如何发展,无产阶级与农民阶级始终具有共同的目标追求,真正能代表和维护农民阶级利益的也只有无产阶级,而资产阶级的一切活动都是为了剥削和压迫农民阶级。农民阶级要实现真正的解放,要成长为全面且自由

---

① 《十九大以来重要文献选编(上)》,中央文献出版社 2019 年版,第 30 页。

② 习近平:《在知识分子、劳动模范、青年代表座谈会上的讲话》,《人民日报》2016 年 4 月 3 日第 2 版。

发展的人,就应在无产阶级的培养和引导下,在经济和思想上都逐步走上社会主义道路,更好地建设和发展社会主义事业。进入新时代,社会主要矛盾已发生重大改变,新生代青年农民工在生活与工作中有了新的精神需求和价值追求,为更好帮助他们适应当前社会的发展需要,在对他们进行培养和引导的过程中,必然也要立足青年农民工的利益需求,既关注青年农民工的切身利益需求,又要重视对他们的思想政治教育,通过丰富多样的教育方式,帮助他们成长为中国特色社会主义事业的伟大建设者,实现自身的个人价值。

(二)马克思主义关于工人阶级的教育引导理论

马克思恩格斯生活在自由资本主义时代,他们对工人阶级饱受资产阶级压迫的境遇有深刻的了解。马克思恩格斯深刻揭示了资产阶级自私自利的本质,提倡运用科学的理论对工人进行武装,用道德教育去代替宗教教育,强调要注重工人阶级的全面发展,促进了工人阶级的觉醒,为推进工人阶级教育事业做出了巨大贡献。

1.马克思主义关于工人阶级教育引导的相关论述

(1)用科学理论武装工人的头脑。从大量的工人运动史可以看出,科学的理论是指导工人取得革命斗争胜利的重要法宝,工人阶级谋求自身的解放需要依托正确的理论去指导革命活动的开展。空想的社会主义者也曾经盲目地鼓动工人,但由于缺乏科学的理论,最后都以失败而告终。马克思恩格斯认为,工人阶级的解放意味着要掌管政治机器和与社会生产,"而在这里需要的决不是响亮的词句,而是扎实的知识"[①]。事实证明,理论是否科学事关革命的成败。科学的知识对于实践活动顺利开展具有重要的指导作用。

---

① 《马克思恩格斯选集》(第4卷),人民出版社2012年版,第301页。

反之,没有掌握科学的理论将会使革命偏离胜利的轨道,最终导致革命走向失败。马克思恩格斯还强调了:"特别是领袖们有责任越来越透彻地理解种种理论问题,越来越彻底地摆脱那些属于旧世界观的传统言辞的影响。"①也就是说,工人阶级的领袖们不仅要对科学社会主义的内容彻底的掌握好,还要以高涨的热情将它传播到广大工人群众中去,引导工人自觉地将科学社会主义运用到革命实践活动中,培养工人以科学的眼光去认识世界,用科学的方法论去改造世界。此外,马克思在《政治经济学批判》中指出,德国无产阶级政党的全部理论来自对政治经济学的研究。②因此,工人阶级要加强对政治经济学范畴的相关内容的学习,在充分认识和遵循社会发展规律的基础上开展实践活动,不能仅仅局限于与自身职业发展相关的知识。总而言之,工人要解放自我,就要珍惜获得学习先进知识的机会,学会充分运用理论武器,彻底地将科学的理论掌握透彻,并在革命的实践中使之转化成为物质力量。

(2)将道德教育贯穿工人的生活。道德教育是提高工人道德水平的重要方式,宗教教条不可能完全替代道德教育,但是从以往的阶级教育情况来看,道德教育缺失的现象较为普遍。马克思恩格斯高度重视工人的道德教育,鉴于过去阶级教育中存在的弊端所带来的消极影响,提倡用道德教育去取代宗教教条。恩格斯曾经对英国资产阶级进行了抨击,"英国资产阶级由于自私自利竟这样冷酷,这样鼠目寸光,甚至不肯花一点力气把现代道德,即资产阶级为了自身的利益、为了使自身的保障而炮制出来的道德灌输给工人!"③马克思称宗教为"人民的鸦片",恩格斯在《论原始基督教的历史》中将宗教视为奴役劳动者的精神工具,在《英国工人阶级状况》中指出:"工人

---

① 《马克思恩格斯选集》(第3卷),人民出版社2012年版,第38页。
② 《马克思恩格斯选集》(第2卷),人民出版社2012年版,第8页。
③ 《马克思恩格斯文集》(第1卷),人民出版社2009年版,第427—428页。

不仅在身体方面和智力方面,而且在道德方面,都遭到统治阶级的摈弃和忽视。"资本主义用宗教神学替代道德教育,"在所有的英国学校里,道德教育总是和宗教教育连在一起","学校对工人阶级的道德几乎没有任何影响"。①马克思恩格斯深刻批判了资产阶级在进行所谓的道德教育活动时,并没有真正从工人阶级的道德发展需求去考虑,只教工人去背诵并服从难以理解的宗教教条,揭示了资产阶级只为自身利益而不顾工人阶级利益虚伪自私的面孔。而工人阶级长期处在充满宗教教条影子的生活中,往往容易丧失自我独立思考的能力,只会一味地去接受宗教教条的教使,而对自身的发展缺乏清楚的认识。我们应当认识到,"工人比起资产阶级来,说的是另一种习惯语,有另一套思想和观念,另一套习俗和道德原则,另一套宗教和政治"②。所处的阶级不同,考虑事情的出发点不同,利益诉求自然有所不同。在阶级对立的社会中,资产阶级的道德标准是为了维护本阶级的统治地位和根本利益而制定的,而工人阶级的道德是伴随着工人阶级队伍的强大而逐渐产生的,是代表着被压迫阶级的利益,应当保持先进性、客观性。因此,工人阶级要想提高自己的道德水平,就要形成并遵循符合本阶级长远发展需要的道德规范,自觉抵制宗教教条的制约。

(3)以全面教育促进工人的发展。《共产党宣言》指出:"每个人的自由全面发展是一切人的自由全面发展的条件"③,工人阶级作为社会成员中的一份子,谋求自身的全面发展有利于提高本阶级地位、促进实现自我解放的进程。此外,《共产党宣言》还深刻揭示了资产阶级教育的目的——"资产者唯恐失去的那种教育,对绝大多数人来是把人训练成机器。"④工人应当有意识

---

① 《马克思恩格斯全集》(第2卷),人民出版社1957年版,第399页。
② 《马克思恩格斯全集》(第2卷),人民出版社1957年版,第410页。
③ 《马克思恩格斯选集》(第1卷),人民出版社2012年版,第422页。
④ 《马克思恩格斯选集》(第1卷),人民出版社2012年版,第417页。

地培养自己成为有独立思想、有明确目标的人，而不是懵懂地被资产阶级所支配，沦落为资产阶级压榨剩余价值的工具。资产阶级对工人的开展的教育是片面的，根本不把道德教育和工人的自由全面发展考虑进去，纯属为了得到更多的剩余价值而去教会工人最简单的识字和知识，以帮助工人更为熟练地操作机器，以达到提高生产效率的目的，最终牟取更多的剩余价值。长期的片面教育，会逐渐泯灭工人的创造性和积极性，导致工人在大机器生产中的异化现象越来越严重。马克思指出，要帮助工人摆脱片面化的教育现状，需要"把有报酬的生产劳动、智育、体育和综合技术教育结合起来，就会把工人阶级提高到比贵族和资产阶级高得多的水平"[1]。马克思又在《给临时中央委员会代表的关于若干问题的指示》中尤其强调了儿童和少年工人的劳动教育，对未成年劳动者应按不同类别循序渐进地施以智力、体育和技术方面的培训。[2]也就是说，对工人开展教育，不能像资产阶级那样，忽略德育、智育、体育以及技术教育，而是应当注重人的德智体美劳全面发展。习近平总书记在全国劳动模范和先进工作者表彰大会上强调："我国工人阶级和广大劳动群众要树立终身学习的理念，养成善于学习、勤于思考的习惯，实现学以养德、学以增智、学以致用。"时代在不断进步，尤其是在信息化时代，工人更需要保持学习的热情和树立终身学习的理念，在学习知识的同时提升自我的道德水平和增长才智，将所学知识充分运用到生产中去，做到理论与实践相结合，以此增强自身在社会中的竞争力，避免跟不上社会发展的步伐而被淘汰。

2.马克思主义关于工人阶级的教育引导理论对青年农民工精神生活需求价值引导的启示

马克思恩格斯深刻揭示了资产阶级在工人教育上的片面性，提出来一

---

① 《马克思恩格斯全集》(第16卷)，人民出版社1964年版，第218页。

② 《马克思恩格斯全集》(第21卷)，人民出版社2003年版，第270页。

系列引导工人全面发展的教育思想，表明他们对工人阶级的高度重视，充分意识到工人阶级蕴藏着不可估量的能力。虽然马克思恩格斯关于工人阶级教育的思想已经过去一百多年，但是他们的思考对于如何更好地促进当今青年农民工的自由全面发展仍然具有重要的启示。

（1）坚持全面育人，促进青年农民工的全面发展。在新时代，我国青年肩负着实现民族伟大复兴的历史重任，培养德智体美劳全面发展的建设者和接班人是现实的需要。然而从青年农民工的成分、分布和结构来看，这一群体具有复杂化特征，他们在受教育水平、个人能力上都存在着差异，个人能力的发展普遍是不平衡的、不全面的。尤其是文化水平不高、综合能力薄弱的青年农民工，花费在工作上的时间占据着除了休息时间以外的绝大部分时间。由于经济条件有限、个人觉悟不高，再加上有的单位很少甚至从来没有组织开展有利于提高个人道德水平、技术能力、知识储备等相关的教育实践活动，导致青年农民工忽视了建设自身精神世界的重要性。习近平总书记在全国教育大会上的讲话中指出，要培养德智体美劳全面发展的社会主义建设者和接班人。德智体美劳是促进人全面发展的不可或缺部分，要充分认识到青年农民工在促进社会发展中的重要性，进一步构建德智体美劳全面教育培养体系，加大对青年农民的教育培养力度。

首先，思想是行动的先导，要引导青年农民工树立正确的政治立场。用马克思主义武装工人的头脑，特别是高级知识分子应以高涨的热情、通俗易懂的方式将马克思主义传播到青年农民工群体中，引导农民工理解和运用马克思主义的立场、观点和方法去看待问题、解决问题，自觉抵制不良社会思潮的影响，在思想上和行动上做到与党中央保持一致。

其次，要注重青年农民道德水平提升，坚持先成仁、再成才的原则。以社会主义核心价值观为价值引领，企业和工厂应当定期聘请专业人士组织青年农民工开展有利于提高道德素质、文化知识、技术能力的活动，为农民工提供继续学习的机会,在提高农民工的人际交往能力和技术水平的同时,潜移默化地引导农民工树立正确的道德观。

最后,引导农民养成自我提升的意识,增强辨别能力。网络信息时代为人们提供五花八门学习的平台,良莠不齐的信息充斥着人们的生活。因此,提高学习的主动性和辨别力是促进农民工健康全面发展的需要。

(2)加强道德教育,发挥社会主义核心价值观的引领作用。道德作为一种社会意识形态,是依靠人们的内心信念去规范自身言行举止的一种尺度,是人类精神的"自律"。道德生活是青年农民工成长发展阶段的重要组成部分,崇高的道德有助于健全人格,而社会主义核心价值观作为我国公民应当遵守的准则,对于引导青年农民工树立正确的道德取向具有重要意义。我国大部分农民工来自农村,为了维持生计和谋求个人的发展而不得不漂泊他乡。近年来,随着社会的进步和教育事业的发展,全社会的道德风气越来越好,青年农民工群体的道德水平整体呈现上升趋势,但是在物欲横流、充满诱惑的当代社会,农民工个体道德失范现象并不罕见。有的青年农民工的素质较低,对事情的处理欠缺理性思考,容易受到拜金主义、利己主义等不良价值观的误导,形成以个人利益为中心的错误价值取向,将集体利益、国家利益抛之脑后,甚至为了谋取私利做出违反法律的行为。对于青年农民而言,由于受教育的程度不尽相同,个体的世界观、人生观、价值观存在差异,再加上个体的现实处境、利益需求、价值认同、道德认知、思维方式等方面存在差别,致使他们在道德水平上呈现参差不齐的状态。道德生活是农民工精神生活的重要内容,针对青年农民工的道德失范现象,如何运用社会主义核心价值观去引领农民工的道德生活是一个值得深思的问题。

在多媒体时代,网络成为开展教育活动的重要媒介,虽然青年农民工已经离开了学校教育,但是他们在业余生活很多地方都会与网络相关。其一,创新社会主义核心价值观的传播方式。充分发挥各种权威网络平台的报道作用,可以结合社会中的人与事,揭露丑陋的道德行为,赞扬高尚的道德品质,注重发挥杰出事迹的模范作用,在潜移默化中引起青年农民工的情感共鸣,进而提升道德引领的效果。其二,促进社会主义核心价值观的通俗化。由于青年农民工的年龄、受教育程度、理解能力等存在差异,因此要根据农民工的实际情况,站在他们的角度思考,如何通过接地气的方式帮助他们理解社会主义核心价值观的内涵和要求,怎样提高他们对社会主义核心价值观的践行度。其三,用人单位应当结合社会主义核心价值观的精髓要义适当开展团建活动,要重视青年农民工的精神发展状态,为青年农民工营造一个风清气正、积极向上的工作氛围。

(3)注重教育公平,保障青年农民工受教育机会。如何更好地实现教育公平一直以来都是我国民众普遍关注的热点问题,青年农民工群体在道德水平、知识储备、技术能力等方面存在差异的重要原因在于他们的教育水平有所差距。改革开放以来,我国不断加大对教育事业的投入,大量投入资金完善教育的基础设施、提升师资队伍的力量,但是由于区域发展不平衡,城乡的教育条件仍然存在较大的差距,农村的教育水平远远落后于城市。1986年4月16日,第六届全国人民代表大会第四次会议通过的《中华人民共和国义务教育法》规定,我国实行九年义务教育,但是那时候教学硬件设施比较落后,再加上我国的互联网技术尚未普及,我国各大中小学总体上而言,教学内容大多时候局限于课本,获取课外知识的途径主要是阅读书籍,学生很少能有机会参加实操性的活动,理论与实践结合的能力相对欠缺。事实证明,教育资源的不均衡自然会导致教育质量存在着差距,这也是青年农民工受教育水平参差不齐的原因之一。

就目前我国的现状来看,寒暑假期间很多农民工子女跟随爸妈来到大城市开拓眼界,但是由于生源地限制、家庭经济条件拮据等原因,没办法接受到更好的教育资源。因此,实现教育公平是青年农民工的殷切期盼。教育资源不均衡问题不是一朝一夕就能够解决的,具体而言,特别需要加大乡村学校的建设力度,提高教学基础配置条件,加强乡村学校师资队伍的建设,提升乡村教师的待遇,鼓励更多优秀的教师扎根农村。青年农民工大多都是背井离乡,他们为了维持整个家庭的日常生活而奔波,为了给自己的子女提供更好的成长条件而操劳。因此,推进教育公平是急需解决的问题,需要国家、社会、学校、个人的共同努力,切实落实国家关于推进教育公平的相关政策,为广大青少年从小能够接受到优质的教育提供强有力的保障,进而助力于中华民族伟大复兴中国梦的实现。

在新时代,青年农民工想要更好适应时代的发展要求,必须高举马克思主义伟大旗帜,坚持中国特色社会主义道路,注重提升自身的道德水平,不断增强对自我的认可度,提高对社会主义核心价值观的认同感和践行度,在业余生活中积极参与有助于丰富自身精神世界的活动,以期更好地促进自身德智体美劳的全面发展。

三、西方学者关于精神生活需求价值引导的相关理论

(一)马斯洛需要层次理论

新时代青年农民工精神生活的需求与上一代青年农民工相比有其特殊性与独特性。基于马斯洛需要层次理论,结合新时代青年农民工的精神生活需求现状,从生理需要、安全需要、归属与爱的需要、尊重需要、自我实现的需要这五个方面总结提炼,有助于揭示新时代青年农民工精神生活需求的特点。

1.马斯洛需要层次理论的主要内容

马斯洛需要层次理论是人本主义心理学的理论之一,这是由美国心理学家亚伯拉罕·马斯洛在其1987年出版的《动机与人格》中提出的。马斯洛

认为人的任何活动都有动机的驱使，这种驱使的动机可分为内部动机和外部动机。①外部动机是在外在的压力和要求的驱使下完成的行为，内部动机则是个体内心的冲动以及需要的驱使下引起做某事的冲动，而马斯洛的需求层次主要是由内部动机激发的。当一个需要的欲望被满足之后，另一个需要往往又会被激发，人的一生中总会有不同层次的需求，驱动人不断做出努力。马斯洛把需要层次理论分成了五大类，由低层次到高层次的排列依次是：生理需要(physiological need)、安全需要(safety need)、归属与爱的需要(the need of belonging and love)、尊重需要(esteem need)、自我实现的需要(self-actualization need)这五类。马斯洛通常将人的这五类需要层次构建成金字塔结构，如图 1 所示：

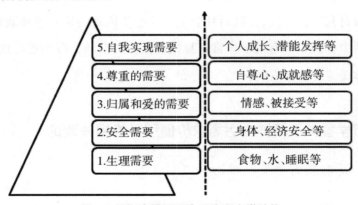

图 1　马斯洛需要层次理论金字塔结构

　　(1)生理需要。生理需要(physiological need)是指满足个体生存所必须具备的最基本、最强烈、最底层的生存需要，包括空气、水、食物、阳光、睡眠、分泌、呼吸等，包含吃、穿、住这些最基本的方面。只有在生理需要得到满足的条件下，人类的生理机能才得以正常运转，维持生命体所需要的能量。假如生理需要得不到满足，人类就会面临生存的威胁。由此可见，马斯洛的生理

---

　　①　[美]马斯洛：《动机与人格》，许金声、程朝翔译，华夏出版社 1987 年版。

需要是建立在人类的自我生命体得以延续的基础上，只有这一层次的需要能够满足维持生存需要的程度之后，其他相对更高级的需要才会被相应地激发出来。

（2）安全需要。安全需要（safety need）是指避免危险、痛苦、疾病或者威胁等，确保自身生命安全、生活等有保障。安全需要包括生理安全需要和心理安全需要这两个方面。生理安全需要指的是个体处于安全状态的领域，不会受到身体上的侵害；心理安全需要是指个体避免受到恐惧、害怕、焦虑等影响，需要心理上的安全。马斯洛认为，当个体的第一层次需要，即生理需要得到满足后个体更高层次的需要就会被激发出来，从而对自己的身心安全提出要求。安全需要在今天可以引申为人们需要保护身体、避免受到创伤，以及远离痛苦，避免心理恐慌。具体可以表现在：一是从事的职业安全稳定，生活健康有序，有健全的劳动保护、医疗保险以及养老保险等；二是能够得到公平公正的对待，有能力和信心面对生活的挑战，社会安定和平等。

（3）归属与爱的需要。归属与爱的需要（the need of belonging and love）是指个体希望归属于某一个群体，获得群体成员的认可和接纳，满足其友情、爱情、信任等社交的需要，并且能够得到他人的爱以及能够给予他人爱的需要。归属与爱的需要是马斯洛需要层次理论的第三层次，这是在生理需要、安全需要得到满足的基础上产生的更高一层次的需要，如果这一层次的需要未能得到满足，个体将会产生孤独、空虚、绝望等消极情绪。人类个体具有与生俱来的社会属性，一个人的归属感主要来源于家庭、朋友、同事等的关爱和理解，这一层次是帮助个体建立自信心、发扬团结友爱、互助精神与建立和谐社会的需要。归属与爱的需要具体表现在：一是社交的需要，个体渴望有相互关爱、理解与忠诚的社交需要；二是归属的需要，个体渴望能融入某一群体，在这个群体中满足自己的归属感，获得帮助和爱。

（4）尊重需要。尊重需要（esteem need）是指个体的能力和成就渴望得到他人的承认与尊重，并且拥有一定的社会地位，也包括自我尊重与自我评价，尊重需要是自我尊重和受到他人尊重两方面的统一体。尊重需要是在前面三个层次需要得到一定程度的满足之后产生的，是相对而言更高一层次的需要。马斯洛认为尊重是建立在公民社会权利平等的基础上，权利平等是社会成员相互尊重的前提，无论是对强势群体还是弱势群体的尊重，都包括以下方面：一是对个体现有才能、地位的尊重以及对未来发展潜力的肯定；二是通过正当途径、辛勤劳动取得的成就而获得他人的欣赏，以及在这过程中自信心的增强。生活在群体社会中，每个人都希望能得到别人的尊重，从归属与爱的需要层次中渴望归属于某一群体，到渴望得到群体成员的尊重，并油然而生的自豪感、自信心、名誉等自我认可的内生动力也随之产生，这是一个不断上升、深入发展的需要层次。

（5）自我实现的需要。自我实现的需要（self-actualization need）是指个人的能力、价值充分发挥到最大的程度，实现了与自己能力相称的理想与抱负，完成甚至超越事情的需要。马斯洛认为，在人的需要层次中，自我实现需要层次是最高层次的需要，也是个人在突破自我、创造自我的过程，达到了这一顶峰，这是最让人感到兴奋、痴狂、激动的时刻。自我实现需要是一种超越自我的境界，世界上能达到这一境界的人是极为少数的。每个人能达到自我实现需要的途径是不尽相同的，在马斯洛看来，人往往是在自己喜欢并愿意为之奋斗的事业中实现自我需要。从这里可以得知，自我实现需要首先要有自己乐于努力奋斗的事业，并且愿意付诸毕生的心血，不断寻找新的突破，以达到超越的境界。

综上所述，需要层次理论的五个层次由低到高组成金字塔般形状，高一级层次需要以低一级层次的需要得到满足为刺激点，倘若低一层次需要无法得到满足，则高一层次需要则难以被激发。马斯洛将五个层次需要分为两类：前四层需要成为基本需要，为人所共有，是人们生存所必须的也成为缺失性需要;第五层需要为成长需要,它并非生存所必须,也并非人人共有,但相对于个体适应社会却有重大意义,是人与动物的区别所在。基于马斯洛的需要层次理论综合分析,除了生理需求层次外,其余四个需求都是其精神生活需求的体现。

2.需要层次理论对青年农民工精神生活需求和价值引导的启示

马斯洛需要层次理论遵循由低层次到高层次的递进特征,在不同的时代、不同的地域、不同的群体之间,需要层次表现出来的具体内容也有所不同。现就马斯洛需要层次理论来衡量青年农民工的需要,分析应如何满足其精神生活的需求以及从需要理论中寻找有效的价值引导。

(1)生理需要是青年农民工精神生活需求的首要前提和必要基础。生理需要是最基础的需要,只有这一层次的需要得到满足,其他需要才会被激发出来。在当代青年农民工这一群体中,生理需要也是作为最基本的、最应该被首要满足的需要。由于在农村经济收入相对较少、劳动力需求低,加上当前城市对年轻一代青年农民的吸引力强,使得众多青年农民走上了外出务工的道路。青年农民工背井离乡到城市务工的首要动力就是收入,能够维持日常生活的开支,满足自己在外地的吃、穿、住等基本的生理需要。当前,青年农民工在城市的温饱方面已经基本得到了解决,但影响其精神生活的直接因素仍然是收入,收入还不足以让他们可以随心所欲地追求个人发展和享受生活的精神需要。因此,要通过政府政策方面的倾斜、工会的帮助以及用人单位履行职责,确保青年农民工的劳动收入能够按时按量发放,提升他们的福利,这是首先应该被落实的关键环节。

(2)安全需要是青年农民工精神生活需求的基本保障。首先,由于青年农民工的文化水平、工作技能等客观原因,他们进入城市后往往从事着最脏、最累甚至最危险的工作,但是户籍制度的限制,使得青年农民工未能享受到与市民相同的社会福利。其次,由于青年农民工的参保意识较低,他们的社会保障仍然处于偏低水平,导致这一群体抵抗风险的能力较低。最后,随着乡村振兴、人口红利逐渐消失等原因,青年农民工的工资和待遇相比老一代的农民工均有了一定的提升,但是城市的消费水平依然很高,青年农民工想要在城市买房落户、子女在城市就读等困难依旧是普遍存在的问题。

安全需要作为青年农民工的基本保障,我们决不能忽视对这一群体的身心两方面的安全需要,只有一个人的身心处于健康状态,才能在工作中尽心尽责,安心享受生活。因此,首先应该提高青年农民工的就业质量,针对现代产业发展与农民工的特点相结合,构建市场导向、产学相结合的培训体系,提高他们的创新创业技能,培养更多技术型工人,以改变青年农民工只能干苦力的现状。其次,进行户籍制度的改革以及建立开放包容的城市落户政策,让青年农民工与城市居民平等地享受到"医疗、养老、失业、救济、补助"这些国家提供的福利。最后,完善农民工子女就读政策,让青年农民工及其子女能以体面的姿态融入城市。

(3)归属与爱的需要是青年农民工精神生活需求的精神港湾。农民工作为离开农村在外务工的一个群体,与其他群体一样希望在城市中有自己的归属,有自己信任和信任自己的伙伴,有稳定的感情寄托。尤其是青年农民工,他们渴望结交朋友,与同事建立融洽的关系,融入城市。但是青年农民工大部分没有融入当地,与他们交往密切的群体仍然是来自家乡或者外地的农民工群体,他们与当地居民的关系十分疏远,友爱和归属感并没有得到满足。在以帮助农民工而设立的民工协会、委员会等这些组织的作用并没有充分发挥,当青年农民工在城市中遇到困难时,他们往往会倾向于寻找亲朋好友的帮助,很少会向用人单位、当地居民、工会等求助。

基于此,为了提高青年农民工的城市适应能力,满足他们归属与爱的需要层次,可以从这两个方面进行考虑:一是适时开展心理健康疏导。设立免费的心理咨询服务中心或者服务热线,及时帮助他们打开心结,提高应对挫折与抗压能力，正确看待和处理自身与他人、工作的关系，以积极的心态融入城市；二是工会可联合用人单位有计划地组织开展丰富多彩的文化以及体育活动，消除青年农民工在陌生城市中的孤独感和消极情绪，为他们更好地融入城市提供开放、多元的文化环境，增强他们在城市中的归属感；三是积极利用媒体的传播引导功能。在城市中，为保障农民工权益而设立的组织是合法存在的，但是由于农民工缺乏对它们的了解与信任，导致他们很少向这些组织寻求帮助。因此，媒体可在这些方面加强对青年农民工的宣传，确保他们在权益受到侵害、心理上需要开导时能采取合理合法的手段解决问题。

（4）尊重需要是青年农民工精神生活需求的重要内容。青年农民工相比老一代农民工，他们思想活跃，受教育程度较高，同时他们的权利意识、自尊心更强，他们更渴望在城市中得到别人的认可和尊重。但由于在城市务工，劳资关系的建立，使得青年农民工不仅在工作上居于从属地位，更表现在社会关系中，不少青年农民工都有被雇主打骂、恐吓的经历。青年农民工对精神、尊严的需要比老一代农民工更强烈，但在现实生活中成就感、满意度相对较低，导致他们易出现走极端、激进的问题。另外，由于生活习惯、经济差异、文化习俗、地缘差异等原因，青年农民工与当地人很难建立平等的关系，当地居民对农民工持偏见和傲慢态度已经是普遍现象。

尊重需要关系到青年农民工的心理健康、人格尊严以及社会秩序的良好运行。因此，可以通过建立平等的劳动关系以满足青年农民工的尊重需要。一是根据青年农民工的实际需要与现实的薄弱点，提高青年农民工代表在工会中的参会率，让他们对自身的权益有合理的表达渠道，倾听他们的诉求；二是建立平等协商制度，青年农民工与用人单位、雇主出现双方难以协商的矛盾，可申请第三方免费进行调节和协商。另外，社会上要营造开放、包容、公平合理的氛围。城市市民要对农民工给予尊重，摒弃他们的优越感，共同建立和谐友爱、宽容互助的人际关系;在职业竞升方面,应以职工的专业技能、个人综合素质为重点进行考察,杜绝以"出身论英雄"的做法,保证各个岗位的职工能在公平合理的竞争中实现岗位的流动。

(5)自我实现需要是青年农民工精神生活需求的最高追求。与老一辈农民工相比,当前的青年农民工外出务工不仅仅是为了增加收入、解决温饱,而是带着梦想与理想规划来到城市寻求发展的机会,他们并不满足于老一辈农民工从事的脏、累、苦的工作,其职业发展规划呈现了他们的上进心与努力。但是在现有的户籍制度、社会阶层、流动机制等客观原因以及青年农民工的学历、技能水平相对较低的情况下,造成他们怀着满腔热血来到城市,奋斗到了中年,但依然从事着底层的工作,当初的雄心壮志、个人发展期望值未能得到实现。

马斯洛认为能达到自我实现需要层次的人凤毛麟角,但是这不意味着我们就放弃对它的追求。在马斯洛看来,人最有可能在工作中达到自我实现的需要,因此我们对青年农民工的引导也应该从职业中找到突破口。一是帮助青年农民工认识自己的不足与需要完善之处,规划具体可行的职业生涯,积极努力参与职业技能的学习培训,为长远发展打下基础;二是社会不能忽视青年农民工这一庞大的群体,正视他们的合理诉求,积极引导企业、用人单位对他们开展合理有效、有针对性的培训,建立公平、畅通的晋升渠道,让青年农民工在职业中体验到成就感、获得感,逐渐获得自我成长需要的满足。随着我国经济的快速发展以及扶贫项目的推进和落实,青年农民工的基本需要已经有所改善,但是这一群体的精神需要也越来越凸显,精神生活的需要是一个人价值观养成的重要途径,只有满足多元化的层次需要,才能建立稳定、和谐的社会。

（二）社会化理论

社会化理论是青年农民工精神生活需求和价值引导研究的重要解释理论之一。社会化理论最早出现于西方国家，由美国经济学家萨缪·鲍尔斯（Samue Bowles）和赫伯特·金迪斯（Herbert Gintis）在 1976 年出版的《资本主义美国的学校教育：教育改革于经济生活的矛盾》中首次提出，并揭露了资本主义教育的阶级实质。社会化理论是一个内涵丰富的社会学概念，涉及生产方式、行为模式、思维观念等多个方面，概括起来，可以从以下三点认识和理解社会化理论。

1.社会化理论的主要内容

"社会化"一词最早由马克思在 1888 年发表的《关于费尔巴哈的提纲》中提出。在社会学中，社会化是一个具有多重含义的范畴。现代研究认为，社会化不仅包含"自然人"向"社会人"转变的全部内容，而且也包含个人成年后与社会之间发生的教化、内化与调试的全部内容。[①]社会化是一个涉及个体与外部环境的双向互动过程，是人的主体性和社会性的统一。

社会化是实现人的现代化的必经过程。马克思指出，"社会不是由个人构成的，而是表示这些个人彼此发生的那些联系和关系总和"[②]，"人的本质不是但个人所固有的抽象物，在其现实性上，它是一切社会关系的总和"[③]。换言之，人的所有社会实践活动都具有社会性，人的发展也具有社会性。人是自然属性和社会属性的统一体。人刚出生，仅仅是一个"自然人"，正是因为"社会化"才使得个体掌握生活技能、内化价值观念、传递社会文化等，逐步转变为"社会人"。个体也只有接受社会文化，掌握社会生活技能，适应社

---

① 刘豪兴：《社会学概论》，高等教育出版社 1999 年版，第 5 页。
② 《马克思恩格斯全集》（第 30 卷），人民出版社 1995 年版，第 249 页。
③ 《马克思恩格斯选集》（第 1 卷），人民出版社 2012 年版，第 135 页。

会生活方式时,才能实现个人与社会的有效互动和协调发展,在复杂的社会经济制度、文化制度、家族社区等社会环境中生存和发展。

社会化是推进人类社会现代化的必经过程。马克思指出:"旧唯物主义的立脚点是市民社会,新唯物主义的立脚点是人类社会或社会化的人类。"[①]社会化的人类社会化是改变世界的哲学立脚点,社会化是改变人类社会的类型方式。马克思主义价值目标和最终目标就是实现人的自由而全面的发展,使得人类从不平等的压迫和剥削的劳动中解放出来,通过社会化联合终结人对人之间的统治。毋庸置疑,随着生产力的发展和生产规模的扩大,"劳动的进一步社会化,土地和其他生产资料的进一步转化为社会地使用的即公共的生产资料"[②],传统的分散的小生产方式必然会被井然有序的分工和协作的"社会化生产"所取代。当前,乡村振兴以及城镇化的推进就是社会化、工业化、现代化过程中不可规避的表现形式,也是社会主义发展进而实现共产主义的必经之路。社会化这一过程符合社会发展规律,一定程度上也解决了现代化过程中农村劳动力过剩、城市劳动力紧缺的需求平衡问题。

(1)社会化的因素。社会化主体指的是对社会化过程最重要和最有影响力的个人、群体、机构等。[③]社会化理论认为,人的社会化是贯穿人生始终的漫长过程,其过程涉及的主体是复杂多变的。社会化的主体可以从宏观和微观方面去认识和理解。宏观方面包括社会生产方式、国家政治经济制度和社会意识形态等社会环境。这些宏观方面的社会化为人的社会化提供了基础保障,也时刻影响着人的社会化过程。微观方面包括家庭、学校、工作单位、同辈群体以及大众传播媒介。人的社会化从家庭开始。家庭是所有社会化主体中影响最为传统、最为直接的理想社会化场所。学校是除家庭以外儿童、

---

① 《马克思恩格斯文集》(第1卷),人民出版社2009年版,第506页。

② 《资本论》(第1卷),人民出版社2004年版,第873页。

③ [美]戴维·波普诺:《社会学》(第十版),中国人民出版社2003年版,第157页。

青少年以及青年最主要的社会化主体。

　　不难看出，随着时代的变迁，家庭以外的社会化主体的影响变得越来越大。学校是专门为实现社会化的目的而设立的组织机构。在校期间，学校通过带领学生学习和遵守行为规范实现个体的社会化。工作单位是个人进入职场后的主要社会化场所。同龄群体对个体的社会化也有重要影响。个体往往因为年龄、兴趣爱好较为接近而将其作为自身思想行为等方面的重要参照系。不可忽略的是，最近一二十年以来，大众传媒在社会化过程中发挥着重要作用。近年来，大众媒体，尤其是互联网、电视广播、报纸等现代传播方式已成了人们获得社会信息和娱乐消遣的主阵地，同时也逐渐成为社会化过程的主体力量。

　　（2）社会化的类型。在人的社会化过程中，根据社会化主体的不同，可以简单区分为以下三种最为常见的社会化类型：第一，基本社会化。它指的是个体生命在婴儿期至青少年时期的社会化。基本社会化是为保证个体生命正常运转而进行的，其内容主要包括作为"社会人"生存所应当具备的基本的语言、技能以及行为规范等独立生活的能力。基本社会化主要发生在家庭，然后是同龄群体和大众媒介。第二，继续社会化。它指的是成年人在基本社会化的基础上，为了适应社会生活的角色要求而继续进行的社会化过程。此过程主要发生在工作环境的改变过程中。第三，再社会化。它指的是个体原有的生活方式向另一种新的生活方式的转变、适应和内化的过程，是一个人放弃原有的价值标准和行为规范，重新确立新的价值标准和行为习惯的过程。①

　　（3）社会化的基本内容。社会化涉及的内容极为广泛，存在于人们社会生活的方方面面，其中生存技能的社会化、政治的社会化、道德的社会化可

---

① 《社会学概论》编写组：《社会学概论》，人民出版社、高等教育出版社2011年版，第96页。

以说是社会化内容的主要方面。

生存技能社会化。生存技能社会化指的是个体获得所处时代和社会生存和发展所需要的日常生活技能和职业技能的过程。社会化理论认为,生存技能的社会化是人的社会化的基本方面之一。马克思也曾指出,"一切人类生存的首要前提是:人们为了能够创造自己的历史,必须能够生活,而人们为了生活,首先需要衣、食、住以及其他东西"①。人生而具有衣食住行的需求,但未具备基本生存和生活能力,而是需要后天学习才得以发展。个体习得社会生存的基本技能之后才会有谋求进一步发展的可能。此外,生存技能的社会化是一个贯穿人生始终的过程。在这一过程中,随着生活和工作环境的变化,社会发展对社会成员的要求随之变化。个体在不同时期、不同环境下就需要扮演不同的社会角色,并掌握与之相适应的职业技能、知识和规范,这些均离不开的技能社会化。

政治社会化。政治社会化是社会化的核心,是实现政治认同的手段和途径。学者马振清认为,政治社会化是"公民经过学习并内化政治文化,从而形成具有一定的、稳固的政治认识、政治情感、政治价值、政治态度和政治信念的政治人的过程"②。政治社会化是传递政治文化和政治价值的过程,其目标是培养合格的政治人。马克思指出:"人是名副其实的政治动物,不仅是一种合群动物,而且是只有在社会中才能独立的动物。"③因此,政治社会化的产生和发展有其必然性和适合性。从社会的角度来看,政治社会化是通过各种教育和影响等社会化手段,将占主导地位的政治文化、政治价值传输给公民而认同政治经济制度的过程。从个体的角度来看,政治社会化就是通过个体为适应社会发展,自觉学习相关政治知识,提升自身政治参与的热情和能

① 《马克思恩格斯选集》(第1卷),人民出版社1972年版,第32页。
② 马振清:《中国公民政治社会化问题研究》,黑龙江出版社2001年版,第2页。
③ 《马克思恩格斯全集》(第46卷),人民出版社1978年版,第21页。

力,形成合乎特定社会的政治观点和态度的过程。任何一项社会制度的运转和发展都离不开公民的信任、支持和维护。毛泽东曾指出,"共产党领导的革命的政治工作是革命军队的生命线"[①]。政治社会化是思想政治教育的重要组成部分,是塑造与一定社会政治制度相适应的"政治人"的必要途径,是建设社会主义民主政治的必然要求。

道德社会化。道德社会化指的是社会成员内化特定社会所肯定的道德规范及价值理念,并形成符合社会要求的道德认知、道德情感和道德行为的过程。[②]从内容上来看,不同地区、不同历史时期,道德社会化的内容、形式有较大差别。从手段上来看,道德社会化主要有三种完成方式:通过模仿形成道德行为,通过教育获得道德知识,在舆论中获得道德理念。不难看出,道德社会化往往通过善恶、是非、荣辱、正义与非正义的评价等非强制性的方式调节人与人、人与社会、人与自然的关系。从结果上来看,道德是社会化的产物。"人们自觉地或不自觉地,归根到底总是从他们阶级地位所依据的实际关系中——从他们进行生产和交换的经济关系中,获得自己的伦理观念"[③],"观念的东西不外是一如人的头脑并在人的头脑中改造过的物质东西而已"。无论个体是否内化了符合特定社会的道德思想或外化成道德行为,都是个体道德社会化的结果。

2.社会化理论对青年农民工精神生活需求和价值引导的启示意义

青年农民工要融入城市,适应现代化建设的要求,就要提升其社会化程度。作为这样一个具有明显边缘性特征的特殊群体,在融入城市社会过程中面临着许多问题和困境。青年农民工在社会化过程中,"没有人会像一张纯净的白纸一样,去接触城市生活。在他的青春期晚期,他会表现和反映出它

---

① 《毛泽东思想年编:1921—1975》,人民出版社 2011 年版,第 414 页。
② 卢勤:《个人成长与社会化》,四川大学出版社 2010 年版,第 28 页。
③ 《马克思恩格斯全集》(第 20 卷),人民出版社 1971 年版,第 102 页。

生活于其中的家庭性质,以及他成长起来的那个地区所具有的社会和文化特征"①。青年农民工大多从小生活在农村,在原居住的农村地区已经完成了社会化,一些农村思想观念和行为习惯已经形成,且社会关系网络在原居住地已经较为稳固。进入城市之后,青年农民工虽然有着"出生牛犊不怕虎"的勇气,但是由于环境的改变,原本的思想观念和行为模式等与城市生活有着较大差异。这些差异可能使得他们接受城市社会的能力和被城市社会接纳的能力有限而感到不适应,甚至遭受城市生活的排斥与歧视。为适应城市社会的生产生活方式,青年农民工在从农村来到城市后不得不面临着继续社会化的过程。在社会化过程中,青年农民工一方面需要为能够在城市社会生存而学习生活技能和行为规范,另一方面需要自觉学习和接受价值观念、思维方式,需要与工作单位、社区打交道,建立新的良性互动的社会关系,以期融入城市社会关系之中。

(1)积极关注青年农民工多方面的精神生活需求。与老一辈农民工相比较,青年农民工融入城市的政策、环境以及思想层面都发生了巨大的变化,而这些社会化主体因素变化促使青年农民工的诉求开始从原来单一的物质利益追求逐渐转变为物质与精神层面的多方面需求。青年农民工群体一直都是城市社会的"沉默阶层",往往难以拥有一定的权威资本,话语权缺失,更多的只是被关注、被影响、被帮助弱势群体。②然而当前他们这些物质和精神方面的需求与社会发展的实际并不同步。社会化对个体的影响是全方位的、多层次的。在这样复杂的社会化过程中,如果青年农民工在多方面的利益无法得到社会的关注和保障,就会影响他们形成健康的心理和价值判断,极易引发不同程度的认同危机和心理危机。因此,在青年农民工在融入社会化过程中,需要正确而全面地认识和理解处在社会转型期和乡村振兴时期

---

① [美]英格尔斯:《人的现代化》,四川人民出版社1985年版,第151页。
② 李贵成:《民工荒视域下的新生代农民工价值观研究》,科学出版社2016年版,第213页。

的青年农民工群体的精神诉求和思想动态。

（2）以社会主义核心价值观引导青年农民工价值观。青年农民工出生于改革开放的艰苦年代，成长在中华民族复兴的伟大时代。他们具有吃苦耐劳、有远大理想的品质，是社会主义现代化强国建设的重要组成部分。青年农民工价值观与社会前进方向的契合度直接关系到国家的兴亡和民族的衰败。以社会主义核心价值观引导青年农民工群体价值观的塑造是新时代满足青年农民工精神生活需求、实现其现代化转变的根本所在。应当承认，经过基本社会化的青年农民工从农村地区走向城市社会，其行动具有较为明确的目的性和功利性，其价值观难免偏重于个体发展，于是在这一群体中出现了"小富即安"与"暴富幻想"、相对安稳与绝对失衡、暂时满足与远期失衡、现实残酷与理想远大等一系列"此岸"与"彼岸"之间激烈的价值冲突。[①]为消解青年农民工在社会化过程中的价值观冲突，青年农民工价值观的形成离不开社会主义核心价值观的理论灌输和实践引领。应以社会主义主义核心价值观引导青年农民工树立正确的经济价值观、政治价值观、文化价值观、职业价值观、生活价值观以及道德价值观等。

（3）整合多方主体力量共同强化青年农民工价值认同。通过社会化培养出品行高尚的、有道德的、有益于人民的人，这既是人的社会化的最佳结果，也是其首要任务。如何使社会化主体的功能最大化，发挥其在人的社会化过程中多方面的合力，这是青年农民工价值引导亟待解决的问题。在个体社会化过程中，宏观层面和微观层面的社会化主体都是缺一不可的。只有二者的作用得以充分发挥，青年农民工的价值观的塑造和引导的过程才会通畅，时效才能形成乘数效应。

首先，需要发挥宏观的社会化主体在强化青年农民价值观过程中的基

---

① 黄进：《价值冲突与精神皈依——社会转型期新生代农民工价值观研究》，南京师范大学出版社 2010 年版，第 321 页。

础和保障作用。宏观层面社会化主体有经济环境、政治环境、社会环境等。这些主体所映射出来的则是福利待遇、制度保障、教育公平、户口准入等现实需求。对于青年农民工来说，这是他们在城市社会生存的基础和前提，也是价值认同过程的必要保障。毛泽东曾指出，"对被领导者给予物质福利，至少不损害其利益，同时对被领导者给以政治教育"①。可见，重视和解决农民工的价值认同问题，需要切实解决他们在物质生活条件上所面临的一些具体问题。

其次，需要发挥微观的社会化主体在引导青年农民价值观过程中的协同参与作用。微观上包括家庭环境、学校环境、社区环境、企业环境以及同辈群体。这些社会化主体更贴近青年农民工的日常工作和生活，是正确引导青年农民工社会化的重要手段和价值观教育的基本形式。人的社会化过程是一个涉及多个主体的双向互动过程，只有积极动员多方主体力量共同参与青年农民工的价值引领和认同，保证价值观引导的有效性，才能实实在在地实现个体社会化的最佳目标。

---

① 《毛泽东选集》(第四卷)，人民出版社 1991 年版，第 1273 页。

第二章 新时代青年农民工精神生活需求价值引导的现实必要性

　　青年农民工作为新时代农民工群体的主力军，是推动我国城市经济文化发展和现代化建设的重要力量。党的十八大以来，青年农民工的精神生活需求问题越来越受到党和政府以及社会各界的广泛关注，并成为学术界研究的热点之一。相比老一辈农民工而言，青年农民工在精神生活方面的需求更为强烈，并且脱离了单一、同质的特点，呈现出更加个性化和多样化的特点。但与此同时，由于受多元文化的侵蚀、经济条件的限制、城乡二元户籍制度的影响以及农民工自身的问题等多方面因素，新时代部分青年农民工的精神生活需求出现了功利化、享乐化、庸俗化、简单化和虚无化等不良倾向，这既不利于青年农民工个人综合素质的提升和市民化的转换，又对农村和城市的和谐稳定及文化发展造成了一定程度的消极影响。在此境遇下，对青年农民工的精神生活需求进行价值引导就显得尤为必要，它既是青年农民工现代性获得、美好生活满足和道德生活重建的现实需要，也是推动乡村文化振兴和优秀家风培育、助力城市秩序维护和文化治理的必然要求。

一、青年农民工现代性获得的需要

青年农民工的现代性是指他们在价值观念、思想形态和行为方式等方面所展现出的与城市相适应的一种特性。青年农民工从农村进入城市打工谋生,不仅表现为地域上的迁移、角色上的转变,更表现为精神上的变迁,即由传统价值观和生活方式向现代价值观和生活方式的转化,[①]也就是他们追求"现代性"、摆脱"乡土性"的一个过程。[②]随着我国城市化进程的加快和大众传媒的发展,青年农民工在市民化过程中虽展现出了较多的现代性元素,但他们的现代性水平与城市居民之间仍有较大差距,亟须通过加强对他们精神生活的引导,帮助他们更好地融入城市社会,实现自身的现代性。

(一)转变青年农民工落后思想观念的现实需要

破除旧的思想观念是形成新的思想观念的第一步。青年农民工要获得现代性,完成传统人向现代人的转变,其首要前提和根本保证就在于从思想观念上实现旧的、腐朽的、落后的观念向新的、健康的、先进的观念的转变。换句话说,青年农民工只有首先在思想观念上自觉摈弃过去在农村成长环境中形成的各种保守、落后的思想意识和价值观念,才有可能进一步认同并接受城市先进的思想文化,从而真正实现思想观念现代性的转变。就目前而言,尽管青年农民工因长期流动于城市之中而基本脱离了乡村部分风俗习惯和小农意识等的影响,并已经接受了城市文明的熏陶,期望且开始具有积

① 汪立:《论农民工在城市的生存与现代性》,《郑州大学学报》(哲学社会科学版)2004第1期,第75页。

② 汪华,孙中伟:《乡土性、现代性与群体互动:农民工老乡认同及其影响因素》,《山东社会科学》2015年第2期,第26页。

极、进步、开放等思想观念,如开拓进取、勇于创新、平等竞争、讲究卫生等。但是由于青年农民工并未完全融入城市,难以通过社会交往和人际互动培养起具有现代性的思维意识和精神品质,加上他们在进城前已经形成了农村根深蒂固的思想观念和思维方式,即便在城市生活多年也很难彻底根除。所以传统文化中那种消极、落后、不合时宜的东西仍然深植于一些青年农民工的思想品质和价值取向中,如安于现状、不思进取、自私狭隘、盲目排外、因循守旧等。并且在青年农民工生活环境差、生活质量低、生活圈子小等因素的推动下,这些落后的思想观念还可能随着他们的自卑心理出现不断增强的态势,从而给青年农民工群体的现代性获得和提高带来极大的消极影响。

因此,面对新时代青年农民工思想保守、观念落后、缺乏高品质生活要求的现实状况,通过从精神上引导和满足他们追求更加现代、更加先进、更加文明和更加高尚的思想境界和精神生活,就成为转变他们落后的思想观念、促进他们现代性获得的迫切需要。为达此目的,应该对青年农民工进行现代化思想意识和观念的培育,以提高他们的综合素质,让他们树立正确、科学的世界观、人生观和价值观,进而为他们实现思想观念向现代化的彻底转变打下坚实基础。

(二)培养青年农民工政治认同素养的现实需要

政治认同是指处于政治共同体内的社会成员对自身所属共同体的属性(包括政治制度、政治体系和政治意识形态等)及自身政治身份所持有的一种情感和意识上的归属感。政治认同是青年农民工真正融入城市、参与社会发展的必然要求,是其获得现代性所必备的基本素养之一。当代青年农民工相比老一辈农民工而言受教育水平更高,他们关注和参与政治生活的渴望更加强烈、态度更加积极。同时,随着我国经济社会的快速发展和互联网等新技术的广泛应用,青年农民工获取和传递各种政治信息的能力不断增强,参与社会政治生活的方式也更加便利，这些都给他们政治认同素养的提高提供了前提条件。

在现实生活中，青年农民工的政治信仰在主流上是拥护中国共产党的领导，并认同党和国家的路线、方针、政策的，但也开始呈现多元化趋势，也会出现盲目追求资本主义的政治文化和价值观念的现象。青年农民工由于自身"亦农亦工"的双重身份，不愿意回村参加村委会选举等政治事务，又因农村户口无法参与城市公共事务管理，认为政治离自己很遥远，无法表达和维护自己的权益，久而久之政治参与的愿望就会降低，政治主体意识淡漠，政治认同度下降，甚至出现严重的政治认同危机，极大制约了他们现代性的实现。在此情况下，只有通过加强党和国家政策的宣传、加强理想信念和社会主义核心价值观教育、加强思想政治教育和心理教育等途径来提升青年农民工的文化素质，促进他们对政治系统的理解、认可和支持，引导他们树立正确、积极的政治价值观，才能不断增强他们的政治认同感和归属感，提高他们的政治认同核心素养，加快他们获得现代性的步伐。

（三）增强青年农民工自信心和创造力的现实需要

具有现代属性的个体常常表现出独立自主、自尊自信、乐观进取、开拓创新等方面的精神状态。其中，自信心和创造力是新时代青年农民工现代性素质的重要内容，是他们融入城市、获得现代性的关键因素，也是于他们而言较难培养的基本素质。青年农民工的自信心表现为他们拥有较强的自我价值、自我尊重、自我理解的意识特征和心理状态。青年农民工的创造力表现为他们敢于突破旧有思维习惯和传统模式的束缚，乐于接受新的观念、经验和生活方式，拥有自己独立的见解，并善于发现和创造新事物，能够获得新的知识和技术。新时代的青年农民工，随着他们知识、能力等的逐渐提升和收入、待遇等的日益改善，他们的自信心、创造力等现代素质理应不断形成和发展。但事实上,囿于语言、经济地位、文化水平、生活方式等差异,青年农民工在意识到自身与城市人之间巨大的不平等后很容易产生失落、郁闷、卑微的心理,再加上有些城市居民对青年农民工存有戒心、偏见和歧视,部分社区对他们也采取漠视、排斥等态度,使得他们更容易产生强烈的自卑感,[①]缺乏自尊、自强、自信的素质。

同时,从农村相对封闭的生活环境和相对落后的生存状态下成长起来的青年农民工也容易形成思维定势,欠缺接受先进文化的能力,再加之他们本身的文化程度偏低,因而相比城市人而言,其能动性和创造性就显得明显不足。这些都是青年农民工之所以难以获得现代性的关键原因所在。所以为了帮助他们树立对生活和未来的信心、提高自身的创新思维能力,就必须通过思想教育引导他们形成积极向上、乐观进取的思想观念,让他们正确认识城乡差异,客观看待自己的缺点和不足,找到自己存在的价值,并养成勤奋学习、刻苦钻研的优秀品质,增强自己的见识和能力,从而帮助他们克服自卑心理和固化思维,培养起城市文明所需要的现代思维和意识。

(四)提高青年农民工人际交往能力的现实需要

社会交往尤其是与城市居民之间的社会交往,是青年农民工接触和获得现代文明非常重要的一个渠道,是培养他们现代性品质的"润滑剂"。青年农民工从农村到城市的流动极大拓展了他们的生活空间和交往范围,为他们提高社会交往能力、获得良好人际关系提供了前提条件。在与城市人群的沟通交流中,青年农民工必然会在无形之中受到他们的思想观念、精神品格和行为习惯等的影响,从而改变自身旧有的传统观念和思维方式,习得他们身上的现代性特质。并且随着交往频率的增加和交往范围的扩大,青年农民

---

① 宣天:《新生代农民工精神文化生活困境破解》,《人民论坛》2012年第23期,第149页。

工在参与都市人生活的过程中也能不断提高自己的认知水平、开阔自己的视野或眼界、丰富自己的人生阅历,这同样有助于他们现代性的提高。然而现实往往是,绝大多数青年农民工的朋友圈都以亲戚、同乡、朋友、同事、同学等熟人为主,与市民的交往则处于"有交往而无交流"的状态,社交圈相对狭窄、孤立、封闭和单一。而这种以血缘、地缘、亲缘等先赋性关系建构起来的传统社会关系网络,①既容易使青年农民工产生孤独感、疏离感和无助感,不利于他们现代素质的培养,也可能会造成他们与城市居民间的误会甚至隔阂,使之对与城市居民的交往怀有畏惧、抗拒和躲避心理。

与此同时,现实中不和谐的社会交往还有可能促使他们将人际互动转向虚拟的网络世界,导致他们被网上的一些不良文化所侵蚀,沾染上庸俗的习气。在这样的人际关系环境下,青年农民工往往无法抱有人际交往的正常心态,以致在社会人际交往能力方面有很大的欠缺,影响了现代性的发展。要改变这种现象,对青年农民工人际交往的各种心理障碍进行及时、适时和实时的疏导必不可少,唯有消除他们对城市居民的胆怯、嫉妒、敌视等负面心理,引导他们树立正确的人际交往观,才有可能帮助他们提升人际交往能力,建立广泛的、健康的和高质量的人际关系网络,从而在与城市居民的深度交往中逐渐获得现代性。

(五)塑造青年农民工现代生活方式的现实需要

重构适应城市生活的新的生活方式是青年农民工获得现代性的显著标志。青年农民工进入城市后,他们的生活空间、生活环境和生活内容都发生了重大变化,基本脱离了农村日出而作、日落而息的闲散生活方式,养成了城里人按时上班下班、按时吃饭休息的规律生活习惯。并且他们迫切渴望融

---

① 万美容,张艳斌:《论新生代农民工精神生活发展困境及应对——基于个体化理论的研究视角》,《学习与实践》2017年第7期,第47页。

入城市生活、在城市里安居乐业的心理也会促使其不断学习和效仿城市居民文明的生活习惯和行为方式。从这个意义上讲,这些习惯和心理有利于增强青年农民工的现代意识,提高他们的文明程度,使他们与城市居民在价值取向上达成共识,加速他们获得现代性的进程。

生活方式的转变是一个漫长的过程, 其中最关键和最艰难的就是精神生活层面, 也就是思想观念和生活习惯上的彻底转变。古语说:"少成若天性,习惯成自然。"青年农民工的思想和习惯多是在儿童和少年时期养成的, 这段时期他们的生活基本是在农村度过的, 所以他们沉淀数十年的与城市生活格格不入的生活方式很难在短期内转变。与此同时,受主客观因素的影响, 部分青年农民工在追求生活方式现代化的过程中出现了许多与城市文明很不协调的倾向,包括人生价值观的功利化、不合理的消费行为和方式以及休闲娱乐生活的低俗化、庸俗化等,这些不良倾向同样对他们实现生活方式上的现代性产生了消极影响。

因此,为了帮助青年农民工养成新的城市生活方式,就必须通过宣传、教育等手段引导其改变过去旧有的生活习惯,打破他们"有钱就有了一切"的错误观念,改变他们盲目、超前、攀比或过度节俭的消费观念和行为,使其追求更加积极健康的生活方式。同时,还要通过政府、社会、企业和社区等对他们开展职业培训,提高他们的科学文化知识和职业技术水平,培养他们具有现代化的思想观念,与社会主流文化的价值指向同向,实现生活方式的进一步优化,形成更加健康、文明、和谐的生活方式,更快地融入城市生活。

青年农民工作为在某种意义上处于从传统向现代过渡的"边缘人",他们中的绝大多数只是完成了空间、角色和资源获取方式上的改变,尚未在价值观念、思维方式和生活习惯等方面实现现代性的彻底转变,[1]有的甚至还

---

① 汪立华:《论农民工在城市的生存与现代性》,《郑州大学学报》(哲学社会科学版)2004年第1期,第76页。

出现了与现代性背道而驰的特质。当前,要加快青年农民工现代性获得的步伐,除了需要创造有利于他们获得现代性的客观环境外,更重要的是要从主观上对他们的精神生活进行正向、科学、深层的引导,让他们更加积极主动地融入城市社会,成为真正的"现代人"。

二、青年农民工美好生活满足的需要

在新时代,我国社会的主要矛盾已经转变为人民日益增长的美好生活需要和不平衡不充分的发展之间的矛盾。对青年农民工群体而言,美好生活也是他们在新时代的生活需求,这种需求不仅对客观性的物质文化生活提出了更高的要求,而且在主观性的精神世界方面也展现出了更多样化的需求。但就目前情况而言,美好生活的需要与现实社会的供给之间存在的较大落差导致青年农民工的精神生活存在着诸多问题,影响了他们追求美好生活的正确方向。要有效解决这些问题,从思想、心理、感情等方面加强对他们的引导是必然选择,只有用正确价值来引导他们追求新时代精神生活,才能使他们获得真正美好而幸福的生活。

(一)满足青年农民工保障自身权益的切实需求

改革开放后出生的青年农民工较少地经历与自己前辈们相同的艰苦生活环境,所以他们进城的目的不仅是为了讨生存,更多的是怀揣心中的远大梦想进城寻出路、谋发展。这就决定了当面对城里人的鄙视、同工不同酬、克扣和拖欠工资、恶劣的劳作和居住环境等艰难生存境遇时,青年农民工已"由忍耐坚持向追求权益平等延伸"[1],也即是说他们往往不会像前辈们一样

---

① 邓鸿勋,陆百:《走出二元结构:农民工市民化》,社会科学文献出版社 2012 年版,第 49 页。

选择隐忍、顺从,而是与其做顽强抗争,竭力维护自己的合法权益。[①]同时,随着文化水平的提升、科学技术的进步,青年农民工的精神独立性不断增强,他们越来越关注自身合法权利的享有和保障问题,对获得与城市工人平等的政治权利、劳动就业合法权益、社会保障权利等有着强烈的诉求,表明其平等意识、维权意识、法律意识和公民意识正在日益觉醒。

然而尽管近些年随着相关政策的出台实施,青年农民工的合法权益得到了一定程度上的保障,但由于其在现实社会中的弱势地位、文化水平的先天性不足,加之他们的利益诉求渠道有限、依法维权能力欠缺,导致他们在自身合法权益受到侵害时仍表现得无所适从,或因为自身经济实力不够、人际关系狭窄,无法在维权抗争中获得胜利,最终也只能忍气吞声、自我安慰。长此以往,青年农民工就会失去保障自身权益的信心,维权反抗的主动性也会大大降低,有的甚至直接采取自残自虐、聚众闹事、跳楼自杀等极端方式进行维权,不仅不利于自身合法权益的维护,还严重影响了社会秩序的安定。

对此,为进一步满足青年农民工对权益保障的需求,提升他们的安全感,政府、社区、企业等部门有必要通过广播、电视、报刊和网络等大众媒体加大对青年农民工参政议政、维权和社会保障等法律和政策的宣传教育,提高他们的维权法律知识和自我保护意识,使他们树立依法办事、依法维权的正确观念。同时,还要引导他们养成积极向上的心态,帮助他们理性看待自身和社会的种种问题,避免做出过激行为。

（二）满足青年农民工接受公平教育的切实需求

随着义务教育的普及,目前我国绝大多数青年农民工都经过了义务教育阶段,基本具备了初中学历,个人素质得到了明显提高。这使他们开始意

---

① 冯菲菲、史春林:《新生代农民工的精神特质》,《理论探讨》2012年第6期,第38页。

识到知识、技能对一个人成长和发展的重要性,于是在自己和子女的教育问题上表现出了更加强烈的需求。但是限于各种因素,他们对自身和子女的教育需求很难得到充分满足。

首先,青年农民工中的许多人或为了融入城市、追求更好的物质生活,或为了增长见识、追求更高的精神境界,都坚持在追求知识,渴望接受高等教育和职业技能培训,提高自己的科学文化素养。但由于城市总体上缺乏农民工教育培训的平台、渠道和途径,加上青年农民工生存压力大、时间精力有限,导致其提升自身文化素质和专业技术水平的愿望难以实现。

其次,青年农民工在进城后看到了城市发展的大好前景,无不希望自己的子女能够脱离艰苦的农村生活,到城市去拼搏发展,因此他们开始重视子女的教育,期盼着子女通过上学来改变自身与家庭的命运。然而因城乡教育制度、教育水平、教育资源等差异,他们的子女实际上基本沿袭了他们在受教育权利上先赋性条件不足的劣势,没有公平的教育发展权利,缺乏良好的人脉资源支撑,很难享受到优质的教育资源,这就造成了青年农民工对子女教育公平的需求与子女教育保障不充分之间的矛盾。要有效解决这些矛盾,满足青年农民工日益增长的教育需求,各级政府就应当通过创办农民工学校、举办各种大讲堂和讲座等途径为他们提供免费或低成本的学习和培训的机会,通过开展继续教育、文化知识教育、素质教育、形势政策教育等形式,提高他们的文化素养。企业也应该经常性地对青年农民工进行思想教育和职业技能培训,帮助他们提高劳动技能和职业素质。

此外,针对他们对子女教育的需求,则应当注意引导他们树立正确的教育观,促使他们以足够的耐心和科学的方法对待孩子的教育问题,以弥补自身子女教育保障不充分的状况。

（三）满足青年农民工获得社会认可的切实需求

青年农民工与老一代农民工相比，主体性和自我意识较强烈，有着改变自身境遇的强烈意愿。因而在进入城市后，他们都希望拥有一份稳定而体面的工作，渴望在工作中实现自身的社会价值，得到他人和社会的理解、尊重和认可。但尽管青年农民工为城市的经济建设做出了巨大贡献，也表现出了对城市文化的高度认同和与城市人交流的浓厚兴趣，但因为他们持有农民户籍身份、从事社会底层工作、思想文化素质不高等原因，青年农民工在城市社会中被接纳的程度仍然较低，社会依然存在着对青年农民工的忽视、轻视甚至蔑视等现象。部分城市居民认为，青年农民工是社会的弱势群体或问题群体，会影响城市社会的治安和文明的发展，所以他们总是对青年农民工存有防备心理，甚至冠以"农二代""打工仔""土老冒""三无人员"等不良称号。[①]这些不公正看待对青年农民工的工作和生活造成了极大的困扰。久而久之，青年农民工的自我认同感和社会认同感就会日渐式微，并产生强烈的被歧视感和被剥夺感，导致他们出现"草根""底层"和"过客"等消极心态，长期处于"心无所属""心无所依"的心理状态，不利于他们融入城市社会，得到社会的认可。

为了避免或改变这种情况，除了要营造关心和理解青年农民工的良好社会氛围之外，还应当从青年农民工自身的精神生活出发，运用思想教育、舆论宣传、文化熏陶等方式引导他们增进学识修养、提高审美品位、培养优良品德、树立良好心态，帮助他们构建丰富而高质量的精神文化生活。唯有如此，才能使青年农民工以理性的思维、积极的态度和健康的生活方式立足城市社会，才能慢慢消除城市居民对他们的误解与隔膜，增强城市居民对他

---

① 赵丽欣，张璇，李素妹：《新生代农民工精神需求的困境及对策研究》，《学术交流》2013年第5期，第152页。

们的信任度和好感度,进而满足他们渴望社会认可的需求。

（四）满足青年农民工缓解心理压力的切实需求

青年农民工作为我国社会的特殊群体,鉴于其特殊的身份地位和自身的心理特点,他们在现实生活中常常会出现理想与现实之间发生矛盾、各种需求得不到满足的现象。比如,在收入上,他们希望获得更高的工资以维持家庭生计,但因知识水平、能力素质、社会资源等的欠缺只能从事工资极低的体力活;在社会交往上,他们虽渴望与城市居民成为朋友,具有较强的融入城市生活的愿望,但因文化习俗、生活习惯、价值观念等的差异只能被限制在狭小的人际交往圈当中;在自身发展上,他们期望在城市获得更多锻炼和发展自己的机会,使自身价值得到更好的体现,但因时间、精力、经济条件等的限制只能望而却步。种种不尽人意的现实长时间地困扰着青年农民工,使其承受着巨大的心理压力。

随着我国经济社会的迅速发展,人民生活质量的显著提升,社会对人才素质的要求不断提高,人们对于交友、择偶等的标准也逐渐上升,而相比之下,青年农民工各方面的发展速度却远远跟不上社会发展的速度,导致他们产生了强大的心理负担。此外,由于青年农民工经受的挫折少,心理承受能力差,心智不够成熟,再加上压力宣泄的渠道少,减压方式单一[1],所以就他们本身而言也很容易出现紧张、焦虑、苦闷、压抑、受挫等不适应的负面情绪甚至产生严重的心理问题。可以说,心理压力在一定意义上已经成为新时代青年农民工精神生活最突出的问题,成为他们追求美好幸福生活的重要障碍之一。因此,为了减轻青年农民工的心理压力,提升他们的心理素质,有必要通过加大社会主义核心价值观和民族精神的培育力度,加强思想政治教

---

① 王明学,胡祥,刘闵:《新生代农民工精神文化生活研究》,《中国青年研究》2013 年第 1 期,第 95 页。

育、心理健康教育和心理疏导等方式来提升他们的个人素养,增强他们的心理抗挫能力,引导他们掌握心理调节的方法,并帮助他们解决各种心理问题,从而使他们能够在心理上了解自己、从心底里接纳自己,始终以积极健康的心态面对工作和生活。

(五)满足青年农民工丰富业余活动的切实需求

文化禁锢的解除、社会思想的愈加开放和科技发展带来的工作时间的减少使得新时代青年农民工在对待业余活动的态度以及花费在业余活动上的时间和金钱相较老一辈农民工而言具有明显的不同。老一辈农民工的业余生活主要是看电视、看报纸、打牌、闲逛溜达等,并且在业余活动上花费的时间和金钱较少,而青年农民工往往更加追求享受型的文化娱乐生活,一般在玩手机、打麻将、上网、KTV、喝酒吃饭等活动上花费较多的时间和金钱。然而尽管青年农民工在业余活动上相比老一辈农民工在形式、种类等上显得更加丰富,但与城市居民相比,他们业余活动的数量和质量却显得远远不足。其原因在于:

首先,大多数青年农民工从事的是需要较多作业时间和较强劳动强度的建筑、工程、制造、服务行业等方面的工作,他们常因工作繁忙而无暇顾及自己的业余生活,就算下班后有些许业余时间,也会因没有精力而放弃了对业余活动的追求。

其次,囿于收入水平的低下,部分农民工虽具有丰富自己业余文化生活的强烈愿望,但由于他们的收入在支付完吃、穿、住、行等日常必需消费后所剩无几,使得他们往往不愿支付看电影、旅游、广场文化活动、体育运动等更具享受性和发展性的文化消费,因而在消费上只能停留于"生存消费"状态,造成文化消费水平低下。

最后,市场、企业、社区和政府等机构在农民工的文化供给上明显不足,致使青年农民工难以享受基本公共文化服务，出现了业余文化娱乐生活的"沙漠化"现象。①这些都导致部分青年农民工的业余生活不仅单调贫乏，而且平庸低俗，使他们陷入了"高需求"和"低满足"的窘况，难以过上真正美好、幸福的生活。为了改善这种状况，不仅需要政府、企业和社会为其提供良好的客观条件，还必须从农民工自身出发，不断提高他们的文化知识水平，引导他们树立健康、合理的文化消费观，追求更加丰富、更有品位的业余生活，以满足他们对美好精神文化生活的向往。

在新时代背景下，青年农民工美好生活需求的满足不仅体现在物质文化生活中品质和效益的提高，而且在一定程度上还体现在或者更多地体现在精神和心理需求层次上的富有。这就需要社会各界在满足青年农民工的美好生活向往时要多关注其精神需求和心理需求，化解他们的心理焦虑，增强他们的价值辨析能力，提高他们对美好生活向往的精神追求层次。唯其如此，才能不断增强青年农民工的获得感、幸福感和安全感，接续满足他们日益增长的美好生活需要。

三、青年农民工道德生活重建的需要

道德生活作为精神文化生活的一个方面，是人们在进行行为选择或价值评价时身处的社会价值场域。受农村传统道德和城市多元文化的双重影响，加上在城市处于物质贫困与精神贫困的双重窘境，新时代青年农民工的道德生活虽整体向好，但也存在着许多突出问题。习近平总书记强调，要"引导人们向往和追求讲道德、尊道德、守道德的生活"②。当前，为着力解决青年农民工的道德问题，重建他们的道德生活，必须要通过中华传统美德教育和

---

① 李世龙，刘四辈：《略论农民工的精神需求》，《湖北社会科学》2006年第5期，第183页。
② 习近平：《习近平谈治国理政》，外文出版社2014年版，第160–161页。

社会主义核心价值观教育等方式来提升他们的道德素养，培养他们健康的道德生活。

（一）培育青年农民工正确道德认知的内在要求

道德认知是人们在道德实践中形成的、对现实生活中客观存在的道德关系，以及处理这种关系的原则和规范的一种认识，它是人们道德价值观形成和发展的基础，也是人们道德行为的先导。青年农民工进城务工后既不能回归农村社会，又不能融入城市社会，既逐步脱离了乡村治理结构，又尚未被纳入城市治理结构。在身处这种"夹心层"的境况之下，他们外在的道德引导和约束逐渐弱化，使部分青年农民工缺乏对自身价值观的正确评判和对社会主导价值观的科学认知，在价值观上出现了价值真空、价值混乱、价值多元或价值错位等不良现象，[①]在道德认知上出现了模糊、偏差、扭曲等问题，并在道德行为的选择上面临进退两难的境地，甚至做出了道德失范的行为。与此同时，随着我国社会主义市场经济体制的建立和完善、互联网技术的发展与普及，有的青年农民工由于文化知识水平较低、价值判断能力较弱，其道德认知在入城之后很容易受到西方资本主义腐朽思想文化的冲击和网络上各种迷信、愚昧、庸俗等不良文化的影响，出现功利化、盲目化、虚无化等倾向，致使难以或无法正确辨别善恶、荣辱、正义与非正义等观念或行为。

当前，我国青年农民工在道德认知上总体还存在着道德主体意识欠缺、道德意识较为传统保守等问题，大部分青年农民工仍然以自己固有的道德认知或者跟从他人、社会的道德观念对生活中的道德现象及关系做出选择和评价，缺乏对自身道德价值观的反思意识和改进意识，以致造成道德上的

空虚感,很容易就偏离了道德的正确方向,显然,这既不利于青年农民工个人思想道德素养的提高,也对城市的道德建设产生了不利影响。在这种情况下,为了提升青年农民工的道德认知,就必须通过加大对道德知识、法治知识的宣传,加强对青年农民工的社会主义核心价值观教育、思想道德教育和传统美德教育等以引导他们树立科学的道德认知,做出正确的道德行为,从而养成积极向上、合理健康的道德生活。

(二)增强青年农民工社会公德意识的内在要求

社会公德是指"为维护社会公共生活的正常有序地进行,每个公民在社会交往和公共生活中应当遵循的最起码、最简单的行为准则和道德规范"①,主要包括文明礼貌、助人为乐、爱护公物、保护环境和遵纪守法。青年农民工从农村自给自足、相对封闭的独立生活走向城市相互联系、较为开放的公共生活,从传统的农业文明进入城市的现代文明,既学到了新的知识和技术、提升了自己的素质和能力,也逐渐了解并学会遵守社会的基本道德规范、社会公德规范和一些约定俗成的行为规定,表明他们已经具备了一定的社会公德意识,开始重视并逐步提升自己的社会公德修养。与此同时,我们也必须看到,由于青年农民工的整体文化素质不高、经济地位低下,加上他们处在城市生活相对隔离的空间当中,有些青年农民工仍然存在着社会公德意识不强的问题,甚至滋生了利己主义、个人主义、功利主义和拜金主义等不良倾向,致使其责任感不足、义务感缺失,自私心理严重、公共秩序意识薄弱。其突出的表现就是在公共场合不讲文明、不讲卫生;对集体漠不关心、对他人缺乏爱心;不爱护公物、不保护环境;不遵守交通规则、不按顺序排队;等等,更有甚者为满足自己对财富的欲望,做出抢劫、盗窃、诈骗、敲诈勒索、打架斗殴等违法犯罪行为。

---

① 焦国成:《公民道德论》,人民出版社 2004 年版,第 205 页。

尽管青年农民工的这些行为只是少部分现象,但如果不及时加以正确、科学地引导，势必会对我国社会公共秩序和公共卫生的维护带来不可低估的消极影响,并给我国社会的和谐稳定带来了一定程度上的潜在风险。所以提升青年农民工的社会责任感,增强他们的社会公德意识就显得极其重要。为此,新时代要不断加强对公民基本道德规范、社会公德规范和社会主义道德规范等的宣传,强化对青年农民工的道德教育、法制教育,提高他们的公德认知,增强他们的法律意识,并有效发挥道德榜样的示范作用和负面典型的警戒作用,引导他们遵纪守法、遵守社会公德,从而进一步适应城市文明,更快地融入城市生活。

(三)提升青年农民工职业道德素质的内在要求

职业道德是指"从事一定职业的人们,在其特定的工作或劳动中所应当遵循的那些具有特定的职业特征的道德准则和规范的总和"①。职业道德是对所有从业人员在一定职业范围内的一种特殊道德要求，主要包括爱岗敬业、诚实守信、办事公道、服务群众和奉献社会。就目前的情况来看,限于出身、经济、文化、资源等因素的影响,当代青年农民工主要从事的是相对较脏、较苦、较累且收入很低的底层工作。为了赚取微薄的收入以养家糊口,他们往往比较珍惜在城市里来之不易的工作机会，所以大多数青年农民工都能够踏踏实实、勤勤恳恳地做好自己的本职工作。同时,部分青年农民工继承了父辈们勤劳勇敢、勤俭节约、艰苦朴素等优良品格,在工作中任劳任怨、埋头苦干,展示出了较为良好的职业素养和职业道德。但不可否认的是,由于青年农民工受到同工不同酬等不公平待遇,遭到城市文明的排斥、歧视等不公平对待,加上他们虽接受过职业教育、学习过相关工作知识,但基本都

---

① 胡振平,贺善侃:《心中的律令:道德建设论岗》,上海大学出版社 2004 年版,第 125 页。

仅限于常识性教育，很少或根本没有接受过正规劳动技能和科学知识的学习，也没有接受过职业道德方面的培训，因而在总体上他们还缺乏爱岗敬业精神、职业责任感和事业心。

青年农民工出生在改革开放前后，尚未经历过父辈们经历的辛苦磨难和艰苦生活，所以他们在吃苦耐劳精神、敬业精神和耐挫力等方面也存在着明显不足。①具体来说，他们仅仅将自己的职业当作谋生的手段，能够做到敬业，但很少真心爱岗;②职业期望较高，但方向不明确，工作流动性较大;集体主义意识不强，将个人利益置于集体利益之上，在工作中缺乏团结协作精神;受市场经济趋利性影响，为了金钱表里不一，诚信意识薄弱;自卑心理严重，出现反社会倾向，消极怠工等。为改善这种状况，必然需要通过加强对他们的职业培训以培养他们的竞争意识和进取型道德观，同时还需要利用职业道德教育、社会主义核心价值观培育等树立他们的敬业精神，提高他们的职业道德水平。

(四)推动青年农民工铸牢家庭美德的内在要求

家庭美德是人们在家庭生活中应当遵守的道德规范和行为准则，其基本要求主要包括尊老爱幼、男女平等、夫妻和睦、勤俭持家和邻里团结。青年农民工迫于生活压力只身一人或夫妻两人来到城市打工，由于节假日较少或为了节省开支，他们大多只有到春节时才能回家乡与家人团聚，生活在一起，由此就造成了农村留守老人、留守妇女和留守儿童的产生与增加。囿于此原因，他们在关心和爱护配偶、教育和疼爱子女、孝敬和陪伴老人等方面都显得力不从心，难以尽到作为妻子或丈夫、作为父母和子女应尽的责任与

---

① 彭焕才，王习贤：《新生代农民工精神文化发展问题析论》，《湖湘论坛》2012年第4期，第101页。

② 卞桂平：《新生代农民工的精神世界：主体意识及其培养》，《理论导刊》2011年第6期，第70页。

义务,因而在家庭美德的弘扬和践行上存在着一定缺陷。并且长时间的聚少离多使青年农民工与家人缺乏心理上的沟通与交流,很容易出现感情淡化、隔阂加深、矛盾增多等情况,导致部分青年农民工家庭责任感降低、家庭伦理观扭曲,从而衍生出许多家庭问题。

近些年,由于受到传统文化深入持久的熏陶,青年农民工总体上基本保持着过去传统的家庭美德,家庭生活比较幸福美满。但与此同时,受市场经济逐利性、城市开放思想和西方价值观的影响,新时代青年农民工也出现了不少违背家庭美德的现象。历史和现实表明,导致这些现象出现的根本原因就在于青年农民工的婚姻观、幸福观、伦理观、教育观和孝道观念等出现了问题。所以要解决这些问题,必须通过文化引导、媒体宣传、道德教育、活动开展等方式引导青年农民工树立正确的家庭价值观,增强他们的家庭责任意识,使他们注重家风家教的培养,做新时代家庭美德的坚定弘扬者和忠实践行者,努力营造一个温馨和谐幸福的家庭氛围。

(五)加强青年农民工个人品德修养的内在要求

个人品德是个体依据一定道德行为准则做出行动时所表现出来的较为稳定的道德倾向和特征,是个体道德认识、道德情感、道德观念、道德意志和道德修养等的综合体现,主要包括友善互助、正直宽容、明礼守信、热情诚恳、自强自立等。由于面临巨大的经济压力、在城市被边缘化对待、缺乏情绪的宣泄通道,加上农村腐朽落后思想道德文化的深刻影响,青年农民工在个人品德修养上还存在着不少突出问题。例如:当他人遇到困难时,部分青年农民工会抱着"事不关己高高挂起"的心态或"多一事不如少一事"的心理选择置之不理、围观拍照。

面对新时代青年农民工道德缺失、品行不端等现象,只有充分发挥政府、企业、工青、非政府组织、学校等的作用,通过网络、电视、报刊、书籍、宣传栏等青年农民工喜闻乐见的载体,或利用志愿者服务、争优评比、文体娱乐等青年农民工乐于接受的途径对他们进行传统美德、社会主义核心价值观和革命道德等的宣传和教育,不断提升他们的个人品德修养,培养他们良好的道德情操,才能让他们不仅能够恪守法律和道德的底线,而且还能够做一个品德高尚、作风优良的新时代青年。

总之,受多种因素影响,新时代青年农民工的道德生活出现了一些"反常"现象,呈现出了令人担忧的一面,这既反映了部分青年农民工对城市现代文明的不适应性和道德素质上的缺失,同时也折射出当前我国社会对青年农民工道德生活缺乏足够的重视。因此,改善新时代青年农民工的道德现状就呼唤着社会各界对他们的道德生活投以更多的关注,并亟须通过多种途径、采取多种方式对他们进行道德教育,引导他们树立正确的道德观,培养良好的道德素质,以重建他们的道德生活。

四、乡村文化振兴的需要

乡村振兴战略的实施,为加快推进我国农业农村的现代化提供了方向路径。乡村文化振兴作为乡村振兴的重要组成部分,既是乡村振兴的灵魂和根本,也是实施乡村振兴战略的必然选择,为实现乡村振兴提供了精神支柱和文化滋养。青年农民工在整个农村群体中具有独特的知识、素质和技能等优势,是加快实现乡村文化振兴的重要主体。在新时代乡村文化振兴深入推进的历史机遇期,通过对青年农民工进行价值观培育,引导其回归乡村主动参与振兴乡村文化的大潮,能有效解决乡村文化振兴进程中的人才短缺问题,加快乡村文化建设,从而助推乡村文化振兴的早日实现。

（一）强化乡村文化振兴主体力量的需要

乡村文化振兴的主体是参与到振兴乡村文化过程中的具有独立权利、承担独立责任的组织或个体。乡村文化振兴的主体具有多元性，各个主体有着各自不同的地位，发挥着各自不同的作用。农民毫无疑问是乡村文化振兴的重要主体和主力军，动员和激发农民的积极性、主动性和创造性就是推动乡村文化振兴的根本力量和关键所在。此外，乡村文化振兴的主体还包括新乡贤、文化创客、文艺工作者、民间艺人、乡村文化社团等。青年农民工作为进城从事非农工作的农民，是农村居民中文化程度较高、实践技能较好、创新意识较强的群体，他们回乡就业势必会成为乡村文化振兴的核心力量，加快推动乡村文化发展的步伐。

具体而言，青年农民工经过城市现代文明的熏陶和"城市思维"的后天改造，[1]其文化品格、艺术修养和审美素质都有了进一步提升，他们在激发乡村文化活力、改进乡村文化活动、创新乡村文化传承路径、打造乡村特色文化产品、完善乡村公共文化服务设施建设等方面都有自己独特的见解，都能做出一定的贡献，因而他们返乡之后从事推动文化建设的职业无疑会强化振兴乡村文化的主体力量，为扎实推进乡村文化振兴提供关键保障。但是青年农民工回乡意味着要放弃城市个性、时尚的生活，放弃城市目前从事的工作，放弃以后定居城市的愿望，转而回归到过去面朝黄土背朝天的农村生活。显然，这在很大程度上违背了正值奋斗期、渴望在城市干出一番事业的青年农民工的生活初衷，导致他们回乡的意向不强、认同也不高。因此，为了成功引导青年农民工回乡就业、创业，就需要不断完善对他们的价值指引，通过有意识地价值观培育和引导，帮助他们树立正确的人生观、就业观和发

---

①　魏婕：《乡村振兴战略背景下的新生代农民工价值观培育与引导路径》，《农业经济》2020年第9期，第67页。

展观，唤醒他们振兴乡村文化的责任意识，改变他们对回到乡村就业就是"没出息""无作为"等错误观念，并让他们认识到参与乡村文化振兴的意义和价值，从而促使他们将个人发展和振兴乡村文化结合起来，为乡村文化振兴夯实主体力量。

人是生产力中最活跃的因素，人才振兴是推进乡村文化振兴的动力源泉和有力抓手。在我国的广大乡村，存在着许多满怀艺术热忱、极具艺术天赋的文化人才，他们或擅长制作各种手工艺品，或擅长表演戏曲、舞蹈和武术，又或擅长绘画、书法和作诗等，是推进我国乡村文化发展的重要人才资源。但是由于多方面的原因，他们被湮没在了田间的劳作之中或选择放弃传承技艺外出打工，致使乡村许多原生态的民间艺术逐渐丢失，民间优秀文化人才也日渐匮乏。尤其是新时代以来，随着我国工业化和城市化进程的不断加快，乡村越来越多的人才流向城市，使其本土青年人才流失严重，导致我国乡村既缺乏优秀的民间文化人才，又缺乏专业化的文化人才队伍。

这就表明新时代乡村文化振兴正面临着人才短缺的现实难题，文化人才缺口的日益增大已经成为制约乡村文化建设的关键因素。青年农民工大多受过相对良好的文化教育，具有相对较高的文化水平和文化素质，他们的回归显然能够为乡村文化振兴注入新的动力，帮助乡村文化的建设出谋划策、添翼助力，解决当前乡村文化发展的人才瓶颈问题。习近平总书记早就指出："乡村振兴，人才是关键。要……鼓励外出能人返乡创业……为乡村振兴提供人才保障。"[1]习近平总书记的话既强调了人才在乡村振兴中的重要作用，又突出了鼓励支持青年优秀农民工返乡助力乡村振兴的明确要求。因此，为了解决乡村文化振兴对优秀文化人才的迫切需求和当前乡村因人才外流而缺乏优秀文化人才的现状之间的矛盾，除了需要鼓励城市文化人才

---

① 《习近平在山东考察时强调 切实把新发展理念落到实处 不断增强经济社会发展创新力》，《人民日报》2018 年 6 月 15 日第 1 版。

下农村基层、培育农村本土优秀文化人才外，还必须从青年农民工这一对象出发，通过从心理上消除他们对返乡的抵触情绪，从思想上帮助他们树立正确的职业生涯规划观念，从价值上培养他们为乡村文化事业的发展而不懈奋斗的价值观念，引导他们回乡参与文化建设，为乡村文化振兴凝聚人才智力。

（二）推动乡村文化产业繁荣发展的需要

振兴乡村文化，首先要引领乡村文化建设朝着正确方向去发展。社会主义核心价值观是我国的兴国之魂、强国之魂，也是乡村文化振兴的精神之魂、价值之魂，是引领乡村精神文化建设的核心和正确价值导向。[1]对此，习近平总书记明确强调，推动乡村文化振兴，要"以社会主义核心价值观为引领……弘扬主旋律和社会正气……焕发乡村文明新气象"[2]。这就表明新时代要加快乡村文化建设，必须依靠社会主义核心价值观来构建乡村的主流价值体系，用社会主义核心价值观引领思潮、凝聚共识、汇聚力量，从而确保乡村文化振兴的航船始终行驶在正确的航道上。随着现代文化和多元价值观念对农村居民生活的入侵，部分农民过度重视看得见的、眼前的物质利益，忽视了自己精神世界的提高，丢弃了善良朴实、正直诚信的传统美德，导致乡村文化的价值观念受损，这也需要社会主义核心价值观来匡正乡村的总体价值取向，重塑乡村的文化价值体系。

青年农民工在城市打拼多年，其思想认知、价值观念、生活方式和行为模式等都经历了一个调整、适应、转变和重塑的过程，在一定意义上已经很难受到农村传统思想观念和风俗习惯的影响，因而他们这一群体相比身处农村的农民而言对社会主义核心价值观的认可度、认同感和践行力都展现

---

①　李明、陈其胜，张军：《"四位一体"乡村文化振兴的路径建构》，《湖南社会科学》2019 年第 6 期，第 149 页。

②　《实施乡村振兴战略是一篇大文章》(习近平讲故事)，《人民日报》(海外版)2020 年 9 月 17 日第 5 版。

出了更高、更强的一面,加上他们本就是农村土生土长的农民,在农村具有一定的信任度。所以青年农民工回归乡村充当社会主义核心价值观传播者的角色,是引领农民积极弘扬和践行社会主义核心价值观的有力举措。通过在精神层面对青年农民工进行引导,增强他们对家乡的归属感,使其回乡参与乡村文化建设,可以有效发挥他们带头传承社会主义核心价值观的榜样示范作用,让农民在无形之中受到感染,从而自觉树立正确的价值观念,养成良好的文化素养,进而有利于培育文明乡风,不断提高乡村的整体社会文明程度,为推进乡村文化振兴筑牢精神文化之魂。

发展乡村文化产业是提升乡村文化的物质载体,是推动乡村文化生产力的现实命题,是推进乡村振兴的内生动力。乡村地区具有丰富而独特的文化资源,包括乡土文化、农耕文化、民俗文化、革命文化、礼仪文化、饮食文化和遗址文化等,充分保护和挖掘这些文化资源,培育具有乡村风情的文化产业,是传承和发展优秀乡村文化、建设文化乡村的必然要求,对于推动乡村文化的整体振兴具有十分重要的现实意义。但就当前乡村文化振兴的进程而言,乡村面临的一大重要难题就是文化产业在总体上还缺乏文化内涵和品牌特色,创意开发水平较低,如乡村旅游多以自然风景观光、农家乐、农事体验、农业采摘和特色农产品品尝等大同小异的项目为主,文化产品单一,且服务质量有待提升,大规模的产业链也尚未形成,因而难以将其丰富的文化资源优势转化为文化产业优势。

青年农民工作为乡村振兴的主力,是连接城市文化与乡村文化的"纽带",具有乡村基因和城市文明双重的精神特质和文化底蕴,并且他们大多接受过系统性的知识教育和专业性的技能培养,在见识、技艺、学习能力、创新思维等方面都明显优于一般农民,再加上他们对电子商务、融媒体、大数据、人工智能和物联网等新事物和新技术了解更深、掌握更牢,所以他们能够为乡村文化产业的发展提供新的创意方向,贡献新的智慧和力量,从而解决乡村文化振兴面临的各种难题。因此,在新时代,通过对青年农民工施以合理的思想引导和有效的价值观培育, 克服他们在价值认知和就业观念上的"障碍",调动他们回归乡村参与乡村发展的积极性和创造性,使其主动将个人的才能奉献于乡村文化产业的振兴事业上, 将有利于发挥青年农民工的独特优势,从根本上充实乡村文化的振兴力量,为乡村文化的繁荣发展注入新的活力、凝聚新的合力、开创新的格局。

(三)培育农村优秀家风的需要

"家风是一个家庭或家族的风气、风格与风尚"[①],加强农村优秀家风培育既是提高农民道德素质、传承农村优秀传统文化的重要途径,是推进乡村文化振兴的必然要求。习近平总书记明确强调,广大农村地区要"推进移风易俗,培育文明乡风、良好家风、淳朴民风"[②]。但是作为家庭中优良家风传承的关键主体, 部分青年农民工由于长期外出打工受到了城市不良风气的影响,其价值观发生了不同程度的偏离,使得家庭问题突出,优秀家风的传承效果被大大削弱。面对此情况,通过大力培育青年农民工正确的家庭价值观,使其重视家风、家训、家教,无疑有利于推动农村良好家庭环境的营造和积极向上家风文化的形成,为培育乡风文明、繁荣乡村文化提供前提条件。

1.树立传承优秀家风意识的需要

树立传承优秀家风的自觉意识是培育农村优秀家风的思想基础, 只有大多数农民深刻认识到家风的重要性,并在家庭生活中主动传承优秀家风,才能在农村形成良好的乡风民风,促进文明乡村的建设。但是随着越来越多的青年农民工流入城市,农村的文化精英逐渐流失,留下的大多是文化程度

---

① 徐俊:《当代优秀家风的时代内涵与培育路径》,《学习论坛》2015 年第 9 期,第 64 页。

② 《习近平李克强王沪宁韩正分别参加全国人大会议一些代表团审议 在"三八"国际劳动妇女节到来之际,习近平代表党中央,向参加全国两会的女代表、女委员、女工作人员,向全国各族各界妇女,致以节日的祝贺和美好的祝福》,《人民日报》2019 年 3 月 9 日第 1 版。

较低且创新能力有限的老弱妇孺,致使传统优秀家风的传承人不断减少,丰富的家风家教资源也无法发挥其独特的优势作用。这就在一定程度上导致农村优秀传统文化断裂的问题更加严重,也就难以将农村原本存在的良好家风沿袭下来。同时,人口的不断外流还带来了农村的"空心化"现象,主要就表现在空巢家庭逐步增多、留守问题日益凸显、大量房屋被闲置、整个农村慢慢失去了以往的人气和活力。在此情况下,由于家风传承失去了肥沃的土壤,使得家风渐渐被忽视,农村的家风建设也就存在着较多明显的弊端。这就表明广大农村地区的家风实际上并没有得到足够的重视,传承和培育好家风的良好氛围也尚未形成。

导致这一现象的一个非常重要的原因就在于青年农民工群体的长期外出以及他们自觉传承家风意识的缺乏。所以要弥补农村优秀家风培育主体缺失的困境,提高青年农民工主动传承家风的自觉性,不仅需要通过对他们进行思想情感、道德意识、价值观念等的引导唤醒他们对家庭的情谊和对亲情的依恋,驱使其回归农村、回归家庭,主动担负起赡养父母、教育儿女的责任,在履行家庭义务的过程中不断传承优秀家风文化。更重要的是,要从家风在农村家庭中的重要价值以及对整个农村良好社会风气形成的重要意义的高度出发,不断增强青年农民工的家风传承意识,激发他们重拾家风的积极性和主动性,并促使其感染和带动自己的家人和广大农民努力构建平等融洽的家庭关系,自觉营造和谐幸福的家庭氛围,以此使传统的优秀家风深深扎根于农村的每个家庭之中。

2.形成正确家庭教育理念的需要

家庭教育与优秀家风的培育密切相关,一个家庭中的父母是否能树立起正确的家庭教育理念,直接关系着孩子正确价值观念的形成和良好道德品行的养成,影响着整个家庭良好家风的建设。大部分青年农民工在家中都扮演着父母的角色,承担着对孩子进行家庭教育的责任。但由于他们长期在城市务工,一年待在家的时间屈指可数,再加上本身文化素质不高、教育观念不正确,致使其家庭教育存在着一些问题。其主要表现在:首先,青年农民工的外出使农村地区许多家庭结构不完整,大批孩子成为了留守儿童,他们一般只能通过电话或网络的方式与父母进行偶尔、短期的联系,并且谈论的内容多限于日常学习和生活,很少涉及品德教育或家风培育,这就造成了父母作为执行主体在家庭教育中的缺位,从而使一些本该有的优秀家风无法在留守的孩子身上得到充分体现,优秀家风传承受到阻碍。其次,部分青年农民工的家庭教育理念受各种因素影响表现出明显的错误倾向,导致他们在孩子的教育方式和内容上出现问题。具体而言,他们或只重视学习成绩而忽略家庭德育;或只顾赚钱而完全忽视家庭教育;或对孩子采取"暴力式"的教育方式;又或过于溺爱孩子凡事有求必应。这种家庭教育状况,不仅不利于整个家庭良好家风的培育养成,还将对孩子的成长成才带来消极影响。

要改善当前的这种现象,就必然需要从青年农民工着手,利用宣传、教育、培训等各种方式帮助他们树立正确的家庭教育观,让他们认识到家庭教育在家风建设中的重要作用,并主动回归家庭切实担当起教育子女的责任,或至少能够多回家陪伴和关爱子女。同时,还要促使他们以科学、合理的教育理念,采取民主、平等的教育方式加强与子女的沟通交流,并对子女的思想品德、处事态度和行为举止进行适时引导,以营造积极健康、文明和谐的家风。

3.发挥言传身教影响作用的需要

言传身教是指教育者通过在思想和行动上给受教育者做出表率来影响受教育者的一种教育方式。家风从本质上而言就是家中的父母或祖辈所提倡并言传身教的、对家庭成员具有约束和规范作用的一种风尚和作风,这表明良好家风的培育除了需要在思想上加深认知、在情感上激发认同外,还需要在行动中加以落实。只有将家风真正融入家庭日常生活的实践当中,才能实现家风的本然性价值。在一定意义上说，父母的言传身教就是最好的家风，是传递和培育良好家风的重要途径。因为言传身教具有一种潜移默化的强大力量，父母通过自己的言传身教将尊老爱幼、文明礼貌、勤俭节约、崇尚学习、诚信友善和乐于助人等优秀家风落实到家庭生活中的点滴细微，可以在不知不觉中对孩子的思想、性格和习惯等起到非常大的榜样和教育作用，使其将优良家风思想内化为自己的人生信念和道德修养，外化为生活中的行为准则和自觉行动，从而影响孩子的一生。但在现实生活中，青年农民工由于与孩子见面的次数寥寥无几，加上本身未能从老一辈那里将传统优良家风很好地传承下来，其思想意识和价值取向也存在诸多问题，无法给自己的孩子树立一个较好的榜样，所以很难以正向的言传身教对孩子的心灵和品德施以积极影响，并且其能发挥的影响也是微乎其微。

面对这样的现实状况，要将言传身教对培育农村优秀家风的积极作用有效发挥出来，对青年农民工进行思想品德教育同时引导其重视对孩子的言传身教是必不可少的。具体来说，不仅要引导他们加强个人的思想修养和道德品质，传承父辈们的传统优秀家风，为孩子树立良好的榜样，而且要教育他们格外重视"以身立教"，时刻注重自己的言谈举止和处事方式，做到言行一致、以身作则，用凸显优秀家风的实际行动感染和教化子女，[1]以推动家庭的每个成员都自觉践行优良家风，使好家风在家庭和农村中蔚然成风。

4.祛除传统家风遗留的糟粕的需要

传统家风作为中国传统文化的重要组成部分之一，既包含着积极健康、科学合理的内核，也包含着消极落后、陈旧腐朽的因素。对待传统家风，正确的态度应该是"取其精华，去其糟粕，批判继承，古为今用"。在城镇化背景下，随着乡村振兴战略的深入推进，尤其是乡村文化振兴事业的不断发展，

---

① 田旭明:《家正国清:优良家风家规的伦理价值及其实现路径》,《学习论坛》2015年第1期,第61页。

我国农民的现代性意识大为增强,已经日渐突破了传统思想的禁锢,摆脱了习惯性思维的束缚,使得我国农村整体的价值观念总体呈现出了比较现代的倾向。在此基础上,农村传统家风中的许多糟粕在移风易俗的浪潮下都逐渐被改造和剔除,显现出日渐凋敝的迹象,同时部分传统优良家风也很好地传承了下来,成为现在农村极为珍贵的优秀文化资源,给农村良好家风的培育提供了坚实的资源保障。但是由于受传统观念的深远影响,当前我国部分农村地区依然承袭着家族祖辈遗留下来的一些不合时宜的不良家风家教思想,比如"父为子纲""不孝有三、无后为大""父母之命媒妁之言"等愚孝观念和准则;"夫为妻纲""三从四德"等男尊女卑思想;"棍棒底下出孝子"的棍棒教育理念。这些思想观念严重冲击了当前农村优秀家风的弘扬和践行,是新时代我国传统家风中应加以祛除和摒弃的糟粕部分。

青年农民工作为在改革开放之后出生并成长起来的劳动者群体,相比上一代农民工有着更具现代性的思想意识、教育理念和文化素养,是加速农村各种不良家风的消解、将我国农村整体的社会风气引向正轨的重要推动者。通过对他们进行社会主义市场经济知识、各种科学常识等的教育,让他们认识到不良家风给家庭和社会带来的严重危害,从而引导自己的家庭并带动其他家庭自觉抵制不良家风的侵蚀,传承和培养良好的家风家训,将有利于消除封建思想和文化的影响,重塑我国农村的家规家训,培育体现时代精神的优秀家风,使整个农村形成家风纯正、乡风文明的良好社会氛围。

青年农民工作为农村社会的家庭支柱,既支撑着整个家庭的经济来源,也影响着整个家庭的思想观念,他们既可以成为推动农村家风建设、推进乡村文化振兴的助力者,也可以成为传承传统优秀家风、促进良好民风形成的阻碍者,这在很大程度上取决于他们是否具有积极健康、成熟向善的价值观念。因此,新时代要培育农村优秀家风,可以说离不开对青年农民工的正确价值观培育。只有引导他们自觉弘扬家庭美德、重视家庭文明建设,才能充分发挥他们在家庭文化中的引领作用,促进良好家风的形成,从而以好家风带动好乡风,提高乡风文明程度,为乡村文化振兴提供强有力的文化保障。

（四）完善乡村公共文化服务体系的需要

在新时代的历史条件下,人民对美好生活的向往越来越强烈,许多人开始追求精神层面上的满足。对于广大乡村而言,乡村公共文化服务体系能否满足广大农民日益增长的多样化的精神文化需求就成为乡村文化振兴进程中的一大重要现实问题。总体而言,在党和政府的高度重视和大力推动下,我国乡村公共文化服务体系建设逐步加强,农民的精神文化生活得到了进一步丰富。但同时也要清醒地看到,我国乡村目前仍然面临着文化产品供给不足、文化基础设施落后、文化服务体系不完善等问题,乡村的文化供给在总体上与农民的文化需求存在一定程度上的脱节,其突出的表现就在于:提供的公共文化服务与农民实际文化需求不相符;投入公共文化产品后忽视持续性的有效管理;公共文化服务组织机构缺乏因地制宜的精准分析等,这些问题显然制约了乡村公共文化的建设。

青年农民工从小成长于乡村地区,相比城市到乡村基层参与公共文化服务体系建设的人来说更加了解农民的真实文化需求,也更能获得农民的信任。并且他们作为兼具浓厚乡土文化气息和城市现代人文气息的特殊群体,能够在充分考虑农民文化诉求和乡村实际情况的前提下有选择性地将城市公共文化服务的经验运用于乡村,为缩小城乡文化发展差距贡献力量。因此,通过青年农民工与乡村本土的文化干部、文化工作人员的通力合作,使其发挥各自的优势作用,能有效解决乡村公共文化服务供需结构部分不对称的问题,建立和完善真正契合农民文化需求的公共文化服务体系。如此,既能丰富广大农民的精神文化生活,提高他们的幸福指数,又能增强广大农民对农村社会的认同感,激发他们助力乡村文化振兴的热情。而要实现这一目标,就需要对青年农民工的价值观进行正确培育和积极引导,引起他们感情上的共鸣,增强他们的"乡土情结",使其形成服务乡村的价值认识,以提高他们的返乡率和参与率,为不断完善乡村的公共文化服务体系添砖加瓦。

由于青年农民工特殊的成长环境和发展经历,其价值观在多种因素的影响下发生了多样性的变化,使其更青睐于城市生活,而排斥回到乡村。新时代要改变他们的这种思维,就必须通过合理的教育解决他们回乡认知不足、意愿不强、认同不高等价值观问题,引导其主动回归乡村、服务乡村。因为这不仅是促使青年农民工融入乡村文化振兴,实现我国乡村文化繁荣发展的需要,也是培养青年农民工正确的人生观、就业观和价值观,提高我国青年农民工整体素质的需要。

五、城市社会秩序维护和文化治理的需要

青年农民工是由农村转移到城市的新型劳动大军,是我国城市现代化建设的主要力量。尽管他们现在无法很好地融入城市生活,尚处于城市的边缘地带,但由于长期居住、生活和工作在城市,他们的思想文化和言行举止仍然给城市社会的和谐和全面发展带来了极大的影响。所以当前城市的秩序维护和文化建设就必须关注青年农民工的价值取向和行为规范,努力解决他们在精神生活方面存在的诸多问题,并引导他们积极主动地参与到城市文化治理和文化建设之中,以促进城市社会的和谐稳定和文化发展。

(一)维护城市良好社会秩序的现实需要

社会秩序是与人们日常生活密切相关的,由一定规则体系维系起来的社会生活所处的一种有序化的客观状态,是人们在进行社会活动时必须遵

守的法律法规、道德要求和行为规范。社会是人与人之间相互作用的产物，社会秩序从本质上说是人的秩序，因而人的秩序意识实际上就是影响社会秩序的最大因素。①换句话说，社会秩序的有序与否在很大程度上取决于社会成员的思想观念状态，取决于他们是否具有必备的法律意识、正确的价值取向和良好的道德素质。但就目前而言，青年农民工作为并未真正融入城市生活的"边缘群体"，其规则意识、法律意识、自律意识和生态文明意识等现代文明意识都处于比较低下的状态，加上他们本身的文化水平不高、缺少正确价值观的引导，导致他们或因不了解城市各项规章制度无意妨碍了城市社会正常秩序，又或因文化素质差、缺乏责任意识故意不遵守城市文明，扰乱社会治安。

显然，这些不文明的行为不仅扰乱了城市的社会公共秩序，还影响了城市的文明形象，给我国良好社风的形成、文明城市的建设和和谐社会的构建等都带来了严重的负面影响。当前，要改变这种现象，保证城市长期具有良好的社会秩序，不仅需要充分发挥法律规范的硬性强制力作用对青年农民工的行为进行制止，以维护社会的安定、和谐，同时还需要充分发挥道德规范的软性约束力作用，实现青年农民工心灵和精神上的真正健康、丰足。习近平总书记指出："培育和弘扬核心价值观，有效整合社会意识，是社会系统得以正常运转、社会秩序得以有效维护的重要途径。"②所以新时代更要对青年农民工进行社会主义核心价值观的培育，引导他们树立正向的价值观，增强他们的秩序意识，从而自觉遵守城市社会的公共秩序。

---

① 赵继强：《城市文化治理的方法论寻索》，《人民论坛》2020 年第 21 期，第 107 页。
② 中共中央文献研究室：《习近平关于社会主义文化建设论述摘编》，中央文献出版社 2017 年版，第 106 页。

(二)营造和谐友善城市氛围的内在要求

和谐友善体现了人与人之间的友好关系,彰显了社会成员的文明素质,是城市文明的显著标志,也是城市精神面貌的生动展现。在新时代常态化推进文明城市创建的进程中,我国城市社会总体呈现出文明礼让、秩序井然、互帮互助、关系融洽的良好风气,形成了比较和谐、友善的社会氛围。在此基础上,青年农民工作为在农村传统乡土文化和城市现代都市文化的融合和冲击中夹缝生存的特殊群体,他们在进入城市之后不仅为城市的经济建设作出了不可磨灭的贡献,而且也给城市的精神文明建设、良好社会氛围的营造带来了不可忽视的影响,成为了城市里一道独特而亮丽的风景。

总体而言,新时代我国大部分青年农民工在农村传统美德的熏陶下都具有良好的价值观基础,并且随着他们的入城,他们身上淳朴善良、诚实守信、待人诚恳、谦逊恭敬、见义勇为、与邻为善、拾金不昧等优秀品质也被带到了城市,给城市的精神风貌增添了许多新的内涵,有的青年农民工还因此成为了城市文明的楷模,成为广大劳动者尤其是工人群体学习的榜样,使城市呈现出一派和谐相处、积极向上的景象。但必须看到的是,青年农民工的精神文化困境问题自其诞生伊始就一直存在着。

当前,我国仍有部分青年农民工在自身"边缘文化"与城市主流文化的碰撞中越来越找不准自己的定位,其自我认知、是非观念等也越来越模糊和多元,有的甚至已经日益偏离了正确的轨道,成为破坏城市良好氛围、影响和谐城市构建的一大阻碍。由此可知,随着青年农民工入城后价值观念、道德品质等的变化,他们既可能成为促进和谐社会构建的和谐因素,也可能成为影响和谐社会构建的不和谐因素,而关键的问题就在于是否对青年农民工的价值观进行了科学合理的培育。很显然,通过引导他们积极发扬和践行传统美德,努力提升自己的思想道德素质,无疑将给城市和谐友善氛围的营造画上浓墨重彩的一笔。

（三）增进城市文化认同感的内在要求

文化认同是个体或群体对某一文化系统产生认同并将其内化于自身心理和人格结构之中的一种情感依归，它既是城市公共文化治理的目标指向，也是推进城市文化治理的实现路径。青年农民工作为城市的一股新生力量，他们在进城之后从农村文化的"单栖人"转变成了农村文化和城市文化的"双栖人"。在农村与城市之间的文化挣扎中，他们一方面竭力摆脱农村传统文化的烙印，一方面又有着城市文化求同的强烈意识。①经过农村文化与城市文化长时间的此消彼长，青年农民工的乡土认同感明显减弱，对农村的传统观念和行为模式展现出了不认同甚至嫌弃的一面。与之相对应，他们在城市工作生活一段时间后，在城市的价值感和归属感逐步增强，更加认同城市的现代思想和生活方式。然而在我国的城乡二元结构制度下，还有相当一部分青年农民工由于进城前扎根城市的心理期望被打破，进城后又感受到了城市居民的不友好态度，再加上城市的文化建设较少地关注青年农民工这一群体，致使他们对城市文化的认同感逐渐下降，甚至开始怀疑和对抗城市的主流文化，做出激烈的反社会行为。可以看出，青年农民工对城市文化认同度的降低不仅会阻碍他们融入城市文化的步伐，影响他们市民化的转型，而且还会给城市社会的安定和谐带来不利影响，造成社会秩序的失序和混乱。

为了避免这种现象，增进青年农民工对城市文化的认同感，政府、媒体、单位或社区就必须重视对他们进行一定的文化培训和引导，通过文化知识教育、文化理念传播、文化设施建设和文化活动开展等方式给他们更多文化交流和文化学习的机会，帮助他们加深对城市文化的认知，同时不断提升自

---

① 郑欣等：《进城：传播学视野下的新生代农民工》，社会科学文献出版社2018年版，第393页。

己的文化素养,从而提高他们积极适应城市文明的可能性,为带领他们走出城市文化认同融入的困境奠定基础。唯有如此,青年农民工才有可能逐步融入城市社会,并主动参与城市各种公共文化活动,为城市的文化治理贡献力量。

(四)激发青年农民工参与城市文化治理热情的需要

城市文化治理是通过破除人们的陈规旧习、引导人们的行为规范,以形成新的、共同的城市文化和城市核心价值的一种方式,是城市治理的核心和关键。有效的文化治理不仅要求文化领导者具备长远的文化战略眼光和强大的文化战略引领力,还需要广大人民群众自觉参与到文化建设和管理之中,为文化的治理提供不竭的力量源泉。但在当前城市的文化治理过程中,青年农民工作为城市生活的一份子,参与城市公共文化生活的积极性和能动性实际上并不高,可以说在城市的文化治理上总体处于弱参与的状态。这既有城市的文化建设忽视农民工群体、文化治理机制不够完善、文化动员的创新性和吸引力不足等的原因,也有青年农民工自身的原因。进一步说,尽管他们具有旺盛的文化需求,渴望参与到城市的文化生活中,但由于他们的物质生活需求尚未完全得到保障,只能将大部分的注意力集中在如何赚取更多的收入上,因而也就放弃或被迫放弃了对精神文化生活的追求,导致自己的文化生活日益呈现出了"孤岛化"的态势,[①]更遑论为了城市的文化发展主动参与到文化治理中。而且大多数青年农民工的知识水平、文化素养和艺术细胞都远低于城市居民,在这样的差距下,他们往往感到自愧不如或力不从心,不相信自己有或者确实缺少助力城市文化治理、推进城市文化建设的能力,从而缺乏参与的热情和自信心。

对此,新时代要激发青年农民工参与城市文化治理的热情,切实提高他

---

① 丁成际:《新生代农民工精神文化生活现状分析及对策》,《毛泽东邓小平理论研究》2012年第6期,第51页。

们的参与度,就不仅需要完善对农民工的社会保障,回应农民工的文化需求并营造良好的文化建设氛围,而且还需要对青年农民工进行思想观念的引导,让他们充分认识到:自己既是城市文化治理的重要推动者,也是最大受益者,城市的文化治理离不开他们的广泛参与,以此来提升他们的自信心和责任心,唤醒他们主动参与城市公共文化生活的意识,为加强文化治理培育重要的内生力量。

(五)推进城市文化治理和成效的现实需要

城市的文化治理主要包括对城市的规划布局、历史文脉、建筑设施、生活方式和行为规范等的管理、完善和创新,其目标就在于通过对城市文化的治理和建设建立一个具有文化品味、人文关怀、价值共识和特色文化的城市。党的十八大以来,我国城市的文化治理取得了显著成就,城市文化呈现出了日益开放化、多样化和品质化等趋向。但同时,城市文化治理过程中也暴露出了不少的问题,如文化供需矛盾突出、文化资源利用不合理、文化产业运行质量不佳、文化创新创造活力不足等。青年农民工从农村来到城市,不仅给城市生活带来了便利,也为城市文化注入了新的元素,他们的文化参与对解决城市文化治理过程中的部分问题具有一定的促进作用。作为农村文化和城市文化的双向传播者,青年农民工在城乡间的往返流动中推动了农村与城市之间的文化交流与融合,给城市文化增添了许多乡土气息和传统色彩,并塑造了如打工文化、农民工文化等独特文化,这些文化既丰富了城市文化的内涵,也为城市文化的创新提供了重要资源。同时,青年农民工作为城市建设的生力军,在文化广场、主题公园、图书中心和娱乐中心等文化基础设施的建设上也发挥着重要作用,能够为城市文化产品的供给做出重要贡献。然而由于青年农民工进城后并未与城市社会完全达成价值共识,还存在着文化素质、道德素养和价值观念等与新时代城市文化内涵不相符甚至反城市主流意识形态的现象,导致城市的文化治理受到阻碍。

当前,要推动青年农民工成为推动城市文化治理的重要力量之一,最关键的问题就是要解决他们与城市价值观的分歧问题。只有引导他们树立符合现代文明要求的良好的人生观、价值观和世界观,使其在文化品味、道德理念、生活方式和行为规范等方面积极向城市靠拢,才能增强他们的文化治理参与意识,帮助他们更好地适应并融入城市文化生活,使其成为城市新的文化治理和建设力量。

目前,在青年农民工群体不断扩大且日益成为城市最具影响力的群体之一的境遇下,如何促使部分青年农民工由影响城市和谐稳定的消极因素转变为推动城市文化发展的积极因素,成为加快城市建设的重要力量,是新时代我国城市在维护社会秩序、推进文化治理进程中所面临的重大现实课题。对此,从价值观上引导他们形成科学、积极的正确倾向,是其中带有根本性和基础性的一项重要任务。唯有解决价值观的导向问题,青年农民工才会在城市的日常生活中做出符合社会法律和道德规范的行为,才会以强烈的责任感主动配合并积极参与城市的文化治理,进而营造安定和谐、文明有序的城市氛围,进一步提升城市文化软实力,增强城市核心竞争力。

总而言之,我国青年农民工本身的特殊性使他们的精神生活在传统与现代之间的价值体系的碰撞中出现了先进与落后的矛盾冲突,产生了积极与消极的心态交织。在新的历史条件下,为了防止青年农民工的价值观念因传统思想观念的束缚、不良思想文化的侵袭、城市社会生活的压力等因素而出现迷茫、模糊甚至扭曲等偏差,为了不断提升他们的精神生活质量,满足他们对美好精神生活的向往,必须要在社会主义核心价值观的引领下,对青年农民工进行思想政治教育,对他们的价值观进行有效地引导和匡正,以破解他们精神生活的发展困境,促进他们精神文化的健康发展,使之成为人格健全、积极向上、服务社会的新时代公民。

第三章　新时代青年农民工精神生活需求的主体内容

　　精神生活需求是青年农民工追求美好生活需求的重要维度，是青年农民工幸福感和获得感的更深层次的内容。新时代青年农民工的物质生活得到显著改善，物质生活需求得到基本满足，他们渴望追求更高层次的精神生活满足。在新的历史条件下，深入分析和研究青年农民工精神生活需求的主体构成，在此基础上有针对性地寻求引导和满足青年农民工精神生活需求的对策，对于提高青年农民工的精神生活质量，促进青年农民工的全面自由发展，助力青年农民工更快获得现代性、更快促进我国城镇化水平、促进经济社会发展服务具有重要意义。精神生活需求研究的角度不同，精神生活需求的主体内容也有所不同，本章拟从精神生活需求的形态结构和内容结构角度，对青年农民工精神生活需求的主体内容进行分析。

一、信息和知识需求

　　当今社会是一个信息化社会，也是一个知识型社会，信息获取能力、科学文化和技术理论知识存量越来越成为现代人包括青年农民工的生存之必需。对此,习近平总书记建议,青年人应将学习作为一种责任、一种精神追求和一种生活方式,通过学习增长本领、成就梦想。①作为受教育程度、职业期望和物质精神享受"三高"②的新时代农民工主要代表,青年农民工相比老一代农民工具备更好的信息和知识获取条件,为了利用这些有利条件在城市社会寻得更好的发展,他们对信息与知识的需求变得更为迫切。

(一)信息需求

随着现代信息技术广泛应用于社会各类生产和生活之中,青年农民工的信息意识明显增强,接受信息的主动性逐步提高,信息需求呈现出日益多样化和纵深化趋势。他们逐渐倾向于通过亲戚工友、网络、新闻广播、书报杂志、公告栏、中介等渠道获取工作和生活中所需的各种信息,以加快融入城市的步伐,不断提升自身生活水平。就目前而言,青年农民工主要关注与职业发展、自身利益和政府政策等相关的信息,在就业与职业培训信息、社会保障和权益维护信息、子女教育信息、生活文化信息和政策法律信息等方面表现出了不同程度的需求。

其一,就业与职业培训信息需求。青年农民工希望通过获得就业信息、用工信息、技能培训机会信息、创业信息及激励政策、用人单位规章制度信息等提高自己的文化水平和专业技能,找到一份工资收入高、劳动强度小并且体面的工作,从而改变自己的社会地位和经济地位,实现既能赚钱供子女读书,又能改善自身生活条件的目标。

其二,社会保障和权益维护信息需求。青年农民工已初步具备法律意

---

① 《习近平谈治国理政》(第一卷),外文出版社 2018 年版,第 51 页。

② 陶建杰:《新生代农民工的信息需求及影响因素研究——兼与老一代农民工的比较》,《人口与经济》2013 年第 5 期,第 49 页。

识,在一定程度上懂得维护自己的合法权益,因而在医疗保险信息、父母养老信息、社会福利信息、农业补贴信息、小额贷款信息、维权路径信息、申诉途径信息、参政议政信息[①]等方面具有明显需求。

其三,子女教育信息需求。青年农民工渴望下一代能够获得良好的教育,通过上学改变自身和家庭命运,不至于走自己打工的老路。为此,他们不断寻求子女的入学信息、升学信息、转学信息、教育资源信息、教育补贴信息、促进教育公平政策信息等,为子女的教育生涯寻求更多的机会和条件。

其四,生活文化信息需求。青年农民工希望通过获得衣食住行信息、性教育信息、生理卫生信息、伦理健康信息、择偶信息、社会交往信息、影视娱乐信息、体育赛事信息、动漫游戏信息等[②]提升自己的生活质量,改善自己的身心健康状况,收获甜蜜幸福的爱情,建立广泛的人际网络关系,享受丰富的休闲娱乐生活。

其五,政策法律信息需求。青年农民工逐渐意识到了解和掌握政府关于农民工的相关方针政策对于取得城市户口、帮助自身就业、维护自身权利、改善自身生活等的重要性,于是对国家重大政策法规、国内外时政要闻、社会新闻、家乡相关政策新闻和本地政府政策等给予较多关注。

(二)知识需求

亚里士多德在其著作《形而上学》中开宗明义地指出,人类的本性是求知的。[③]马克思也指出,人的精神生活包括"对科学的向往、对知识的渴望、人

---

① 魏巍,黄丽霞:《基于马斯洛需求层次理论的农民工信息需求分析》,《图书馆学研究》2016 年第 5 期,第 60 页。

② 井水:《陕西省"新生代"农民工信息需求实证研究》,《国家图书馆学刊》2013 年第 2 期,第 65 页。

③ [古希腊]亚里士多德:《形而上学》,吴寿彭译,商务印书馆 1959 年版,第 1 页。

们的道德力量以及人们对自己发展的不倦的要求"①。知识是求知的结果,求知是一个人从自然人向顺应时代发展的人转变的必由之路。②随着知识经济时代的到来和青年农民工文化素质、精神境界的提高,青年农民工为满足适应社会对新知识的要求以更好地生存,也为不断丰富自己的思想、开阔自己的眼界以完善自我,非常希望通过文化教育、专业培训、自主学习等方式获得基本文化知识、先进生产知识、常识性知识、健康知识、生活技巧性知识、礼仪礼貌知识等相关知识,以提高自己的知识文化水平。从广义上讲,知识依据反映层次的系统性一般分为经验知识和理论知识,由此青年农民工的知识需求也可大致分为经验知识需求和理论知识需求两种。

其一,经验知识需求。经验知识主要指人们维持生存所必需的,在长幼传承、亲身经历、日常观察等社会生产和生活实践中所获得的经验信息、技能规范等。青年农民工从农村到城市尽管已经经历了思想观念、价值理念、生活方式、行为模式等的巨大转变,但事实上与城市市民的生活节奏与方式仍然存在较大差异。因而,他们在市民化进程中非常期望能够通过自己的观察、与城里人的交流接触、电视和网络等第三方媒体等方式多学习和积累城市里的一些常识、就业或创业经验、生活技能经验、生活小窍门等知识,不断提高自己的生存能力,逐步适应城市化的生活,争取早日成为城市市民。

其二,理论知识需求。理论知识指通过学校教育或专业培训所获得的系统化、理论化的科学文化知识和技术应用理论等。青年农民工或为了学习职业性知识与技能、获得学历文凭和资格证书,或为了增加工资、改变生存境况、满足生存需要,或为了真正学习知识满足自己的认知兴趣,又或为了减轻父母负担,让家人过得幸福,③在理论知识方面表现出了强烈的求知欲望

---

① 《马克思恩格斯全集》(第二卷),人民出版社 1995 年版,第 106 页。

② 廖小琴:《当前中国青年精神生活质量调查研究》,中国社会科学出版社 2019 年版,第 20 页。

③ 崔铭香:《青年农民工的生存境遇与学习行为研究:基于若干个案的分析》,中国社会科学出版社 2015 年版,第 167—175 页。

和继续教育的愿望。他们十分渴望通过接受非学历教育或学历教育探求更多的文化知识、专业技能知识、身心健康知识、法律知识和礼仪礼貌知识等，以丰富知识面，拓展视野，提高素质，跟上社会尤其是城市发展的节奏，争取在生活、精神、心理上能更好融入城市，改变自己边缘化的社会地位，谋求出路，创造更多的财富，提高自己的经济收入，寻求更长远的发展。[①]

人的精神生活需求依其层次由低到高分为人们对知识、情感、道德、美、生活意义和理想信仰等的追求和需要，"越是高级的需要，对于提升人的生活质量和生命价值的意义越大"[②]。其中，青年农民工的信息需求和知识需求是精神生活需求必不可少的基础性因素，成为青年农民工追求更高层次精神生活的首要前提和思想基础。

二、主观认知和判断需求

主观认知和判断是作为现实社会的个人得以正常生活的前提和基础，也是人精神生活的最基本要素和最基础活动。由于青年农民工生活和工作的场所较为固定，社会交往也相对封闭在以血缘、地缘和业缘为纽带的圈子，因而与城市居民之间交流互动很少，在对自我、他人及社会的主观认知和判断上与城市居民存在较大差异。由此，青年农民工极其希望自己能够具备良好的主观认知和正确的主观判断，既能将自己作为城市社会的一员努力建立起与社会的和谐关系，尽心为社会服务，又能将自己作为城市社会的主体看到自我存在的价值，不断完善自我，追求奋斗的目标。

---

① 韦玲云：《城市化进程中新生代农民工继续教育需求的思考》，《成人教育》2016 年第 6 期，第 58–60 页。

② 廖小琴，廖小明：《重构人的精神生活》，中央编译出版社 2015 年版，第 68 页。

（一）主观认知需求

主观认知是指在与他人交往的社会生活实践中经过感知、观察和了解自我、他人与社会而形成推理，以获取有关自我、他人和社会信息的一种心理活动。[①]青年农民工因在经济条件、身份限制、成长环境和工作经历等方面具有的特殊性，使其在城市生活的过程中产生的对自我、他人和社会的主观认知出现了模糊、混乱甚至偏差。在此基础上，青年农民工日益感到自己的主观认知给自身现代性获得和市民化进程带来了严重影响，因而渴望实现自我认同与自我期望，形成对他人与社会的正确认知。

其一，对自我的主观认知需求。随着青年农民工主体自我意识的不断觉醒，他们往往倾向于从自身内部进行反思以认识自我，并对自己有着明确的期望和要求。这主要表现在：首先，在自我认同上，由于青年农民工出现了既没有融入城市又脱离乡村的"双重脱嵌"困境，使得他们产生了"双重边缘人"的自我认同，[②]所以他们非常渴望摆脱农民的生活方式和思想观念，摆脱城市的冷漠、排斥，消除"过渡人""边缘人""半城市化人"的身份特征，解决身份模糊化、边缘化的问题，成为真正意义上的城市人。其次，在自我期望上，与老一代农民工"挣钱、娶妻、养娃"的"生存型务工"不同，青年农民工更多是想改变自己生存现状、更好地实现自己的人生价值的"发展型务工"。他们更加关心和重视自己的前途和命运，在自身的职业、人际关系、生理特征、行为、个性和道德品质等各方面都希望有进一步提升和发展的空间，为实现自己的理想和目标添翼助力。

其二，对社会的主观认知需求。青年农民工的社会认知是青年农民工对

---

① 廖小琴：《人的精神生活质量研究》，江苏人民出版社2009年版，第60页。

② 赵巍：《从留守儿童到三和青年——新生代农民工的社会化与自我认同》，《求索》2021年第2期，第91页。

来源于他人、自己与周围环境的社会信息的一种认知,以及对这种认知与行为关系的理解和预测。①在城市适应的过程中,青年农民工尤其希望在对他人、城市社会、人际关系、职业、政策法规、环境、教育、文化、道德、消费、卫生健康、体育、安全风险等方面的认知都是正确且清晰的,从而使自己既能在心理层面得到安全感和稳定感,推动自身心理健康发展,又能对城市价值观进行一定的内化,形成良好的城市社会认知,转变自身在城市化发展过程中的边缘人地位。

(二)主观判断需求

一般情况下,准确的判断离不开清醒的认知,认知的水平制约着判断的水平。但与此同时,理想信念、价值取向、道德品格、外界环境等也会对人的主观判断产生一定程度的影响。青年农民工经过在城市社会的摸爬滚打,对自身及社会有了清醒、良好的认知之后,有助于其对自我与社会形成正确、科学的主观判断,但由于受其他因素影响,他们的主观判断总体而言还缺乏独立性、稳定性和科学性,且存在一定的困惑与迷茫。因此,为了顺利地实现市民化,青年农民工希望能够提升自己的主观判断能力,形成对自己与社会的正确的、准确的判断,从而树立自信心,建立良好的人际关系,更好融入城市生活。

其一,对自我的主观判断需求。青年农民工对自我的主观判断指青年农民工会以自我为主体,根据社会经济发展的需求和他人对自己的评价,结合自己的生活阅历、综合能力、社会价值、兴趣爱好、价值取向、情感态度等因素,对自己进行综合审视,最终做出对自己各方面素质与能力的一个推测和判断。大多数青年农民工因经济收入、文化水平、社会地位等较低的现状将

---

① 卢海阳、杨龙、李宝值:《就业质量、社会认知与农民工幸福感》,《中国农村观察》,2017 年第 3 期,第 59 页。

自己判断为社会的弱势群体、最底层人士和被排斥对象,认为自己在城市低人一等,自我效能感极低。但从内心深处而言,他们却无比渴望消除这种自卑心理,以理性、平等、正确的观念评判自己,将自己视为推进农村城市化建设和城市现代化建设的重要力量,找到自己存在的价值。

其二,对社会的主观判断需求。受农村风土人情和生活习惯、中国传统文化、社会主义市场经济、城市社会环境等影响,青年农民工缺乏独立思考和价值判断的能力,对社会的主观判断出现随波逐流的现象或顽固不化的问题,在对是非、美丑、善恶、人际关系等主观判断上往往容易跟随传统僵化思想、他人错误引导或社会其他因素而出现不合理、不科学、不严谨的问题。但实际上,一部分青年农民工在城市主流文化观念、城市生活经验等的影响下已逐渐觉醒,非常希望对他人与社会做出独立而科学的主观判断,帮助自己正确评判他人尤其是城市居民,以科学的价值观念理性看待社会现象。

青年农民工的精神生活一旦真正开始,总会在知、情、信、行四要素的相互作用下,以现实的精神生活样态呈现出来的。[①]其中,信息与知识需求、主观认知和判断需求都属于青年农民工在知的层面上所展现出的需求。除此之外,青年农民工在精神生活的感性层面即情感生活上也表现出了强烈而迫切的需求。

三、情感生活需求

古人云:"登山则情满于山,观海则意溢于海。"从某种意义上讲,现实的个人情感是与生俱来并在后天社会生活环境中不断强化和提升的,可以说,人的任何活动都必然伴随着一定的情感。青年农民工为谋求生计和发展背

---

① 廖小琴:《人的精神生活质量研究》,江苏人民出版社 2009 年版,第 60—62 页。

井离乡、远离亲人,人际关系紧张,婚姻恋爱问题突出,他们在情感生活上的需求相比农民或城市居民而言更加强烈,所以习近平总书记早在2013年就强调全社会都要关心和关爱农民工,让他们的生活更有意义、更愉快。①青年农民工的情感生活需求在其精神生活中属于基础层次,且表现形式十分丰富,主要可分为以下三类:

(一)基本生存性情感需求

马克思认为,人的本质在其现实性上是一切社会关系的总和。②人的根本属性是社会属性,作为人的精神生活的心理基础,人的情感生活必定与其社会生活是紧密联系在一起的。因此,为在社会生活中形成和谐的人际交往关系,缓解自己在情感上的各种空虚、困惑与焦虑,以满足自己维持基本生存所需要的情感要求,青年农民工在与亲人、伴侣、朋友、同事和陌生人等的交往中产生出了亲情、爱情、友情、工作热情、心理健康情感、归属情感、社会认同情感、自尊感和自信感等方面的需求。

例如,在亲情需求上,青年农民工因外出打工,远离自己的父母、家人,与他们聚少离多,且大多是孤身游离在人地生疏、观念冲突、贫富悬殊的城市度过青春期或青年期,③因而非常渴望得到父母的关怀、兄弟姐妹的关心、孩子的陪伴和妻子的关爱。在爱情需求上,由于农民工进城务工很少有"男女混杂"的工作和生活环境,所以伴侣不在身边或者单身的青年农民工缺少情感慰藉,感情孤寂,情感没有寄托,导致他们渴望拥有一个时常陪在身边进行情感交流的另一半,以满足自己对爱情的向往和需求。在友情需求上,

---

① 《习近平看望慰问坚守岗位的一线劳动者》,《人民日报》2013年2月10日第1版。

② 《马克思恩格斯选集》(第一卷),人民出版社2012年版,第135页。

③ 袁靖华:《边缘身份融入:符号与传播:基于新生代农民工的社会调查》,浙江大学出版社2015年版,第111页。

对于青年农民工来说,流动性是他们的第一大特性,他们常常会因为工厂减产裁员、工作条件不好、工资待遇不高或有更好的工作单位而被迫或主动地离开工作单位,进行地域性的流动,导致青年农民工很难在同一个工作单位或地区待得长久,与朋友之间的关系也难以维持,从而在友情上十分渴望得到朋友的长期陪伴和关爱。

(二)社会性情感需求

青年农民工的基本社会生存性情感需求属于较低的感性层次,相较于此,较高的理性层次是青年农民工的高级社会性情感需求,如政治情感、道德情感等。一般说来,青年农民工的情感生活层次越高,他们在现实生活中就会对自然、社会、他人及自身表现出越多的关爱。[①]所以青年农民工的社会性情感需求是理性水平对应的心理内容,是关心社会利益、关心他人疾苦的表现。

比如,在政治情感上,政治情感是人们对生活在所处政治系统之中的内心体验与感受的统称。目前,尽管少数青年农民工因进城后不平等的政治待遇打击了自身的政治自信心,在政治情感上出现了冷漠化倾向。但大多数青年农民工政治态度积极,具有高度的政治热情,对政治的关心程度较高,对党和政府的政治认同感较强,政治情感比较积极和鲜明,他们非常希望提高"主人翁意识",始终以强烈的政治情感投入为党和国家事业的奋斗之中。在道德情感上,道德情感是人们根据一定道德标准,对现实生活中的道德关系及自己或他人的道德行为等产生的心理体验的总称。在城乡二元经济结构下,尽管青年农民工因农村落后道德观念根深蒂固、在城市社会缺乏关心等而较少关爱他人、遵守道德规范。但多数青年农民工汲取了城乡道德的积极

---

① 廖小琴:《当前中国青年精神生活质量调查研究》,中国社会科学出版社 2019 年版,第21页。

因素,在爱国主义情感、集体主义情感、义务感、正义感、责任感、关怀感、良心感、尊严感和羞耻感等道德情感上具有一定程度的需求。

(三)发展性情感需求

青年农民工基本的和高级的社会生存性情感需求的满足能够促进其更高层次情感的发展,也就是发展性情感需求,如成就感、抱负感、使命感、超越感、人文情感等。[1]"90后""00后"青年农民工大多在外出务工前都受过良好的学校教育,平均文化程度较高,并且有明确的理想和目标,对自己的人生有相对清晰的规划,他们不仅希望在城市中获得一份理想的工作,拥有更多继续深造的平台和机会,不断提高自己的发展空间,从而在城市社会有一席之地,改变自己的命运,而且本身从情感层面而言也渴望实现自我发展和超越,获得更高的成就感、使命感和超越感。

譬如,在成就感上,青年农民工相比老一代农民工接受过一定程度的文化教育和职业技能培训,他们学习能力和创新能力强,拥有更加娴熟的信息技术运用能力,在关心工资薪酬的同时,他们更加注重通过提高自己的职业技能来获得职业成就感,以从中获取更多的获得感、安全感、自豪感、幸福感和归属感。在使命感上,青年农民工由于深受城乡二元体制的消极影响,非常希望提升自己的政治地位,真正融入城市,在身份上实现转型升级,感受作为城市主人的强烈的荣誉感、责任感和使命感。在超越感上,青年农民工思想活跃,接受新鲜事物很快,他们敢于挑战自我、战胜自我,希望能在自我实现的基础上不断征服自我、突破自我、超越自我,从而具备足够的力量去战胜工作和生活中的一切艰难曲折,追求自己的生活意义。

马克思指出,"激情、热情是人强烈追求自己的对象的本质力量"[2],列宁

---

[1]　廖小琴:《人的精神生活质量研究》,江苏人民出版社2009年版,第62页。

[2]　《马克思恩格斯全集》(第三卷),人民出版社2002年版,第326页。

也认为,"没有'人的感情',就从来没有也不可能有人对于真理的追求"①。在现实生活中,情感生活是人精神生活的主要组成部分,②青年农民工的情感生活需求就是其精神生活必不可少的一种需求, 它的产生与满足是提升青年农民工精神生活质量的重要因素, 也是青年农民工全部社会实践活动的内在驱动力。

四、审美需求

审美需求简单来说就是人们对"美"的一种自觉追求或讲究,③它体现了人内心生活的追求和内在生命灵性的样态,④是人类的本质需求。青年农民工尽管为维持生计大多从事的是服务他人或又脏又苦的"卖体力"的工作, 且这样的工作占据了他们大部分的时间和精力, 似乎看起来他们应该是实用主义者,但实际上,由于青年农民工审美素质的均衡全面发展、城市现代化审美情趣的耳濡目染和社会提供的良好客观条件, 他们也逐渐产生了追求美的强烈愿望,且在审美需求上展现出了多层次、多样化、多方面等特点。总体而言,青年农民工的审美需求根据不同的层次大致可分为以下三种:

(一)精神愉悦层面的审美需求

精神愉悦层面的审美需求是最初始、最底层的审美需求,它主要基于视觉和听觉的主观审美感受,对审美修养的要求较低。这一层面的审美需求是每一个青年农民工都具有的最基础层次的审美需求, 其突出的表现就在于对消遣娱乐的审美需要。随着青年农民工文化素养的日渐提高,其审美意识

---

① 《列宁全集》(第25卷),人民出版社1988年版,第117页。
② 王海滨:《人的精神结构及其现代批判》,新华出版社2014年版,第43页。
③ 童世骏等:《当代中国人精神生活研究》,经济科学出版社2009年版,第11页。
④ 廖小琴,廖小明:《重构人的精神生活》,中央编译出版社2015年版,第51页。

不断觉醒,审美观念日益开放,审美渴求也更加强烈。他们在紧张而紧凑的日常工作之余,一般会倾向于通过音乐的聆听、影视作品的观看、小说的阅读、大自然的欣赏等方式专心感受其中蕴藏着的美,在审美享受的过程中获得精神世界的愉悦与美感,丰富自己的内心感受和情感,同时缓解一天劳累工作后的疲惫。

具体来说,在休闲时间的闲暇审美中,青年农民工审美情绪高涨,他们或陶醉于悦耳动听的音乐,在音乐世界的审美体验中得到心灵的净化;或深陷于电影、电视剧、纪录片、短视频等的情节发展和人物情感中,感受影视作品的审美情趣和艺术品格;或迷醉于小说的字里行间,在生活之外的隐蔽世界里流连忘返;或徜徉于大自然诗情画意的胜境中,观赏平湖秋月的湖滨,领略雄山峻岭的雄姿,在古朴自然的审美中回归本色本真,享受片刻的安宁祥和。总体上,青年农民工的这些审美活动都是以感官愉悦为目的,属于享受型的审美需要,同时也从侧面反映了青年农民工对美好事物、美好生活的向往。

(二)内心感悟层面的审美需求

随着青年农民工主体自觉性程度不断提高,具备一定程度的审美知识、审美修养和审美经验之后,便会主动站在一个"美"的角度看待和理解万物,产生第二层面的审美需要,即内心感悟层面的审美需求。再加上部分青年农民工由于思想开放,且长期接触到城市一些现代审美文化和流行时尚信息,逐步建立起积极健康正确的、符合现时代精神的审美观念,在审美取向、审美价值观和审美品位上正日益向他们的城市同龄人靠拢,因而非常渴望摆脱自身守旧和创新、钦慕和逆反相矛盾的审美心理,形成对审美的正确认识和高雅的审美情趣,在内心感悟层次的审美需求上显得更加强烈。这一层面的审美需求相比精神愉悦层面而言更具有深刻性,并且其主要体现在更高一级的艺术欣赏层面。

具体而言,一些青年农民工希望能在艺术鉴赏方面获得更多的文化积累和专业知识,参加更多与诗歌、文学、歌剧、音乐、美术、话剧、陶艺等有关的欣赏活动,拓展自己的审美范围,提升自己的审美素养和能力,懂得欣赏建筑艺术、雕塑艺术、绘画艺术、音乐艺术、舞蹈艺术、文学艺术等的美,让自己在艺术的审美和熏陶中获得高雅精神文化生活的满足。尽管目前而言,这些审美需求在青年农民工精神生活的总体诉求中所占比例甚小,但却是他们体验生命和谐、对生命充满欣喜的重要方式,也是促使他们感性和理性协调发展的重要方面。

(三)自觉创造层面的审美需求

凡是美好的事物,人们都愿意主动去欣赏,更愿意自觉去创造。马克思基于人与动物生产不同性质的视角得出结论:"人懂得按照任何一个种的尺度来进行生产,并且懂得处处都把内在的尺度运用于对象;因此,人也按照美的规律来构造。"①青年农民工为在更高的美的创造中感知人类精神上的审美怡悦,满足自己不断增长的审美需要,也会进行美的创造。

一般而言,青年农民工主要有两种方式或可以说是两种相对应的方式创造美,一方面是追求内在美,他们因深受现代城市审美文化的影响,时常以城市的审美模式和标准要求自己,希望自己也能和城市人一样拥有感受、鉴赏和创造美的能力,能够通过陶艺制作、文学创作、绘画创作等对美的事物的创造过程来陶冶自己的情操,体会其中的审美语意和审美趋向,表达自己对生活意义的感知和理解,获得精神幸福。另一方面是追求外在美,他们为由表及里地全方位适应城市,以城市人的审美倾向为参照标准进行外在形象的装饰,希望通过化精致妆容、穿时尚套装、背名牌包、剪潮流发型、用最新款手机等外在形式塑造城市人姿态的方式

---

① 《马克思恩格斯选集》(第一卷),人民出版社 1995 年版,第 47 页。

来获得一部分尊重,使自身得到一定程度的心理满足感。自觉创造这一层次的审美超越了前两个层次被动式的审美观照,对青年农民工的审美素质和经济实力具有一定的要求,因而这种审美需求一般只存在于部分青年农民工的精神生活需求中。

审美需求是人所特有的一种需求,也是人精神生活的至深需求。[①]但在新形势下,青年农民工的审美需求从审美意识上看还属于潜意识需求,从审美层次上看主要集中于低层次需求,从审美性质上看大多是低俗或通俗需求,这既与青年农民工的生存压力和生活水平有关,也与其本身相对较低的文化水平和审美境界有关。

五、休闲娱乐需求

休闲娱乐活动是在一定社会条件下,人们在休闲时间内自愿从事放松身心、获得愉悦体现并促进自身发展的活动。通过休闲娱乐活动,人们可以在精神自由中感受高层次精神享受,进一步提升精神生活质量,构建美丽的精神家园,促进个人的全面发展。[②]随着科学技术的进步和生产力的发展,青年农民工相比老一代农民工的闲暇时间增多,闲暇生活也越来越丰富,他们日益倾向于享受生活,利用闲暇时间得到娱乐和休息并全面发展自己。但囿于自身经济水平低下、休闲时间有限、公共休闲资源不完善等因素,青年农民工的闲暇活动仍处于较低水平,休闲娱乐需求更加强烈。就目前而言,青年农民工的休闲娱乐需求按照类型可分为日常消遣型、兴趣爱好型和学习提升型。

---

① 廖小琴:《当前中国青年精神生活质量调查研究》,中国社会科学出版社 2019 年版,第 21 页。
② 郑永廷,罗珊:《中国精神生活发展与规律研究》,中山大学出版社 2012 年版,第 145–148 页。

（一）日常消遣型需求

日常消遣型的休闲娱乐需求是青年农民工为打发和消磨无聊时间而产生的一种需求，它包括看电视、听广播、听音乐、上网聊天打游戏、与老乡和工友闲聊、打牌、打麻将、逛街散步、喝酒聚餐、睡觉休息等。当前，由于青年农民工与城市其他群体在收入水平、教育基础、学习方式和时间安排等上存在的较大差异，他们中的大部分都对这类参与可即性高、费用低廉或无需支出、懒散被动、无需动脑筋的消遣娱乐活动具有较强的欲望，花费在上面的时间也占了闲暇时间的大部分，而很少愿意参与带有创造性、能提升自我技能的闲暇活动。

值得注意的是，随着新媒体的迅猛发展，特别是智能手机的普及和改进，在网络上聊天、打游戏、刷视频等已经迅速成为新时代青年农民工最主要的消遣娱乐需求。一般而言，青年农民工产生这种休闲娱乐需求主要是源于自身得过且过的心态，想以消遣、娱乐度日，或者是希望从中获得放松、恢复精力和体力，以更好投入工作。但从一定意义上讲，这种日常消遣型的休闲娱乐需求形式单一、内容空洞、缺乏特色，格调和档次较低，具有重娱乐型、消遣型而轻发展型、智力型的特点，属于低层次活动需求，即休息、什么也不干，因而显示出了消极被动性、庸俗化等倾向，不利于青年农民工身心的全面健康发展和美好精神家园的构建。

（二）兴趣爱好型需求

在闲暇时间发展良好的兴趣爱好是人生幸福快乐的重要基础和源动力，正如亚里士多德所言："恰当地利用闲暇是一生做自由人的基础，唯独在闲暇时间时才有幸福可言。"①事实上,社会上大多数青年农民工原本有属于自己的兴趣、爱好、特长和美好的梦想,并且他们并没有将其作为解决生计或功成名就的工具,而只是单纯想做自己喜欢的事,帮助自己得到放松、减轻压力、降低疲劳,同时从中寻找乐趣和惬意、愉悦身心,丰富自己的物质或精神生活,②活成自己想要的模样。比如,他们有的对唱歌、跳舞、绘画、书法、摄影、弹琴、吟诗、看展览和演出等艺术类活动有着强烈的兴趣;有的对游泳、球类运动、登山、体操、武术、滑冰、滑雪、远足、骑马等运动类活动格外喜爱;有的将旅游、看电影、下棋、集邮、养鱼、种花、逗鸟等娱乐类活动视为自己的爱好。但与此同时,青年农民工低下的经济条件、较少的可支配业余时间却严重制约着他们兴趣爱好的发展,③致使他们大都迫于生活的巨大压力而不得不放弃自己的爱好,无奈投身于日复一日繁重劳苦的工作之中。因此,他们渴望在休闲中获得精神的自由,能根据自己的兴趣和爱好科学合理地安排自己的闲暇时间,在学习和发展各式各样的兴趣和爱好中充分挖掘自己的潜力,使自己的生活更加丰富多彩,从而享受生命的意义,寻求快乐的人生。

(三)学习提升型需求

马克思将人们的闲暇活动主要归结为低级层次的娱乐消遣型和高级层次的发展型两大类,其中,高级层次的发展型闲暇活动主要指"发展智力,在精神上掌握自由的时间",包括"个人受教育的时间、发展智力的时间、履行

① [古希腊]亚里士多德:《尼各马可伦理学》,王旭凤译,中国社会科学出版社1999年版,第163页。
② 李贵成:《民工荒视域下的新生代农民工价值观研究》,科学出版社2016年版,第134页。
③ 黄进:《价值冲突与精神皈依:社会转型期新生代农民工价值观研究》,南京师范大学出版社2010年版,第241页。

社会职能的时间、进行社交活动的时间、自由运用体力和智力的时间"①。随着社会生产力水平的提高、青年农民工自身文化程度的提升和现代开放式休闲观念的树立,一部分青年农民工潜在的、以学习提升为目的的休闲需求呈现出了增强的趋势。他们非常注重利用闲暇时间进行自我充实、自我提高、自我完善和自我实现,渴望通过参与健康、科学、文明的休闲活动增长知识,增加阅历,陶冶情操,提高生活质量和生活品位,加快融入城市主流社会。比如,他们希望通过上网、看书、阅读报刊杂志等学习专业知识,了解国家大事、政府政策措施和社会新闻,掌握科技教育、经济发展等信息;通过参与城市娱乐爱好活动、文化节目、社会工作或公益活动、兴趣爱好培训班等体验现代化都市生活,挖掘自身潜能,提升自我境界;通过与朋友老乡线上线下聊天、聚会约会、走亲访友、参加城市社会交往活动等提高交际能力,维持较好的人际关系;通过坚持体育锻炼发展身体,增强体质,改善心理健康;等等,从而求得智力、体力和心理的健康和全面的发展。

尽管由于种种主客观因素的限制,现阶段青年农民工休闲活动的现状难尽人意,但他们日益增长的多层次、多样化的休闲娱乐需求却不容忽视。因此,满足青年农民工的休闲娱乐需求,改善他们的闲暇生活方式,以提升他们的个人幸福感,推进他们的市民化进程,已成为摆在全社会面前的重要现实课题。

六、品质和意义生活需求

品质生活和意义生活是一种更深远、更纯粹、更有悟性、更高境界的生活方式,是比较符合现代人对精神生活的想象与要求的生活境界。随着社会

---

① 《马克思恩格斯全集》,人民出版社 1979 年版,第 281 页。

经济的快速发展和现代化水平的不断提升，青年农民工相比老一代农民工在生活条件、文化水平和生活追求上都有了很大的提高。对于绝大多数青年农民工而言，他们进城务工、努力工作已经不单纯是为了填饱肚子、养家糊口，让家人生活得更好，而且也为了追求更高品质、更有意义的生活，让自己生活得更好。所以青年农民工在自身物质生活水平达到一定程度的前提下，对于品质和意义生活的需求就会越来越强烈。

（一）品质生活需求

品质生活简单而言就是人们日常生活的品质与质量。高品质的生活是建立在经济文化和物质文明发展到一定阶段、社会生产、生活条件和手段丰富基础上的产物，是人们在满足基本物质生活需求之后，对个人生活状态、人生价值、精神诉求等高于物质层面需求的唯美生活状态的一种全新追求。[1]不同于老一代农民工以赚钱谋生为在城市务工的唯一动力，青年农民工受城市化进程中现代思想观念的影响，大多是为了追求城市更好、更高、更有尊严的品质生活才来到城市。他们渴望在城市获得不断成长和发展的机遇，改变自己的生活方式，摆脱贫困的生存状态甚至农民的身份，对城市社会快乐和幸福的品质生活、体面生活充满了向往，具体主要表现在以下四个方面：

其一，对适宜生活境界的需求。随着青年农民工生活品质意识的不断提升，他们的生活价值观也发生了较大改变，不再简单追求"腐朽性"的物化生活的满足，而是追寻精神世界与物质世界高度一致与协调发展的一种适度、适宜、不可过也不可及的生活境界。

其二，对健康生活方式的需求。青年农民工在努力寻求个人发展、实现自我理想与价值的同时，也更加倡导在生活中应该善待自己，打造更有序、

---

① 邓嵘：《设计创造高品质生活》，《艺术百家》2012年第6期，第241页。

更合理、更健康、更舒适的生活空间,养成健康、有品质的生活方式,提高自己的心境,以达到生理和心理的双重健康。

其三,对丰富文化内涵的需求。青年农民工对城市高雅、精致、有品位的文化生活有着美好的期待和憧憬,他们渴望享受城市的文明进步,并以此丰富自己的文化内涵和气质修养,在精神上不断完善和实现自我,从而得到精神世界的满足和自我价值的提升,成为社会主义现代化建设所需要的高素质人才。

其四,对良好生态环境的需求。青年农民工看到了城市化进程步伐的加快给人们生活造成的严峻危害和对自己追求品质生活的影响,因而更加希望城市与生态自然能够和谐共生,让自己生活在整洁、干净、优美的生态环境中,以满足自己对生活和工作环境的要求。

(二)意义生活需求

意义生活是人们对人生目的和意义的思考以及对人的价值的反思,解决的是人"为什么活着""怎样活着""如何获得更好"和"如何使生命更有价值"的重要问题。对意义生活的追寻是人精神生活需求的最高层次和核心层次,表现了人对于超越现实存在的有限性和局限性、追求生活无限性和理想性的向往。[1]由于青年农民工思想文化素质和精神境界的提高,他们中的部分人在追求物质的同时也逐渐开始关注世界观、人生观、价值观等深层次的精神问题,对自己的人生前途、精神归宿、生活意义有自己的理解与思考,在理想、信念、信仰、道德等意义追求和超越生活上表现出了更强烈的向往和更高的追求。

其一,理想信仰需求。马克思主义认为,理想是人们为超越现实和自我、

---

① 廖小琴:《当前中国青年精神生活质量调查研究》,中国社会科学出版社 2019 年版,第 24 页。

追求未来远大价值目标的一种自觉意识，信仰则是人关于人生价值和意义的一种自觉状态。费希特指出，信念是人的一种"官能"，它"绝不是知识，而是使知识有效的意志决断"①。青年农民工为寻找精神寄托和精神慰藉，找到前进方向和奋斗目标，真正实现完整的意义生活，对自己的理想、信念和信仰有着明确的认识和要求。在理想上，他们有自己的职业理想、生活理想和人生理想等，向往过上自身认为有价值的、美好幸福的生活。在信念上，他们希望自己达到具有明确价值指向、努力身体力行的精神状态，在理想的追求与实现上意志坚定。在信仰上，他们努力寻觅人生的内在理由、理想境界和终极关怀，渴望找到自己心灵的家园归宿和生活的精神支柱。

其二，道德情操需求。在人的精神世界里，不仅存在着求真、求爱、求美、求乐等倾向，而且存在着求善的倾向，这是对自爱本能的一种超越。②道德是人精神生活的社会性表征，是信仰的延伸和贯彻。随着青年农民工自我意识的不断觉醒，他们对社会生活实践中人与人之间的和谐关系有更深刻的反思，于是产生了对良好道德情操的需求。他们为了符合社会要求、完善自我人格，希望自己有着良好的政治道德、社会公德、职业道德、婚姻家庭道德、环境道德和个人道德等，不断促进自己的精神完善化和全面发展。

品质和意义生活是精神生活的基本特征之一。追求高品质的生活、认识生活的价值和意义是实现精神生活的内在要求，为精神生活的发展指明了前进方向。由此，满足青年农民工品质生活和意义生活的需求就是提高他们精神生活质量、解决他们安身立命之本和终极关怀等问题的必然之举。

---

① ［德］费希特：《论学者的使命·人的使命》，商务印书馆 1984 年版，第 154 页。
② 王海滨：《人的精神结构及其现代批判》，新华出版社 2014 年版，第 53 页。

七、政治归属感需求

在亚里士多德看来,"人天生是一种政治动物"①,政治符合人的自然本性生活,与人的任何利益都是紧密相连的,因此作为政治共同体中的人离不开政治生活。政治生活包括政治意识、政治制度和政治行为等多方面内容,它是人作为公民所享有的自然权利,也是人精神生活一个很重要的方面,任何级别的政治生活都必然是要人参与的。②随着青年农民工政治参与意识的不断觉醒,他们中的大部分人有正确的政治思想和政治价值观念、明确的政治立场和政治信仰、坚定的政治方向和政治定力,政治觉悟和政治素质较高,因而也有着强烈的政治参与诉求和归属感需求。与此同时,受城乡二元体制、"话语权"缺失、自身弱势地位等多因素影响,青年农民工的政治参与呈现城乡两不靠的双重"边缘化"状态,游离于政治表达之外,成为了所谓的"政治边缘人",所以他们严重缺乏政治的归属感,也会对政治参与产生更深层的需求,渴望获得政治表达和维护、增强自己的政治效能感和政治参与感。

(一)政治权利表达和维护需求

政治权利是公民依法享有的参与国家政治生活的权利,是公民政治参与的基础和前提。随着受教育程度的提高,青年农民工较自己的父辈对政治权利有更充分的认识,也有着更高的权利权益意识,他们期盼能在关系城市和农村发展的重大问题上发表意见,并参与到城市社会的政治生活权利之

---

① ［古希腊］亚里士多德:《政治学》,颜一、秦典华译,中国人民大学出版社2003年版,第4页。

② 廖小琴:《当前中国青年精神生活质量调查研究》,中国社会科学出版社2019年版,第31页。

中,①以争取自己的合法政治权益,表达和维护自己的合理政治诉求。但是因经济、制度、社会和青年农民工自身等种种主客观因素影响,青年农民工的政治权利存在着贫困现象,在农村处于"悬置"或"真空"状态,在城市则处于"虚无"或"失语"状态,他们在一定程度上遭受了不公平的政治待遇,在农村和城市难以获得正当的政治权利。

正因为青年农民工自身的政治权利未能有效实现,得不到充分保障,使其对政治权利的诉求变得越来越强烈。具体来说,他们在选举权、被选举权、参加管理国家、担任公职和享受荣誉称号、言论、出版、集会、结社、通信、人身、居住、迁徙、宗教信仰及游行、示威等各种权利和自由方面表现出了较高的意愿,非常渴望获得上述应有的、平等的基本政治权利,拥有"话语权"和"表达权",得到政治权利的认同,在社会政治地位上获得与其他社会阶层同等的尊重、对待与认可,增强自己的政治参与感。

(二)政治效能感需求

政治效能感是指个体对自身在政治生活中的影响力以及对外部政治环境和政治系统的主观认知及评价,它既是衡量青年农民工政治参与的重要指标,也是他们参与政治活动的重要驱动力。政治效能感的强弱与政治参与的程度是一致的,青年农民工的政治效能感越强,表明他们的政治信任度越高,他们参与政治生活的主动性和积极性就会越高。但由于青年农民工经济收入水平低,缺乏政治参与的实践,政治知识较少,政治参与技能不强,对政治问题及自身政治参与活动的价值认知相对模糊,且在一定程度上遭受着城市主流市民文化的歧视和排斥,致使他们在城市极易产生出政治自卑、失落的心理,丧失政治参与的信心,从而削弱了他们的政治效能感,制约了他

---

① 李贵成:《民工荒视域下的新生代农民工价值观研究》,科学出版社,2016年版,第106—123页。

们政治参与的行为。一方面,他们在农村有政治参与的机会但因不便而不想参与;另一方面,他们想参与城市的政治生活却受到排斥、机会渺茫,因而感到十分失落。在这样的背景下,青年农民工内心深处很希望自己能够清楚、深刻地理解政治信息和政治符号,提高自己的政治认知水平和政治参与能力,改变自己弱势的政治地位,增强自己的政治信心和政治信任,提升自己的政治认同和政治素养,建立高度的政治参与热情,从而增强自己的政治效能感。

(三)政治参与感需求

政治参与是"公民自愿地通过各种合法方式参与政治生活的行为"[1],是公民争取和行使自己政治权利的方式,展现了公民高度的政治效能感。青年农民工对政治的关注程度虽然较上一辈高,但在城乡二元体制下,他们既是城市社区的"候鸟",也是乡村社会的"栖居者",其政治参与状况不容乐观。[2]在农村,青年农民工常年远离家乡外出务工,由于距离太远、交通不便、信息不通、不熟悉村务等,难以回村参与村委会选举和村民自治等基层民主政治活动。在城市,青年农民工又往往因自己的农民身份和弱势地位被排斥在当地政治参与之外,无法参与所居住地点居委会和社区的选举及其他公共事务的管理。在工作单位,青年农民工当前主要是流动性就业,他们很多人并没有具体的单位,政治参与感无从满足,就算少数青年农民工在正式单位或组织工作,也几乎未参与职工代表大会、工会等政治活动。这就导致青年农民工的参政诉求日益高涨,非常渴望以主人翁的姿态积极参与城乡政治生活尤其是城市事务的管理,在经济、政治、文化、社会等各个领域通过政治投

---

① 《中国大百科全书·政治学卷》,中国大百科全书出版社1992年版,第485页。
② 左珂,何绍辉:《论新生代农民工政治参与:现实困境与路径选择》,《中国青年研究》2011年第10期,第30页。

票、政治选举、政治结社、政治表达、政治接触等多元化的方式进行政治参与,做政治参与的实践者,感受到参与政治的慢慢获得感。

一般而言,政治生活与精神生活的发展趋向大体一致,政治生活发展得越好,精神生活质量也就越高。①青年农民工的政治归属感在一定意义上属于政治意识范畴,由此可以说,满足青年农民工的精神生活需求离不开对他们政治归属感需求的满足。

八、社会信任需求

马克斯·韦伯依据"二分建构法"将信任分为以血缘性社区为基础的与相识之人间的特殊信任,以及以信仰共同体为基础的与多数人或陌生人间的社会信任,并认为从特殊信任到社会信任的变化体现了由传统社会到现代社会的转变。②社会信任是社会成员之间存在的对公共事务、公共组织、人际交往等社会活动或机构运作所持有的一套普遍而近似的态度,按照主客体标准可划分为个人与个人之间的人际信任以及个人与政府之间的政治信任。③青年农民工从农村进入城市务工后,其原本建立在传统血缘、亲缘和地缘关系基础上的社会信任遭受破坏,而在城市更为广泛的社会信任因流动性大、社会排斥、社会信任机制缺失等因素尚未建立起来,致使青年农民工在城市社会中找不到归属感,深刻体会到了城市的隔离和异化,④产生了心理上的剥夺感、无助感和疏离感,与此同时也产生了对人际信任、政治信任等社会信任需求。

---

① 廖小琴,廖小明:《重构人的精神生活》,中央编译出版社2015年版,第47页。

② [德]马克斯·韦伯:《儒教与道教》,王容芬译,商务印书馆1999年版,第291-294页。

③ 白春阳:《社会信任的基本形式解析》,《河南社会科学》2006年第1期,第4-5页。

④ 张领:《流动的共同体:新生代农民工、村庄发展与变迁》,中国社会科学出版社2016年版,第135-136页。

（一）人际信任需求

匈牙利著名哲学家赫勒指出，"日常交往是一般社会交往的基础和反映……日常生活交往关系反映一般社会关系"①。在日常交往中形成的人际关系提供了人与人之间的人际信任，它更多依赖的是交往中的情感因素。青年农民工从熟悉、亲切的家乡来到新的城市，深刻感受到了孤身一人奋斗的陌生感和孤独感，因而非常渴望通过人际交往获得自己与他人之间的人际信任，形成良好的人际关系，感受到在城市社会生活的温暖与和谐。具体来说，青年农民工的人际信任需求主要包括他人对自己和自己对他人两个层面的信任需求。

其一，他人对自己的信任需求。青年农民工因获得现代性、融入和定居城市、实现市民化的意愿较高，本身非常希望在城市获得他人对自己的高度信任，形成紧密的人际网络，为自己融入城市成为市民奠定关系基础，因而无论在生活还是工作中，他们都很注重结交新的朋友并维持好与他人的朋友关系。但是城市市民却常常因为青年农民工思想观念落后、文化素质低下、经济条件不佳、社会地位不高等因素而对他们抱有怀疑、歧视和排斥的态度，不愿去包容甚至接近他们，更难以对他们产生高度的信任感。在此情况下，青年农民工希望改变城市市民怕而远之的心态、增强他们对自己的信任度的愿望就变得更加强烈。

其二，自己对他人的信任需求。城市市民对青年农民工的不信任态度和城市社会本身不可预见的、流动的陌生人交往机制容易使青年农民工产生"过客"心理，出现自卑感、受挫感、被剥夺感和警惕感，这些反过来也会影响青年农民工对本地居民、老板（或单位领导）以及社会大多数人的信任度，转

---

① ［匈牙利］阿格妮丝·赫勒：《日常生活》，衣俊卿译，重庆出版社 1990 年版，第 235-236 页。

而更加信任自己的家人、同乡、亲密朋友等。但实际上,尽管青年农民工很难获得城市市民的认同和信任,他们也还是希望能改变现状,让自己在城市建立起基于血缘、亲缘和地缘关系以外的信任圈,拥有更广泛、更和谐的人际关系,从而更顺利地融入城市社会。

(二)政治信任需求

政治信任是社会成员对政治共同体、政治体制和政府的一种认同和支持,它是社会信任体系中具有基础性、决定性和导向性的部分,政治信任在很大程度上是通过政府信任实现的。[1]当前,由于我国户籍制度和城乡二元体制的影响,青年农民工在"脱根"农村和"扎根"城市间游离和漂泊,无法得到城乡两地政府的有效服务与管理,甚至在城市受到许多与城市居民不平等的显性或者隐形的待遇,使青年农民工感知到社会的不公平,因而与政府之间的信任关系并不乐观。对此,青年农民工尤其希望政府能够多加关心并充分信任自己所属的这一群体,在教育、就业、住房、社会保障、基本公共服务等领域给予更多的支持和更平等的待遇,保障自己的根本利益,从而也让自己建立起对政府的认可和信任,增强自己的政府信任感。

其一,政府对自己的信任需求。青年农民工希望部分政府尤其是部分流入地基层政府能够消除对农民工群体的偏见和歧视,取消对城市的倾斜和保护政策,建立起对农民工的信任感,努力做到"立党为公、执政为民",在制定地方政策时充分尊重农民工的意见和建议,并将各种保障农民工的政策措施真正落实到位,为农民工提供有效的服务与管理,并且不希望政府官员官商勾结、以权谋私、滥用权力,截留自己的应得利益、剥夺自己的合法权益,要让自己充分感受到政府对自己群体融入的欢迎、信赖和支持态度。

---

① 赵立新,李新云:《从社会信任视角看建设和谐社会》,《社会主义研究》2008 年第 1 期,第 16 页。

其二,自己对政府的信任需求。青年农民工因为在接受现代文明熏陶的同时又可能遭遇着不公,导致他们对城市社会抱有某种怨恨感和不公平感,并更多将其归因于政府,对政府信任度不高,或者因政府本身在某些方面未履行其信用义务与责任,达不到自己所预期的期望,因而对政府缺乏信任感。所以与此同时,青年农民工为在城市"落地扎根",就更加希望提高自己对政府权力的运作、政府形象等的信任水平,加强自己与城市之间的融合程度。

信任是社会关系的润滑剂,塑造社会信任的最终归宿就是构筑亲密关系和幸福感的精神图景。所以从根本上说,青年农民工社会信任需求的满足有利于帮助他们建立和谐融洽的社会关系,提升他们的安全感、尊严感和生活满意度,让他们获得精神生活的幸福感。

九、社会承认需求

高级的精神生活包含了一种被承认的欲望的满足,表现为个人通过社会的承认、认可和尊重获得自我价值的实现和积极的自我效能感。社会承认是社会绝大多数成员对某一个人或群体的身份、素质、成果等的肯定与认可,它体现的是社会对个体的一种承认关系。青年农民工相比父辈具有较少的农村与土地情结,同时对城市现代化的生活方式有着较强的认可和向往,因而也有着更坚定的"脱乡"愿望和更执着的"城市梦"。[1]但尽管青年农民工进入城市社会后为城市建设作出了重大贡献,却依旧没有得到城市社会的承认,市民待遇对他们来说更是遥不可及,使得他们在社会承认上受到了较大排斥,更加企盼被城市主流社会承认、接纳和尊重,得到社会承认的满足感和成就感。

---

[1]　黄庆玲:《新生代农民工城市定居意愿研究》,经济科学出版社 2019 年版,第 3 页。

（一）身份认同需求

青年农民工自主选择从农村进入城市的市民化过程分为两个阶段：从农民到农民工、再从农民工到市民，这一过程伴随着两次身份的转换，即从农民身份到"亦工亦农"身份的转换，再从"亦工亦农"身份到市民身份的转换。当前，青年农民工对自己的这两种身份有着强烈的认同需求，且这种认同需求主要包括个体身份认同和社会身份认同两种。对自我身份的认同属于个体身份认同层面，是从"自我"出发的。不同于立足点是个体的个体身份认同，社会身份认同的立足点是群体，是指个体意识到自己属于某一特定的社会群体，并认识到作为群体成员带给自己的情感重要性与价值意义。[①]就青年农民工社会身份认同的需求而言，又可按照青年农民工两次身份的转换过程将其分为对工人身份认同的需求和对市民身份认同的需求两种。

其一，对工人身份认同的需求。从身份上讲，青年农民工一旦进城务工，就已经实现了身份的改变，即由纯粹意义上的农民身份转变为兼具农民、工人双层身份的城镇务工劳动者。并且青年农民工在入城后虽然户籍身份是农民，属于农村，但他们主要时间是在城市从事非农生产活动，在职业身份上早已成为城市工人，属于城市。但同时不可否认的是，尽管他们在职业上拥有了工人身份，在工作中也干了工人的活，其工人身份却未被城市社会所认可，也没有得到工人身份所应有的对待，可以说其身份并没有发生实质性的变换，造成青年农民工角色转换和身份转换的错位。因此，青年农民工强烈渴望真正改变社会角色定位，摆脱"双重人"的生存状态，在工人身份上获得认同和归属感，成为真正意义上的城市产业工人。

其二，对市民身份认同的需求。青年农民工已经从老一代农民工的"城

---

① 袁靖华：《边缘身份融入：符号与传播——基于新生代农民工的社会调查》，浙江大学出版社2015年版，第24—30页。

市过客"心态变成了"城市主体"心态,工人身份只是他们实现市民身份转变的一个过程,他们最终的目标是由农村户口变为城市户口,获得与城市居民相同的合法身份、主体地位和社会权利,享受与市民同等的待遇,彻底融入城市,实现市民化的转化,因而非常渴望市民身份认同,摆脱农民身份的桎梏,从"农民身份的工人"转变为"市民身份的工人",获得身份认同感。

(二)社会尊重需求

社会尊重需求指一个人希望社会成员承认自己的能力和成就,受到他人的认可、尊重、信赖和赞许。马斯洛需要层次理论认为,当一个人的尊重需要得到满足时,就能体验到自己的作用及价值,对自己充满信心,对职业充满热情。所以受到尊重是人内在的精神需要,有利于精神生活的高质量发展。青年农民工相比父辈有更强的自尊心和自傲心理,他们特别注重尊严和平等,希望得到他人的关注、理解、接受和支持,使自己生活得更有尊严、更有意义。但在部分城市人的刻板印象里,青年农民工整体素质偏低、思想观念保守、职业能力较弱,是城市的"局外人"和"闯入者"甚至"另类"和"秩序破坏者",这就导致他们在城市一直得不到基本的尊重和人际观照,在心理上感到无比的孤立、无助和自卑。在此基础上,青年农民工非常渴望获得城市社会的尊重和认可,产生了更加强烈的尊重需求,这一需求主要可分为外在尊重需求和内在尊重需求。

其一,外在尊重需求。青年农民工受成长环境影响,内心十分期盼来到城市后能通过自己的努力和奋斗在城市买房定居,寻得更体面的工作和更好的发展机会,在经济层面、社会层面和政治层面真正融入城市社会。因而从尊重需求上而言,他们渴望自己在劳动、合法权益、社会权利和义务、对社会做出的贡献、成就与发展等外在方面获得他人的尊重,受到他人的赏识、注意和欣赏,在城市有自己一定的名誉、声望、威信和地位,从而感知到自己的力量、能力、位置和价值。

其二,内在尊重需求。青年农民工大多是作为留守儿童成长起来的,从小缺乏家庭关爱的他们内心十分渴望爱与被爱,渴望关心与关怀,渴望重视与保护,所以进入城市后在思想、文化、精神、心理上融入城市的意愿非常强。这表现在尊重需求上就是青年农民工希望他人尊重自己的人格、尊严、个性、兴趣、爱好、感觉、需求、态度、意见和价值等内在方面,让自己收获来自城市的包容、肯定和关怀,以积极、乐观的心态在城市工作和生活。

在马斯洛看来,社会尊重的需要是高层次的需要,属于人的精神需求。因而,青年农民工得到社会认同和社会尊重、满足社会承认需求就是其摆脱"精神上的边缘人"角色、获得精神认同的一个重要方面。

十、公平正义需求

"公平正义一直被视为人类社会的美德和社会制度的首要价值"①,视为社会主义最核心的价值追求。在某种程度上,公平和正义可以说是社会精神生活的基本条件,因为只有整个社会公平和正义得到切实维护与实现,人们的各种利益关系才能得到妥善协调,才能真正达到社会的和谐,才谈得上人精神生活的满足、丰富与提高。然而对于青年农民工来说,他们离开了农村和土地,只身来到城市打拼谋求生存和发展,却难以享受同城里人一样的公平待遇,甚至受到了排斥和歧视等不公正对待,这使得他们中的部分人滋生强烈的社会不公平感和心理不平衡感,引发挫折感和心理失衡,极大影响了他们精神生活的健康发展。在此背景下,青年农民工非常希望在城市受到公平对待,渴求获得最起码的公平公正,享受与城市居民同等的基本待遇,表

---

① 曹玉涛:《分析马克思主义的正义论研究》,人民出版社 2010 年版,第 55 页。

明社会的公平正义和维护自己的合法权益已经成为他们当前的迫切需求和价值追求。

（一）社会公平需求

公平的核心在于平等，社会公平的核心在于每一个社会成员都受到平等对待。与老一代农民工相比，青年农民工有着更强的平等意识、民主意识和维权意识，进入城市社会后也有着更强烈的平等期待。但在我国，由于城乡差别的二元制度、文化程度、劳动技能等多种因素的限制，青年农民工在经济收入、社会地位、社会福利与保障、城市资源与服务等诸多方面并未实现真正的平等，导致他们严重缺失社会公平感，城市融合度较低。因此，随着工业化和城市化进程的加快，青年农民工要求实现社会公平的呼声越来越高，权利公平、机会公平、分配公平等社会公平诉求正在成为青年农民工群体的共同追求。

其一，权利公平需求。权利公平指不承认凌驾于法律之上或超然于法律之外的任何特权，一切权利主体享有相同或相等的权利。青年农民工进城后有着非常强烈的权利公平诉求，主要表现在他们渴望享有平等的就业权、社会保障权、权益维护权、取得劳动报酬权、休息休假权、劳动安全卫生保护权、劳动争议处理权、教育与发展权、政治参与权、话语表达权、基本公共服务权、文化权等权利。

其二，机会公平需求。机会公平指所有社会成员在获得成功上具有平等的权利和机会。针对目前农民工与城市居民之间出现的各种机会不公平的问题，青年农民工尤其希望具有与城市居民同等的劳动就业机会、子女受教育机会和发展机会等，以改变自己在社会上的不利地位，实现在城里平等生存与发展的愿望，为自己在城市大展宏图创造公平的环境。

其三，分配公平需求。分配公平指在承认收入分配合理差距的条件下，对社会中存在的有失公正的分配进行矫正。面对自己的不公平遭遇,青年农民工迫切希望改变当前城市社会存在的某些初次分配和再次分配不公的现象,在工资收入、社会财富、公共资源和社会福利等上享受公平合理的分配,增强自己的分配公平感。

(二)社会正义需求

公平和正义均有公正、正当、平等之意,但两者也有明显的区别。公平强调衡量标准的"同一个尺度",用以防止社会对待中的双重标准问题,带有价值中立色彩,客观性和工具性强;正义侧重的是社会的"基本价值取向",且强调这种价值取向的正当性。所以一般而言,公正的事情一定是公平的,但公平的事情却不一定是正义的。从一定意义上说,正义的价值取向决定了公平的正向意义。①罗尔斯在《正义论》中提出了实现社会正义的两个正义原则:一是平等原则,即每个人在社会中享有平等的自由权利;二是差别原则,即在社会经济不平等情况下,应适合于最少受惠者的最大利益。②其中,第一种原则与社会公平基本同义,因而这里主要探讨第二种原则,即在青年农民工与城市居民之间存在事实上的不平等的现状下,对青年农民工这样的最少受惠者进行利益的补偿。

改革开放以来,青年农民工在采矿业、建筑业、制造业、加工业、服务业等行业发挥着重要作用,为我国经济发展和城市建设作出了巨大贡献。但是尽管青年农民工问题近些年得到了极大改善,却并未完全消除,仍旧十分突出甚至变得日益多样化和复杂化,主要表现在就业难、工资低、加班时间长、劳动强度大、工资拖欠、买不起意外保险、就业和居住环境差、安全无法保障、医疗卫生状况不佳、子女受教育难等。显然,当前青年农民工出现的这些

---

① 吴忠民:《社会公正论》,山东人民出版社 2004 年版,第 103–104 页。

② [美]约翰·罗尔斯:《正义论》,何怀宏译,中国社会科学出版社 1988 年版,第 302 页。

问题有违社会正义。对此,青年农民工希望社会在满足自己对公平需求的基础上还能为自己提供一些特殊的社会福利和社会救助等,以保障自己在城市的正常生活、合法权益和长远发展。比如,他们期盼社会能完善就业帮扶政策、建立保障工资支付监管的有效机制、改善自己的生存环境、为自己子女提供良好平等的教育环境,同时严厉打击工作单位克扣拖欠工资、强迫劳动、超时加班、合同不规范或不签劳动合同、随意裁员、无视安全保障等严重违法违规行为,并渴望自己享受最低生活保障或其他失业、疾病、意外伤害等社会救助,以增进自己的社会正义感。

亚里士多德曾说:"正义是给予每个人所应得的东西",是人"各司其职、各守本分"的品行和人类至善的美德。①自古以来,公平与正义都是人类社会弥久常新的文化精神现象,也是人类社会中具有永恒意义的基本价值追求。②当前,青年农民工产生的日益强烈的公平正义需求既要求社会必须密切关注青年农民工的公平正义问题及其对他们思想、心理、情感和信仰等精神世界的影响,同时也折射出青年农民工自身对自己精神文化世界的日趋重视和提高自己精神生活质量的诉求。

综上,由于青年农民工的社会实践活动不同,其所形成的精神生活也不同,包括单一的、多元的精神生活;智力型的、享受型的和发展型的精神生活;高尚的、低俗的精神生活;等等。这使得青年农民工的精神生活需求呈现出了多样性的特点。③在新时代背景下,关注并满足青年农民工这些多样化的精神生活需求对于促进他们精神生活的丰富与发展、提升他们的获得感幸福感安全感、推进他们的市民化进程,为实现中华民族伟大复兴贡献力量等具有明显的正向意义。

---

① 袁靖华:《边缘身份融入:符号与传播:基于新生代农民工的社会调查》,浙江大学出版社2015年版,第70页。

② 姜涌:《马克思恩格斯的公平正义思想研究》,《广东社会科学》2004年第3期,第60页。

③ 王崎峰:《改革开放以来中国大学生精神生活研究》,武汉理工大学出版社2016年,第22页。

第四章　新时代青年农民工精神生活需求现状调研及主要问题

　　青年农民工是推动城镇化进程的一个重要群体，因此成为学界研究的重点对象。青年农民工出生于 1980 年以后，户籍身份属于农民但职业身份是工人，主要的生活空间在城市。这个群体的规模巨大，是停留在城市但还没完成市民化，有更高的生活需求但却没得到足够重视的群体。青年农民工与老一代农民工相比，有其明显的代际特点，加上新时代的主要矛盾发生变化，青年农民工的美好生活需求更多地体现在精神层面。因此了解青年农民工的精神生活需求现状，尤为必要且重要。本章主要运用问卷调查法、深度访谈法、文献分析法等，结合定量与定性分析相结合的原则，试图从青年农民工在工作、学习、生活中产生的知识和信息需求、情感生活需求、审美需求、休闲娱乐需求、品质和意义生活需求、政治参与感需求、社会信任需求、社会承认需求、公平正义需求、自我价值实现需求等去考察青年农民工精神生活需求的现状，在此基础上形成关于青年农民工精神生活需求现状的原因分析。

一、关于调查对象及相关调研情况说明

为调查新时代青年农民工精神生活需求现状，本次调研总共发放 2200 份问卷，其中有效问卷为 1932 份，有效问卷百分比约为 87.82%。本次调查所得数据翔实，由于样本中具有不同性别、年龄、文化程度、工作性质、婚姻状况、收入水平等的新生代青年农民工，因此他们对于同一个问题的认知自然而然具有不同的看法。要特别说明的是，受新冠肺炎疫情影响，课题组成员的调研集中在低风险地区以及与广西临近的东、中、西部地区和省份。

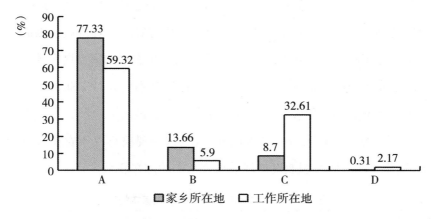

图 4-1 家乡所在地与工作所在地分布

A.我国西部地区(广西、四川、重庆、贵州、云南、西藏、青海、新疆、甘肃、内蒙、宁夏、陕西)
B.我国中部地区(山西、河南、安徽、湖北、江西、湖南、吉林、黑龙江)
C.我国东部地区(北京、天津、河北、辽宁、上海、江苏、浙江、福建、山东、广东、海南)
D.其他

如图 4-1 所示，根据本课题所抽选的样本显示，青年农民工家乡所在地和工作地为我国西部地区(广西、四川、重庆、贵州、云南、西藏、青海、新疆、甘肃、内蒙、宁夏、陕西)的占比最高，有 77.33% 的青年农民工的家乡位于我国西部地区，有 59.32% 的青年农民选择在西部地区工作。有 13.66% 的青年农民家乡所在地为中部地区(山西、河南、安徽、湖北、江西、湖南、吉林、黑龙江),仅有5.9%的青年农民工工作所在地为中部地区。上述数据表明有部分青年农民工选择不在自己家乡所在地就业,而是到其他地方寻找更适合的就业机会。众所周知,我国西部和中部地区在经济条件、科教事业、公共基础设施等方面相对于东部地区而言较为落后,提供的工作岗位和就业机会相对不足,没能够充分满足当地青年农民的发展需要。而对于我国东部地区(北京、天津、河北、辽宁、上海、江苏、浙江、福建、山东、广东、海南)而言,仅有8.7%的青年农民家乡所在地为东部地区,高达32.61%的农民工工作所在地为东部地区,这一现象的形成与东部地区发达的经济密切相关。由于东部沿海城市经济发达、科技力量雄厚、工业产业园远远多于西部落后地区,东部地区能够为农民工提供更多的工作岗位和相对好的薪资待遇,因此吸引了大量的青年农民前往就业。此外,样本中的青年农民的家乡所在地和工作所在地不属于我国东部、中部、西部地区的占比分别是0.31%和2.17%,说明样本中绝大部分的青年农民工家乡所在地属于我国内陆地区,有极少数青年农民工在香港、澳门、台湾或者国外工作,这一现象与青年农民自身的文化水平、职业能力以及职业发展规划具有紧密的内在联系。

表4-1 样本中青年农民工的个人基本情况

调研内容	占比
性别	男(47.52%)女(52.48%)
年龄	20岁以下(4.66%)　　20—30岁(59.63%)　　31—41岁(35.71%)
文化程度	未上过学(0.93%)　　　　小学未毕业(2.17%) 小学毕业(3.73%)　　　　初中毕业(20.81%) 高中毕业(12.11%)　　　　中专、技校毕业(4.97%) 大专毕业(13.04%)　　　　本科毕业及以上(42.24%)
婚姻状况	未婚(56.52%)　已婚(39.44%)　离异(3.11%)　其他(0.93%)

如表4-1所示,本次调查获得的有效样本中,青年农民工男性的占比为47.52%,女性的占比为52.48%,虽然调查样本女性比男性多4.96%,但是二

者的人数差额不大,体现了样本中调查对象的男女比例较为合理。年龄在 20 岁以下占比为 4.66%,20 岁—30 岁占比为 59.63%,31—41 岁占比为 35.71%, 表明进入新时代,"90 后"青年农民工逐渐成为青年农民工的主力军,他们是促进我国各产业生产和发展的重要群体。

　　文化程度为未上过学占比为 0.93%,小学未毕业占比为 2.17%,小学毕业占比为 3.73%,初中毕业占比为 20.81%,高中毕业占比为 12.11%,中专、技校毕业占比为 4.97%, 大专毕业占比为 13.04%, 本科毕业及以上占比为 42.24%。根据数据得知,样本中约有 3/5 的青年农民文化程度低于本科,其中超过 2/5 的青年农民文化程度达到本科及以上,初中及以下学历的青年农民工占比接近 1/3,随着我国步入新时代,各行各业取得新进展、新突破,企业、工厂对受雇者的文化知识、职业技能的要求也不断提高,这就意味着青年农民工面临着新机遇和新挑战, 而文化程度会直接影响青年农民工对职业相关知识和技能的掌握程度,因此青年农民工需要不断提升文化水平,才能更好地适应职业发展的要求。

　　关于样本中青年农民工的婚姻状况, 未婚的青年农民工占样本总体的比例最高,达到了 56.52%,已婚的青年农民占比为 39.44%,由于各种原因导致离异的青年农民工有 3.11%,婚姻状态不同的青年农民工在精神生活方面的需求有所差异,在闲暇时间分配、工资薪水收支、行为习惯、社会认知等方面会存在较大的区别。

表 4-2　样本中青年农民工的个人平均月收入及外出打工时间分布状况

调研内容	占比	
个人平均月收入	1500 元及以下(16.15%)	1501—3000 元(19.57%)
	3001—5000 元(30.43%)	5000—10000 元(26.71%)
	10000 元以上(7.14%)	
外出打工时间	1—3 年(48.14%)	3—6 年(15.22%)
	6—9 年(12.11%)	9 年以上(24.53%)

工资收入是维持青年农民工日常生活的重要资金来源，工资收入高低会影响青年农民工的幸福感。根据《北京市人力资源和社会保障局关于调整北京市 2 最低工资标准的通知》，北京市每月最低工资标准不低于 2200 元。[①]根据调查数据显示，月收入在 3000 元及以上的有 64.28，％，其中 3001—5000 元有 30.43％，5000—10000 元有 26.71％，10000 元以上有 7.14％，由此可见，青年农民工在个人平均月收入方面总体上较为乐观，虽然平均月收入在 10000 元以上的青年农民工占比不多，但是大部分青年农民工的月均收入已超过北京最低工资标准，但是还有 16.15％的青年农民工平均月收入低于 1500 元。因此，如何提高低收入的青年农民工的薪资待遇是一个亟待解决的问题。

工作时间的长短与个人的受教育水平密切相关，一般而言，在同一个年龄段，受教育程度越高的人进入社会的时间相对比较迟，工作时间自然会少于受教育程度较低的人，但是不一定是打工时间越长薪资待遇就越高，还要具体到不同的企业类型、职业种类的情况进行具体分析。根据调查数据显示，样本中的青年农民工外出打工时间为 1—3 年占 48.14％，3—6 年占 15.22％，6—9 年占 12.11％，9 年以上占 24.53％，有三年以上和三年以下务工经验的青年农民工的比例相当。不可否认的是，随着青年农民工打工时间的增长，他们的工作经验、社会阅历和思维方式也会变得更加丰富和成熟。

二、当前青年农民工精神生活需求的现状

通过调研发现，当前青年农民工精神生活需求的现状总体呈现积极态势，但也存在一些突出问题。

[①] 2021 年北京市最低工资标准[EB/OL].中国工资网 2021-02-03.https://www.cnwage.com/min/1013.html.

（一）当前青年农民工精神生活需求总体呈现积极态势

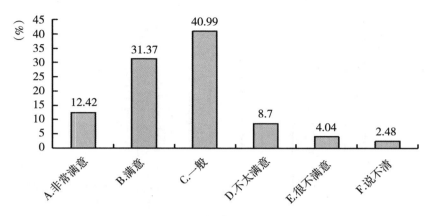

图 4-2 对自己的精神生活是否满意

精神生活是美好生活的重要体现。在调查中发现，大部分青年农民工对自己的精神生活需求呈现出积极的态势（如图 4-2 所示）。在调查的 1932 人中，对自己的精神生活表示"非常满意"的占了 12.42%，"满意"的则为31.37%，认为"一般"的有 40.99%，其余"不太满意""很不满意""说不清"的分别占比 8.7%、4.04%和 2.28%。由数据反映的情况可知，当前青年农民工对自己的精神生活大部分是处于满意的状态，也从侧面说明了当前我国的精神文明建设在青年农民工群体中取得了不错的成绩，总体来说这个趋势是比较令人满意的，但是也同样存在需要继续改进和完善之处。比如，对自己的精神生活需求认为"一般"和"说不清"的人数仍然较多，这是一个处于满意与非满意的中间群体，他们可能会在未来的生活中滑向两端。因此，如何满足这部分中间群体的精神生活需求是一个需要重点思考的问题。另外，"不太满意"和"很不满意"这两个一共占比 12.74%，这部分群体当前对自己的精神生活需求呈现出不满意的状态，人数虽然占比较少，但也是今后需要关注的对象，新时代青年农民工的精神生活需求的整体态势关系到新时代主要矛盾的全面解决。

1.对新知识新理念的渴望较为强烈

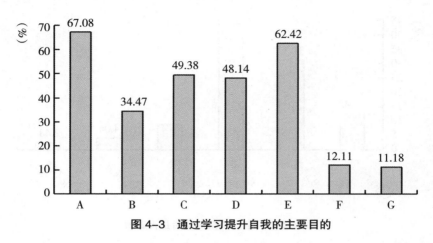

图4-3 通过学习提升自我的主要目的

A.更新知识 B.获取学历文凭 C.职位晋升 D.赢得社会和亲友的尊重
E.当前所从事工作的需要 F.从众心理 G.其他

在对青年农民工学习目的调查中得知,当前青年农民工对新知识、新理念的渴望较为强烈(如图4-3所示)。在被调查对象中,当代青年农民工通过学习提升自我的主要目的有,"更新知识"占了总数的67.08%,"当前所从事工作的需要"占了62.42%,这两个学习目的所占的人数最多,体现了青年农民工对新知识的渴望以及对所在工作岗位的认真负责。而"获取学历文凭""职位晋升"和"赢得社会和亲友的尊重"则分别占比34.47%、49.38%和48.14%,此外,学习目的中占比最少的则是"从众心理"和"其他",分别占比为12.11%和11.18%。从调查数据反映的整体情况而言,青年农民工通过学习提升自我的主要目的各有不同,但也有相似之处,都呈现出对新知识新理念的渴望较为强烈,这是值得肯定的地方。但与此同时,在数据中我们可以看到,当代青年农民工的学习目的中处于被动学习的也占了很大部分,比如"当前所从事工作的需要""职位晋升""从众心理""赢得社会和亲友的尊重"

等学习目的,可以看出,青年农民工对学习的需要在一定程度是由于外在的压力与环境的需求而引发的需要,但不管动机如何,青年农民工渴望通过学习来提升自我,对新知识的学习表现较为强烈,需要为他们提供良好的学习机会和学习场所。

　　2.对稳定幸福的情感需求较为强烈

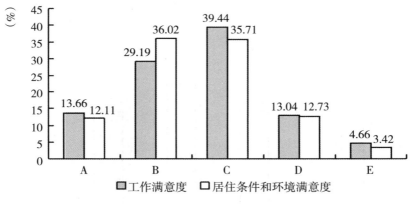

图4-4　对现在的工作、居住条件和环境的满意度

A.很满意　　　B.基本满意　　　C.一般　　　D.不太满意　　　E.很不满意

　　在对青年农民工现在的工作、居住地方的条件和环境满意度的调查中,我们发现当代青年农民工对稳定幸福的情感需求较为强烈。首先表现在对现有工作的满意度(如图 4-4 所示)。他们对现有工作表示"很满意"的占比13.66%,认为"基本满意"的占比29.19%,两项的总和占比为42.85%,说明在调查对象中,近乎一半的人对现有的工作是处于相对满意的状态;而对现有工作满意度为"一般"的则占比39.44%,说明这部分群体的工作满意度还有待提升;除此以外,对工作"不太满意"占比13.04%,"很不满意"占比4.66%,虽然这两个选项人数整体上占比最少,但是也从侧面说明当前还有一部分青年农民工对现有工作的满意度不高。其次表现在对所居住地方的条件和环境满意度(如图 4-4 所示)。对居住地方认为"很满意"的占比为12.11%,

"基本满意"的占比为 36.02%,这两项对所居住地方的条件和环境表现出相对满意的占总数的 48.13%;对所居住地方的条件和环境满意度认为"一般"的占比 35.71%,"不太满意"的占 12.73%,"很不满意"的占 3.42%。工作、居住条件和环境等是青年农民工定义稳定和幸福的重要指标,也是反映青年农民工情感需求的重要表现。从调查数据中可以看到,工作的满意度、居住条件和环境的满意度这两者是相互关联的,它们是青年农民工在城市打拼、在城市生活所要安放的情感住所。

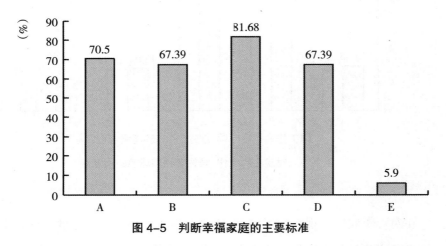

图 4-5 判断幸福家庭的主要标准

A.较高且稳定的收入　　B.较好的居住环境和设施　　C.和谐友善的家庭关系和氛围
D.子女身心健康成长　　E.其他

　　幸福家庭是影响青年农民工幸福指数的重要因素,因此也是精神生活需要的重要内容,每个人对幸福的定义不尽相同,因此在调查中我们可以看到当代青年农民工对幸福家庭的标准呈现出多元化的趋势(如图 4-5 所示)。在调查青年农民工对幸福家庭的判断标准时,认为"较高且稳定的收入"占比 70.5%,认为"较好的居住环境和设施"占比 67.39%,认为"和谐友善的家庭关系和氛围"占比 81.68%,认为"子女身心健康成长"占比 67.39%,"其他"选项中,认为"父母安康""婚姻幸福美满""自我感觉舒心"等也是幸福家庭的标准,这部分则占了总数的 5.9%。由此可以看出,当代青年农民工判断幸福家庭是角度是多维的,并不局限于稳定的收入和居住环境以及设施等物质层面,在家庭关系、子女身心健康等精神层面所占的比例同样也很高。稳定的收入、舒适的环境、良好的家庭氛围、子女的健康成长等这几个维度共同构成了幸福家庭的稳定根基,体现了新时代青年农民工对稳定幸福的需求较为强烈。

3.对生活的意义和超越性追求较高

表 4-3　样本中青年农民工的闲暇时间及闲暇娱乐活动分布状况

调研内容	占比	
每天除工作和睡觉以外的闲暇时间大概有多少	小于 2 小时(19.25%) 4~6 小时(18.32%)	2~4 小时(45.03%) 大于 6 小时(17.39%)
闲暇娱乐活动主要有哪些	打网络游戏(34.16%) 逛街、散步(46.89%) 外出聚会(31.37%) 健身运动(28.26%)	打牌、下棋、打麻将(20.5%) 看电视或电影(57.45%) 读书看报(23.29%) 其他(19.88%)

一个人每天闲暇时间的长短以及在闲暇时的活动一定程度上能够反映出他对何种生活意义的追求。在对青年农民工拥有闲暇时间的调查中我们得知(如表 4-3 所示),当代青年农民工每天除工作和睡觉以外的闲暇时间中,闲暇时间在 2~4 小时是最多的,这一选项占比 45.03%,其次是小于 2 个小时的,占 19.25%,第三是 4~6 小时,占 18.32%,最后则是大于 6 小时的,占17.39%。从整体来看,被调查的青年农民工的闲暇时间大部分在 2~4 个小时。在闲暇时间内的娱乐活动主要有以下这些:“看电视或电影”所占人数最为 57.45%;其次是“逛街、散步”的人数,为 46.89%;“打网络游戏”的有34.16%,“外出聚会”有 31.37%,剩下“健身运动”“读书看报”和“打牌、下棋、打麻将”分别占比 28.26%、23.29% 和 20.5%;而“其他”选项中表示闲暇时间用在“陪孩子”“做家务”“刷小视频”等则占了 19.88%。由此可以看出,当代青年农民工在闲暇时的娱乐活动比较多元和丰富,他们的喜好也符合青年群

体的特点,体现出这个群体对生活的意义和超越性追求较高。工作、休息、娱乐是构建美好生活中相辅相成的元素,不应顾此失彼,同时在调查中我们也发现大部分青年农民工的工作、休息、娱乐都安排得较为妥当,也可以从侧面反映出新时代青年农民工的自我意识、生活观念比较良好。

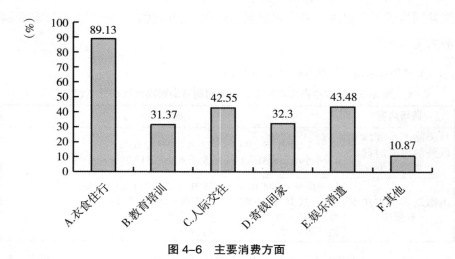

图4-6 主要消费方面

如图4-6所示,在"您的消费主要用于哪几个方面?"问题中,有89.13%的青年农民工表示其主要消费用于"衣食住行",这一选择位居消费行为的首位。其次,有43.48%的受访青年农民工表示"娱乐消遣"是其主要的消费选择,这一比重仅次于"衣食住行"消费。位于第三的消费支出是"人际交往",有42.55%的青年农民工选择了此项。而选择"寄钱回家"和"教育培训"的青年农民工人数不相上下,其百分比分别为32.3%和31.37%,位于第四和第五。除此之外,有10.87%的青年农民工有"其他"消费支出。可以看出,青年农民工作为农民工群体中的新生代表,进入城市生活和工作后,消费观念有了一定的变化,但其基本消费观念未发生明显变化,"衣食住行"的基本消费支出依旧占据主导位置,生活温饱是第一需求。同时,青年农民工也不再满足于基本的生存需求,在教育培训、人际交往、寄钱回家、娱乐消遣和其他消费支出方面表现出积极的消费需求,消费结构呈现多样化,对生活的意义有了多样性追求。

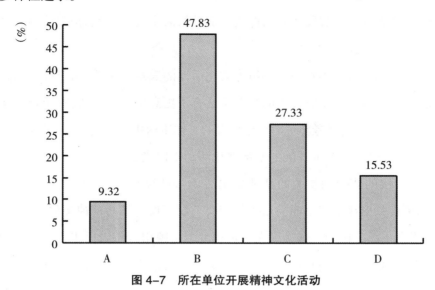

图 4-7　所在单位开展精神文化活动

A. 完全能够满足我的需要　　B. 基本能够满足我的需要
C. 不能满足我的需要　　　　D. 没有提供任何精神文化活动

　　如图 4-7 所示,当被问到"您所在工作单位开展的精神文化活动"是否能满足个体的精神文化需求时,47.83%的受访青年农民工表示"基本能够满足我的需要",对本单位的精神文化活动给予基本肯定,这一选择比重占据第一。有 27.33%的青年农民工否定了本单位开展的精神文化活动,提出"不能满足我的需要"的反对意见,这一选择比重占据第二。有 15.53%的青年农民工对本单位开展的精神文化活动表达了不满,指出"没有提供任何精神文化活动"的现实情况。仅有 9.32%的受访青年农民工完全满意所在单位开展的各项精神文化活动,认为"完全能够满足我的需要",这一排名处于位末。通过数据分析,我们发现,大部分工作单位的工作理念越发合理化和人性化,为青年农民工提供一定的工作岗位后,也逐渐开始注重青年农民工这一特殊群体的精神生活需求,让他们在辛勤工作之余,还有机会和时间去充实精神生活,帮助青年农民工更好的适应城市生活,尽可能地满足这一群体的物质需求和精神需求。但同时,仍有一小部分工作单位的工作理念未能与时俱进,没能看到青年农民工对精神文化活动的需求,也没能承担起培养和教育青年农民工的社会责任。

另一方面,从青年农民工对精神文化活动的满意度来看,由于基本的温饱需求已经实现,青年农民工的社会生活有了更高层次的需求,对精神文化活动也有了一定的思考与理解。在日常的工作生活中,青年农民工的精神文化需求可通过所在单位开展的精神文化活动得以满足,同时,他们也更能够明显和直接的感受到相关的精神文化活动与自身的精神生活需求的契合度,如调查数据显示,"不能满足我的需要""没有提供任何精神文化活动"占据了相当一部分比例,这实则在一定程度上反映出青年农民工积极向上的精神风貌,对自我发展和社会文化环境有客观且清晰的认知,对精神生活的需求较为强烈。

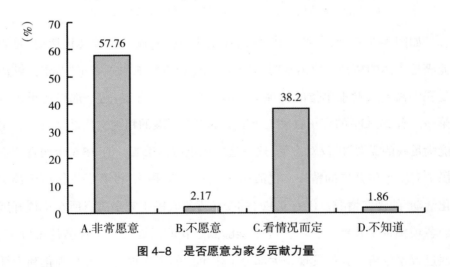

图 4-8　是否愿意为家乡贡献力量

青年农民工大多是"80 后""90 后"群体,他们身上既有着老一代农民工身上吃苦耐劳、埋头苦干的精神和心系家乡的情怀,又有着新时代青年群体心怀梦想、积极向上、积极参与政治生活的精神气质,展现出新时代青年农民工特有的精神风貌。因此,当被问到"在实施乡村振兴战略过程中,您是否愿意为家乡贡献自己的力量?"时,大部分青年农民工进行了肯定的回复(如图 4-8 所示),57.76%的青年农民工表示他们"非常愿意"参与到乡村振兴的伟大实践中, 非常愿意为家乡发展贡献出自己的一份力量;仅有 2.17%和1.86%的青年农民工选择了"不愿意"和"不知道"选项,反哺家乡意愿度低。这表明,即便青年农民工由于生活所需、工作要求和个人发展等原因离开家乡前往大城市生活或工作,但大部分人依旧心系家乡,关注家乡的发展与变化,也非常乐意在党中央的正确领导和重大工作部署下,积极参与乡村振兴的政治实践,以微薄之力助力家乡发展。

此外,也有一部分受访者在"是否愿意为家乡贡献力量"的选择上表现的较为犹豫,38.2%的青年农民工认为要"看情况而定",这表明当青年农民远离家乡,见识过城市生活的繁华与便利后,渴望融入城市生活,追求个人梦想,但同时他们对家乡又有深重的情感,这就导致了这部分青年农民工在"个人梦"与"乡村振兴"国家梦的思考上出现摇摆不定的局面。

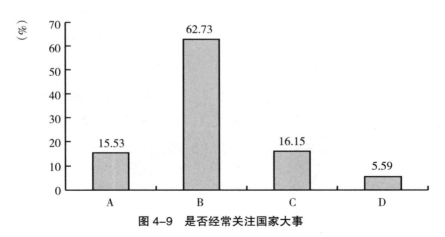

图 4-9 是否经常关注国家大事

A.十分关注　　B.更多关注一些热点、焦点问题
C.仅关注那些与自身利益相关的新闻和政策　　D.不关注

从青年农民工的成长环境来看，虽然他们从小生活在环境封闭、政治意识较为薄弱的农村地区，了解时事政治和国家大事的渠道较少，但随着科技日新月异的发展，青年农民工参与政治生活的途径增多，获取时政信息的渠道拓宽，新时代青年农民工的政治意识逐渐觉醒，开始积极参与政治生活，普遍关注国家大事。如图4-9所示，在问卷调查"您是否经常关注国家大事"问题中，15.53%的青年农民工"十分关注"国家大事，有着极高的政治关注意识，将个人前途与国家命运联系起来，积极参与到社会生活中。其中，有62.73%的青年农民工"更多关注一些热点、焦点问题"，由于成长环境和政治认知的局限，青年农民工对国家大事的认识往往停留于表面，但他们政治意识已经觉醒，已经明显察觉到了个人的切身利益与社会政治生活的关系与联系，因此，他们更多地通过关注社会热点和社会焦点问题的方式参与政治生活，并以此为途径为国家发展、社会建设与个人的政治参与需求发出自己的声音。

此外，有16.15%的青年农民工"仅关注那些与自身利益相关的新闻和政策"以及5.59%的青年农民工"不关注"国家大事，这一小部分受访者政治参与意识较低，更多关注自身利益，对国家大事表现得较为冷淡。这一小部分政治关注度较低的青年农民工一定程度上会受到同辈群体的影响，在日常生活、闲暇交流中逐步增强政治意识，主动参与到社会建设中。但从调查数据的总体情况来看，新时代青年农民工的政治意识已经逐步觉醒，对政治生活和政治参与的需求较为强烈，普遍关注国家大事，积极了解时政消息，政治表达欲望增强，对未来的政治生活期望值较强。

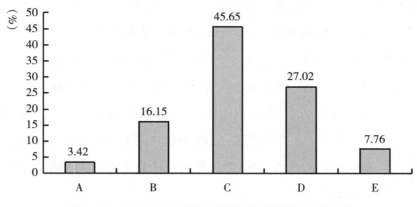

图 4-10　对于与中央精神、党的路线政策相违背的态度

A.全盘相信　B.部分相信　C.不相信　D.不相信并严肃纠正　E.与我无关

政治态度作为一种重要的政治心理现象,反映出"社会成员在社会生活中对国家、社会制度的认同,对政府的评价,以及对其自身在政治生活中的地位和作用的认识"①。青年农民工是社会生活的重要参与者,他们的身影遍布于各行各业,勤勤恳恳地做好本职工作,当社会生活中出现反党反社会言论、存在抨击社会时事政治的现象时,他们的政治态度总体端正,积极拥护党的领导,认同党的理论和方针政策。有 45.65% 的青年农民工面对与中央精神、党的路线政策相违背情况时的态度为"不相信",他们坚决拥护党的正确领导,维护国家利益,表现出坚定的政治立场。有 27.02% 的青年农民工的政治态度为"不相信并严肃纠正",在大是大非和政治生活中不仅表现出明确的政治立场,还身体力行的与有违国家发展战略、扰乱社会秩序、动摇个人理想信念的不法行为做斗争,展现出新时代青年农民工的时代担当与责任自觉。

同时,也有少数青年农民工由于受自身政治素养和文化水平的限制,明

① 范雷:《80 后的政治态度——目前中国人政治态度的代际比较》,《江苏社会科学》,2012 第 3 期,第 54-62 页。

辨是非能力不强,共产主义信仰淡薄。其中,3.42%的受访青年农民工"全盘相信"有违国家发展的观念,16.15%的受访青年农民工表示他们会"部分相信",还有7.76%的青年农民工认为"与我无关",这一部分青年农民工在受访中的政治态度较为消极,理想信念模糊,对国家制度、国家道路认同感不高。虽然这部分受访者的人数不多,但同样是政治生活的重要参与者、社会事业的有力建设者,我们必须加强对这一小部分群体的关注与教育,提高他们的政治素养,端正他们的政治态度,增强他们对社会主义的认同感,进而引导他们参与到"中国梦"的伟大事业中。

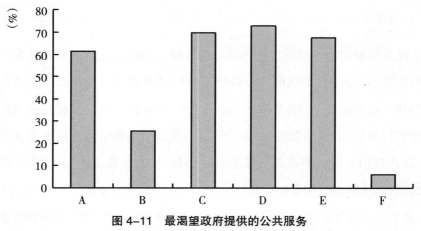

图4-11 最渴望政府提供的公共服务

A.就业培训,提高自身技能 　B.户籍改革,变成市民 　C.住房保障,乐于安居
D.医疗保障,方便看病 　　　E.子女义务教育 　　　　F.其他服务

　　青年农民工离开农村前往城市谋饭碗谋生存谋事业,他们见证了城市的繁华与便利后,更加明显的意识到自身作为"外来者"在城市生活的诸多不便,在心理上产生落差感。随着他们个人阅历的增加和知识水平的提升,这一群体更加关注自身的利益,同时也希望当地政府为他们提供多种社会公共服务,以帮助他们更好的发展。调查资料显示(如图4-11所示),青年农民工最渴望享受当地政府提供公共服务的前三项分别为"医疗保障,方便看

病""住房保障，乐于安居""子女义务教育"，所占比例依次为 72.67%、69.57%、67.39%，三项比例均超过一半以上。可以很明显的看出，青年农民工通过自身的辛勤工作，已经解决了自我的温饱问题，但青年农民工怀着希望拖家带口来到城市后，却因其"外来者"身份的限制，在就医、住房和子女教育问题上深受困扰，就医难、住房难、子女教育难的问题就像三座大山一样压在他们心头，这也成为新时代青年农民工融入城市生活的巨大鸿沟。

出乎意料的是，只有 25.47% 的青年农民工希望"户籍改革，变成市民"。大部分的青年农民工在城市生活过一段时间后，已经明显感受到城市与农村各方面的差异，他们向往城市生活，希望长期留在城市甚至定居城市，但我们也要看到新时代青年农民工身上的闪光点，他们正值青春年华，敢于拼搏又满怀信心，有着当下青年人共有的激情与热血，有着远大的人生目标和人生理想。政府通过"户籍改革"确实能让他们脱离"外来者"的身份限制，但这种政策改革对他们的影响意义并不大，勤劳苦干、脚踏实地、艰苦奋斗等思想早就刻在了他们灵魂深处，他们切实关注自身利益，感激政府和国家为他们提供的社会公共服务，也更愿意通过自己的双手去创造属于自己的幸福生活。

此外，对于"就业培训，提高自身技能"的需求也较为强烈，有 61.49% 的青年农民工对自我价值和人生价值有了更深刻的认知，他们迫切希望当代政府为他们提供就业培训服务，拥有一技之长，并在城市找到发展的空间与平台，从而实现自己的梦想与追求。结合对"子女义务教育"需求情况，我们发现，注重教育和自我提升是新时代青年农民工的一个显著特点，与老一辈追求养家糊口的"生存型"农民工不同，新时代青年农民工已经逐渐成长为"发展型"农民工。

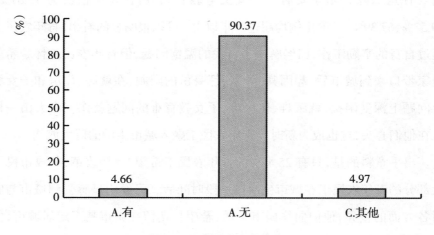

图 4-12　是否有宗教信仰

宗教信仰是一种特殊的社会意识形态和文化形态，是指信奉某种特定宗教的人群对诸如教义或信条等神圣对象所产生的崇拜认同以及坚定不移的信念，以及人们主要用以指导和规范自己在世俗社会行为的实践。在本次针对新时代青年农民工"是否具有宗教信仰"的调查项中，有 90.37% 的人"没有宗教信仰"，只有少部分人是"有宗教信仰"的，这部分所占据的比例为4.66%，4.97% 的青年农民工则选择了"其他"。调查数据表明，总体来说，新时代青年农民工没有宗教信仰，这部分人一般"不信教"，主张无神论。但以上数据也从侧面反映出，新时代的青年农民工在宗教信仰方面出现了多极化的倾向，少部分青年农民工有佛教信仰基督教信仰、伊斯兰教信仰等。此外，调查发现在新时代青年农民工群体中有一个普遍的现象，即他们不信仰宗教，但却表示积极地、坚定地拥护中国共产党的领导，认同党和国家的各种理论、路线、方针和政策，这是一种主流趋势。同时，少数新时代青年农民工因心理成熟度、受教育程度以及对新鲜事物接受度等的不同，容易受到当代资本主义政治、经济发展变化的影响，从而产生对西方政治文化、价值观念以及生活方式的盲目追求和向往，这必须引起重视、警觉，并加以防备。

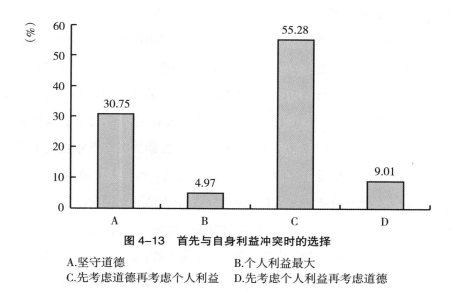

图 4-13 首先与自身利益冲突时的选择

A.坚守道德   B.个人利益最大
C.先考虑道德再考虑个人利益   D.先考虑个人利益再考虑道德

　　课题组调查"当道德与自身利益冲突时",有 30.75%的青年农民工选择会坚守住道德的底线,把道德放在第一位,这部分青年农民工具有极高的社会道德水平,一般是受过高等教育的青年农民工群体,他们能够严格地自我要求,并且拥护和遵守社会道德规范。同时,有将近半数以上的青年农民工在自身利益和社会道德发生矛盾时,会衡量两者之间的优选性,先考虑道德问题再考虑个人的利益,也就是说,他们能够在考虑自己所作出的行为或选择是否与社会道德规范相符合后再考虑自身的利益实现问题, 这部分人具有较强的社会道德意识;而差不多有一成,即 9.01%的人会先考虑自身的利益是否得到保障后再考虑道德问题,只有不到 5%的青年农民工在道德和个人利益发生冲突时会选择个人利益至上的做法,这部分人存在一定的"个人主义""利己主义"现象,虽然占据较小比例,但也应该引起关注和重视。由此看来,在此次调查中,青年农民工群体总体来说具有较强的社会道德意识和较高的道德水平。他们一定程度上能够正确处理社会道德与个人切身利益冲突的关系,而只有少部分人在面对利益冲突时容易受个人主观影响,优先

新时代青年农民工精神生活需求及价值引导研究

考虑个人利益的实现。

调查问卷有一题开放式题目是"您希望政府能在其他哪些方面为你们的精神生活需求提供更多的帮助？"青年农民工们给出了各式各样的回答，但总体来说主要可以归结为以下几方面。第一，提高工资收入和非工资性收入。一方面要提高青年农民工的基本工资收入和福利待遇，才能有效地提高青年农民工的劳动生产率和工作积极性。另一方面要提高青年农民工的非工资性收入。主要是通过多种方式扩大青年农民工的收入来源，不应仅局限于工资收入。这将使得青年农民工更加充分全面地分享国家经济的增长红利。同时不断加大再分配力度，有效保障青年农民工的劳动权益，使每一个青年农民工都能分到一块"蛋糕"。第二，更完善的、覆盖面更广的包括社会福利、社会救助等在内的社会保障体系的要求。例如，完善青年农民工在失业、工伤、残疾、贫困、疾病等风险方面的社会制度保障，同时积极发展青年农民工关于养老、托幼、助残等福利事业。第三，提供更具有针对性的、更符合实际的公共基础设施。这主要包括休闲娱乐设施、公共交通、医疗卫生服务设施等，同时应充分根据当地青年农民工社区所需提供必要的、符合实际的、利于青年农民工全面发展的其他公共基础设施等。第四，关于教育方面。首先，大力开展针对青年农民工的教育实践活动。主要包括两个方面。一方面，为青年农民工提供更大力度的教育培训机会，如职业技能培训、择业就业培训，使其有更多的学习机会，不断自我发展。另一方面，大力投入资金建设例如农家书屋、文化站等相类似的文化教育基地，为青年农民工提供免费的图书资源，使其具有更多的学习渠道，不断提升自身文化水平，同时适当开展针对青年农民工相关的素质拓展活动，不断丰富其内在精神世界。其次，教育资源要更均衡、更协调。例如要有效解决好进城务工青年农民工子女的入学、录取门槛的问题，以及青年农民工留守子女、留守老人的相关问题。最后，利用多种形式的、通俗易懂的语言，加强对青年农民工的文化教育宣讲力度。有相当一部分的青年农民工对于党和国家的理论、政策、方针等方面的了解有所欠缺,因此应该拓宽多种渠道,采用青年农民工喜闻乐见的方式对其进行宣讲教育,同时针对不同年龄、不同职业等群体有选择地传输相关对应内容,不断丰富其精神世界。除此之外,要求提供更多就业岗位、就业补贴,降低房价、提供更多的廉价住房或一定的住房补贴,放宽农民工的城市户籍门槛等,也是青年农民工对政府寻求支持的热切呼声。这反映出青年农民工对美好生活的需求不仅仅停留在客观的生活条件,更多对收入、教育、环境、健康、保障等方面提出诉求,这就要求政府应该想农民工之所想,应农民工之所求,真正做到"全心全意为人民服务"。

4.对社会信任和承认的需求日益强烈

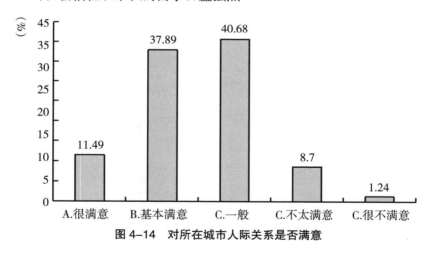

图4-14　对所在城市人际关系是否满意

人际关系主要包括家人关系、亲戚关系、邻里关系以及朋友关系等指标,同时,城市人际关系的满意程度与生活质量直接相关。当代社会人际关系在转型期发生了较大变化,主要是从传统的封闭稳固向开放松散这一趋势转变。当要求被调查者回答"对所在城市的人际关系的满意程度"这一项的时候,有11.49%的青年农民工表示对其很满意,从侧面可以反映出这部分人在交往过程中具有很强的人际交往能力,因此拥有较高的城市生活质量。

同时,有37.89%的青年农民工认为自己对所在城市的人际关系表示"基本满意",这部分人相对来说能够较好地适应城市的生活。此外,在本项调查中同样占据较大比例的是有40.68%的青年农民工对自己所在城市的人际关系持"一般"的态度。还有8.7%和1.24%的青年农民工分别表示,对所在城市的人际关系"不太满意"和"很不满意"。这部分人虽然比例不高,但反映出现代城市社会人与人之间的关系相较以往发生了微妙的变化,一定程度上对这一部分青年农民工自身的工作、生活等产生了负面作用。需要指出的是,现代城市社会的复杂、居住环境的改变、住房结构的设计、文化程度的差异、人们心理的转变以及交往中"防人"的传统观念等因素,对青年农民工自身的良好城市人际关系的顺利形成具有一定影响。

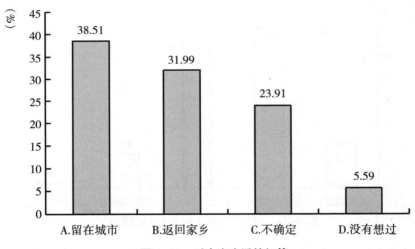

图4-15 对未来生活的打算

在针对青年农民工对"未来生活有何打算"这一调查项的时候,如图4-15所示,有38.51%的青年农民工选择留在城市生活,而相较之下选择"返回家乡"的青年农民工也不在少数,其所占比例与选择"留在城市"的比例较为相近,但选择留在城市继续打拼的人群则较之更多。这部分人一般在城市务工时间较长,对城市有较强的认同感,更期望能通过自己的长期努力从而在大城市拥有一份稳定的工作和体面的生活,再加上较之农村而言,城市的发展机会多、发展空间大、薪酬待遇高、务工环境好、权益有保障等,因此他们会更愿意留居在城市生活。而31.99%的青年农民工未来选择返乡,主要原因有两方面:一方面是大城市的生活节奏较快,长期以往给青年农民工带来了较大的经济压力、生活压力等,再加上不可避免的职业歧视、技能匮乏、户籍障碍等问题使得青年农民工难以真正融入城市社会,成为"城里人"。另一方面,在城市务工时间较长的青年农民工与家人聚少离多,传统的宗族和亲缘关系等使得青年农民工产生乡愁与归家之情, 加之近年来国家乡村振兴政策的实施,农村的发展前景良好等,多种因素影响下,他们更愿意返乡。应该指出的是, 在这其中也存在有部分愿意利用在城市获得的的技能与资金反哺家乡的乡贤人士。此外,将近四分之一的调查对象还不确定未来是选择继续留在城市生活亦或是返乡,这部分人对于未来是迷茫的,他们一方面留恋于城市的便利与繁华,另一方面又因各种主客观因素无法长久的久居于此,于是无法确定自己对未来的选择。而仅有5.59%的青年农民工还没有对未来生活进行认真地思考过,他们更倾向于活在当下,享受当下,而这一部分人大多是比较年轻的、刚进入城市务工的农民工群体。

5.对社会主义核心价值观的认识状况较为积极

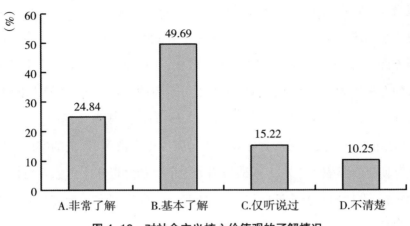

图 4-16　对社会主义核心价值观的了解情况

　　社会主义核心价值观是巩固全党全国各族人民团结奋斗以及为实现中国民族伟大复兴凝聚起中国力量的共同思想基础，也是社会主义中国主流价值的凝结和体现。如图 4-16 所示,在本次针对"青年农民工群体是否了解社会主义核心价值观"的调查中可以发现,有 24.84%的青年农民工对社会主义核心价值观是非常了解的，这部分人能够清楚地阐明和领悟社会主义核心价值观关于国家、社会以及个人三个层面的概念内涵和价值意蕴等。同时，有将近一半，即 49.69%的青年农民工表示基本了解社会主义核心价值观,这部分人占据的比例较大。"仅听说过"社会主义核心价值观的青年农民工比例为 15.22%，而对社会主义核心价值观"不清楚"的青年农民工占据10.25%的比例。综合以上的数据显示,尽管新时代的青年农民工对社会主义核心价值观的价值内涵和时代意蕴还存在着一知半解的情况,但总体来说,社会主义核心价值观在青年农民工群体中得到普及和传播的现象较为乐观。此外,不得不引起重视的是对于那些"仅听说过"甚至"不清楚"何为社会主义核心价值观、社会主义核心价值观以及社会主义核心价值观有何用的新时代青年农民工群体,有针对性地加强核心价值观教育、社会主义核心价值体系教育显得十分必要。总之,强化新时代青年农民工群体对社会主义核心价值观的价值认知，并使其形成社会主义核心价值认同和一定的价值情感,对于使青年农民工逐步养成正确且科学的价值观、人生观,以指导其自身的行为实践具有十分重要的意义。

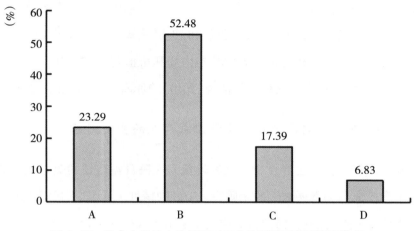

图 4-17　社会主义核心价值观对工作生活是否起到积极作用

A.起到很多积极作用　　　　　　B.起到一些积极作用
C.起到很少积极作用　　　　　　D.没有任何积极作用

社会主义核心价值观是凝聚中华民族的精神支柱，是引领中华民族成员实现国家富强、民族振兴、人民幸福的中国梦的行动向导,对建设民族精神家园、建设社会主义和谐社会以及丰富人们的精神世界具有基础性、决定性作用。当青年农民工被问及到"社会主义核心价值观是否对您的工作生活起到了积极作用"的时候,如图4-17所示,有23.29%的青年农民工认为社会主义核心价值观对其自身的工作和生活"起到很多积极作用",而有一半以上即52.48%的人则认为社会主义核心价值观只对其工作和生活"起到一些积极作用"。以上两者加起来共占75.77%,也就是说,超过四分之三的新时代青年农民工群体认为社会主义核心价值观对其目前生活各方面具有一定的积极意义。这就说明,社会主义核心价值观在大部分青年农民工观念里是对他们生活和工作起着积极性作用的。有17.39%的青年农民工表示,社会主义核心价值观对其本人的工作生活"起到很少的积极作用",而只有6.83%的人对社会主义核心价值观的积极作用持完全否定的态度,认为社会主义核心价值观"没有任何的积极作用",在调查中,甚至有少部分青年农民工表示,社会主义核心价值观"与我无关",这表明,目前国家还存在一定数量尚未形成对于社会主义核心价值观的价值意蕴的正确认知的青年农民工。这部分人主要是对社会主义核心价值观的基本内涵和价值意蕴缺乏深入、系统的了解,因此产生了社会主义核心价值观"无用"的片面认知,应当引起重视。

（二）当前青年农民工精神生活需求存在的突出问题

新时代我国社会主要矛盾"已经转化为人民日益增长的美好生活需要和不平衡不充分的发展之间的矛盾"[1]。美好的精神生活是"人民日益增长的美好生活"的重要体现。精神生活质量是衡量个人生活幸福指数的最重要指标。近些年以来,随着城乡之间发展差距在逐渐的减小,新一代的农民工,即青年农民工,不仅仅是关注工资福利待遇等物质方面的需求,他们也一直追求着精神生活的富足。

从总体来看,青年农民工对自己的精神生活都表现的较为乐观积极。在所调查的青年农民工中,12.42%的青年农民工对自己的精神生活表示"非常满意",31.37%表示"满意",40.99%表示"一般",三者加起来共占84.78%（见图4-2）。由此可见,多数青年农民工的精神生活质量较为乐观。但值得注意的是,调查中有8.7%的青年农民工表示不太满意自己的精神生活,甚至4.04%的表示很不满意自己的精神生活,还有2.48%的青年农民工表示说不清自己的精神生活状态。青年农民工是青年群体的重要组成部分。习近平指

---

① 《决胜全面建成小康社会 夺取新时代中国特色社会主义伟大胜利——习近平同志代表第十八届中央委员会向大会作的报告摘登》,《人民日报》,2017年10月19日第2版。

出,"青年一代的理想信念、精神状态、综合素质,是一个国家发展活力的重要体现,也是一个国家和谐的竞争力的重要因素"①,这一少部分的青年农民工的精神生活满意度极低,这不能不令人担忧。青年农民工对自身的精神生活质量不满,究其原因,不难发现,青年农民工的闲暇时间较少和闲暇娱乐活动价值层次低下是重要原因。

1.精神休闲需求依然停留在基础性层面

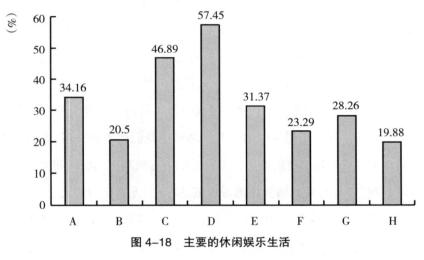

图 4-18　主要的休闲娱乐生活

A.打网络游戏　　B.打牌、下棋、打麻将　　C.逛街、散步　　D.看电视或电影
E.外出聚会　　　F.读书看报　　　　　　　G.健身运动　　　H.其他

在前面的调查数据可知,青年农民工的闲暇时间各不相同,但是绝大多数青年农民工都有超过两个小时的闲暇时间。问卷调查中,列举了多种具体的闲暇娱乐活动,比如有打网络游戏、打牌、下棋、打麻将、逛街、散步、看电视、外出聚会、读书看报、健身运动等。调查显示,在上述列举的活动中,每一项都占了不同程度的比例。可见,青年农民工在日常繁忙的工作之余,也会

_____

① 《习近平寄语青年 必将大有可为,也必将大有作为 》,《人民日报》(海外版),2019 年 04 月 30 日第 5 版。

积极参加各种娱乐活动放松自我。青年农民工的工作环境和生活环境较为单调,工作之余对社会信息时刻有着较强的好奇心和需求。因而,看电视或电影成了为青年农民工与外部世界相联系的不可或缺的方式,因而它在青年农民工的闲暇娱乐活动中占据了主导地位。调查显示,超过一半的青年农民工的闲暇娱乐活动为看电视或电影,具体占比为 57.45%。其次是逛街、散步,占比 46.89%。打网络游戏的比例也不低,占比为 34.16%。近年来,随着网络电子竞技活动的兴起,打网络游戏已经成为部分青年农民工的主要文娱活动。日渐丰富的文娱活动极大的丰富了青年农民工群体的精神生活。但也看出,青年农民工的闲暇娱乐活动更多的是倾向于娱乐消遣类型,而较少的参加有助于提升自身工作能力和专业知识提升的活动。调查显示,读书看报、健身运动所占比例远低于看电视或电影,所占百分比分别为 23.29%、28.26%。从青年农民工最常做的这几项活动中我们也不难发现,他们的闲暇娱乐活动均具有娱乐消遣的性质,没有意识去有效利用闲暇时间去提升自我和发展自我,青年农民工精神休闲需求依然存在"无聊化"和"无意义"现象。

青年农民工的消费方式在新时代趋向更加复杂化、城市化、现代化,总的来说就是消费类型多元化突显,基本支出占主导。如图 4-6 所示,在所有的消费支出类型中,排在第一位是衣食住行(89.13%)。不难看出,对于青年农民工而言,城市生活的基本支出依然是占据着青年农民工的消费主导地位,也侧面反映城市消费水平的高昂和青年农民工的生活压力大。相比于老一代农民工通过省吃俭用地寄钱回家这一消费方式相比,青年农民工对城市生活充满好奇心和新鲜感,有着强烈的消费冲动,更多的是通过消费的方式去感受和适应城市生活。调查显示,青年农民工用于娱乐消遣和人际交往的分别占比 43.48%、42.55%。虽然青年农民工的消费支出更多的是用在自己身上,但是他们并没有完全的不顾家庭,也会把部分工资寄回家里。调查中寄钱回家的占的百分比为 32.30%,不难理解,青年农民工独特的消费模式源自于他们只身漂泊在外,只有照顾好自己才能让家人放心,因而会相应增加用于自身的消费,而相应地减少了补贴家里费用和其他费用。

教育培训是提升青年农民工的知识水平和技能知识的重要途径,对他们的可持续发展和生涯规划具有重大意义。调查显示,有31.37%的青年农民工表示消费支出也用在了教育培训上。可见,青年农民工是一个思维比较活跃和积极向上的群体,可以直接接触到城市人的生活方式,经常可以了解和掌握社会发展的前沿动态信息的群体,对接受新的科学文化知识和专业知识表现出极大的积极性和热情,也注重自身素养的意愿的提升。综上所述,当前,以"偏重于以自我为中心"的消费模式是当前青年农民工的消费突出特点。

2.身份认同需求存在心理冲突

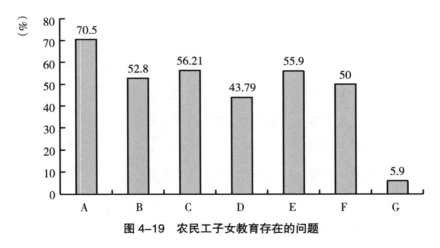

图 4-19　农民工子女教育存在的问题

A.受教育机会不平等　　　　B.公办学校高额的借读费和赞助费
C.民办农民工子女学校教学条件差　　D.受城市学生歧视排挤
E.农民工子女的户籍问题　　F.政府对农民工子弟学校的帮扶和监管力度不够
G.其他

国务院原总理李克强指出,"机会公平中,教育公平是最大的公平"。当前社会中存在着种种的不公平现象,例如收入分配不公、城乡发展不平衡、产业发展不平衡等等。其中,教育不公平是最大的不公平。与老一代农民工不同,青年农民工群体的诉求发生了很大的变化。他们一方面在渴望自身得到城市的认同和接纳的同时,也希望自己子女在其学习和生活上得到同城市人同等的待遇和帮助。正所谓,"再苦不能苦孩子,再穷不能穷教育"。根据前文在调查"最渴望政府提供的公共服务"时,有67.39%选择了"子女义务教育",可见青年农民工对当前子女教育公平的问题非常关注,且认为自己子女没有很好享受到公平的教育资源。

根据图4-19呈现的数据,可见在青年农民工的观念里,子女教育最大的问题就是受教育机会不平等,具体表现在受教育起点上的机会的不平等、受教育过程上的机会不平等和受教育结果上的机会不平等,具体占比为70.5%。另外,青年农民工对公办学校高额下的借读费和赞助费、民办农民工子女教育学校教学条件差、受城市学生歧视排挤、农民工子女的户籍问题、政府对农民工子弟学校的帮扶和监管力度不够以及其他等问题的反映也异常强烈,所占百分比分别为52.8%、56.21%、43.79%、55.9%、50.0%、5.9%。从数据中我们可以感受到青年农民工在子女教育方面的强烈反映和迫切需要。青年农民工在城市工作和生活,想获得城市的认可,得到"市民"的身份认同和社会融合,工作压力和心理压力都比较大。出于"代偿"转移心理,青年农民工寄厚望于子女一代,希望子女可以接受最好的教育。但是由于城乡户籍限制等因素阻碍,其子女的成长与教育也受到了不同程度的影响和限制。这些问题同时压在青年农民工的身上,使得他们在城市继续生存和发展面临的"进退两难"的困境,无形之中对社会尊重和关怀需求感到无比的失落。可见,解决青年农民工的子女教育问题、实现教育公平化,是满足青年农民工精神生活需求、更好地为他们找到心理平衡和心理归依的重要条件。

3.社会尊重和关怀需求的失落

良好的人际关系是人与人之间的"黏合剂",是社会向前发展的"助推剂"。青年农民工作为一个外来的务工人员，其人际关系不仅涉及与上下级、同事以及服务对象之间的关系，也包括日常生活中接触到的或者网络上所接触到的庞大群体。

青年农民工对其在城市交往关系的满意度调查中，有 40.68%的青年农民工对自己所在城市的人际关系持"一般"的态度，这个数据在本项调查中占据较大比例；有 8.7%和 1.24%的青年农民工分别表示，对所在城市的人际关系"不太满意"和"很不满意"。青年农民工对周围人际关系的满意度受多方面的因素的影响，如闲暇时间少、闲暇活动价值不明、无法适应城市的工作方式和生活习惯。青年农民工大部分从小生活在农村，而农村和城市最大的区别就是人际关系和人际关系规则的不同。在农村祖祖辈辈生活在一起，邻里关系大多都是亲戚或者亲属关系，对彼此的实际情况比较熟悉，生活上相互关心、相互协助、相互体谅、和睦相处。在城市里，所接触到的人来自全国各地，有民族、方言、生活习惯等差异，加上聚集在一起的机会比较少，导致了解彼此不够，青年农民工由于自身的原因也不会主动去构建人际关系，造成人与人之间感情淡漠。与农村的和谐氛围相比，青年农民工会感觉自身被社会尊重得不够，关怀需求得不到很好的满足，进而产生被歧视感、排斥感、孤独感和失落感。

4.获得感和归属感的缺失

如图 4-15 所示，在对未来怎么打算的这个问题上，有 38.51%的青年农民工表示继续留在城市，有 31.99%的青年农民工表示选择返回家乡，有 23.91%和 5.59%的青年农民工目前尚未确定或者没有想过在未来是选择继续留在城市还是返回家乡。青年农民工相对于老一代农民工而言，他们文化程度更高，而且已经基本适应城市的工作方式和生活习惯，应该更有意愿融入城市生活，但从调研数据看，愿意留在城市的比例还不算太高，这表明青年农民工对自己所在的城市满意度不够，从上面的数据和分析中可以看到，青年农民工对所在城市的环境、教育、收入、人际关系等方面还不是太满意，觉得自己被社会关注和关心得不够，虽身在城市但被"标签化""边缘化"的现象依然存在，虽努力工作但在城市的获得感和归属感还不够，在城市打拼多年也没有觉得自己是城市的一份子，甚至部分青年农民工想着孩子有工作以后自己就立即回乡，不愿多待在城里一天。这一定程度反映城市对青年农民工的包容和给予远远不够，要更关注青年农民工精神层面的需求，让他们在城市打拼中能找到一份真正的安全感和归属感。

第五章　新时代青年农民工精神生活需求主要问题的多维成因

　　新时代青年农民工精神生活需求仍然面临着一系列的问题，这些异化了的、或者说存在问题的精神生活需求在很大程度上有着其特定的社会根源，与其教育程度、生存境遇、社会交往、网络自媒体使用等密切相关，对青年农民工精神生活需求问题的原因和根源分析，有助于为有效引导新时代青年农民工的精神生活需求、化解青年农民工精神生活需求存在的异化问题提供可靠方案和现实对策。

一、市场经济背景下资本逻辑的负效应影响

　　改革开放后，市场经济逐渐被引入中国，纳入社会主义制度体系下，成为推动生产力迅速发展的重要制度因素和动力因素，而资本逻辑作为市场经济的主导逻辑，从马克思对资本逻辑的批判中就可以明晰，资本逻辑是一种追求资本增殖的内在逻辑，它主导的一切活动都是以逐利为目标的，因而资本逻辑一方面能够最大程度地激发生产技术的改革与创新，进而推动社

会生产力的迅速提升,但另一方面,资本逻辑主导下市场经济的迅速发展也带来了一系列的异化现象,人们的日常生活被资本逻辑所操纵,逐利不仅成为商业活动的目的,而且成为精神文化领域活动的目的,人们精神文化需求也呈现出异化状态。青年农民工群体从出生到成长都受到了市场经济这个大社会背景的影响,其物质生活需要、精神生活需求乃至生活的方方面面都被打上了"资本"的烙印。

（一）资本逻辑制造的消费意识形态幻象深刻影响着青年农民工的消费倾向

新时代,伴随着市场经济的迅速发展,资本逻辑主导下商品的生产、流通和消费不断呈现出加速的趋势,在资本逐利本性的驱动下,消费主义意识形态不断在广告营销中、自媒体平台中被营建和传播,人们的虚假欲望不断被激发,并且通过物质消费的方式来被虚假满足,正如有学者指出的:"消费主义是资本逻辑的内生性产物。……消费主义的真正内核是,资本逻辑为美好生活树立起虚假的、片面的评判标准,扭曲了一些人的生活观念,即人们的真实需要完全被消费欲望所取代。"[①]人们关于消费的观念不断被扭曲和转换,虚假欲望掩盖了真实需要成为人们日常生活的主旋律,而且在自媒体时代,这种错误的消费观念还借助自媒体平台的信息传播优势不断在被再生产、制造和传播,在社会成员之间形成广泛传染之势,造成人们错误地把大量的物质购买和消费误认为美好生活的追寻。同时,电子货币推动了货币的符号化发展,使得消费更加方便、简易,激发了人们的消费欲望,网络消费和电子货币的盛行也助推了消费主义的发展,这种资本逻辑主导下消费主义意识形态的盛行也深刻影响着青年农民工的消费观念和消费心理。

---

① 刘怀玉:《警惕消费主义营造的美好幻象》,《人民论坛》,2019 年第 35 期,第 44-45 页。

青年农民工在农村成长，但为了工作机会和挣钱养家又必须从农村走出去到城市打工，而城市相对于农村的物质丰盛则会对他们产生强大的冲击，城市里丰盛的物资、琳琅满目的商品、各色各样的消费品都会给青年农民工群体带来思想冲击，而区别于老一辈农民工不会操作和使用手机、电脑等设备，青年农民工则会熟练操作各种常用的电子设备，在城市中由于耳濡目染各种资本逻辑主导下营建的消费主义幻象，深受其影响会激发潜藏内心深处的消费欲望，进而容易引起青年农民工的精神生活需求的变异。

其一，青年农民工消费欲望的不断激发和膨胀，物质满足需要掩盖了精神生活需求。相较于物品匮乏的农村，青年农民工进入城市工作后会被丰盛的物资所吸引，他们一方面会惊叹于城市丰富多样的商品类型和各式各类的消费品，每当遇到各种新鲜的消费品和新奇的商品，或者看到别人的消费，便会产生向往和迷恋；另一方面，他们会容易被消费主义意识形态所俘获，在各类广告的宣传中、各类消费节日的诱惑下，选择拥抱商品、走向消费，一旦拥有一定的金钱，便会参与到城市消费中来。一般情况下，在理性主导下的合理消费以及对于生活必需品的消费并不会引起消费异化，但是在资本逻辑制造的意识形态幻象下，青年农民工本就脆弱的消费观念容易被摧毁，被吞入消费主义的大潮中，沉迷于物欲中不能自拔，而精神生活需求也容易沦为物质消费的附庸。

其二，异化了的消费欲望成为青年农民工精神生活需求的核心内容。在消费主义的影响下，青年农民工在城市生活中容易将物质消费欲望视为生活的主要内容，物质欲望也取代其他精神生活需求成为主要内容，在资本逻辑的操纵下，现代人容易产生夸耀性消费、奢侈品消费和过度消费等情况，特别是青年农民工群体，由于从农村进入城市，缺乏身份认同感和内心深处的自卑都容易引起他们以炫耀性消费的方式来弥补，加强物质消费成为他们进行心理补偿的重要内容，因为在错误的消费观念主导下，他们会将炫耀性消费和奢侈品消费误认为身份的象征、地位的彰显、身份融入的标志等，因而以消费欲望的激发和满足来替代精神生活需求的形成和满足，同样，奢侈消费、过度消费也被他们误认为是美好生活的象征和标志，而在消费欲望的抑制下，精神生活需求也因此变得功利化、空虚化和物质化，而真实的精神生活需求则被掩盖和隐藏了。以近年来出现的各种事件为例，有些青年农民工陷入网络贷款不能自拔，以超前的借贷消费来满足自身的物质欲望，最终走向了不可挽回的道路。可见，消费欲望的膨胀和异化逐渐压制和替代了青年农民工正常的精神生活需求，也引起他们精神生活需求的变异和虚化。

（二）市场经济中资本拜物教对青年农民工思想的操纵与奴役

早在马克思所处的年代，马克思就深刻地揭示和批判了资本主义社会所引发的商品拜物教、货币拜物教和资本拜物教现象。改革开放以来，市场经济在我国迅速发展，而伴随着资本的引进和发展，资本主义社会的部分现象也在我国泛起，其中，资本拜物教现象则是其重要内容和表现，为理解这种现象，必须以马克思对资本拜物教的批判为理论基础，马克思曾深刻地揭示了资本拜物教的产生过程和发展趋向。其一，商品拜物教。拜物教的最初形态是商品拜物教，在马克思看来，劳动的异化发展是引起商品拜物教的起因，而商品本来是作为人与人之间社会关系的一种反映，但是在资本主义社会条件下却被掩盖和遮蔽成物的关系，"在商品世界里，人手的产物也是这样，我把这叫作拜物教"①商品在表面上看上去平淡无奇，但却"充满了形而上学的微妙和神学的怪诞"②。商品本身只是具有使用价值的产品，但是一旦进入流通领域，成为可以交换的物品，便被赋予了"神性"，人们趋之若鹜，人们渴望得到商品。

---

① 《马克思恩格斯文集》(第5卷)，人民出版社，2009年版，第90页。
② 《马克思恩格斯文集》(第5卷)，人民出版社，2009年版，第88页。

其二,货币拜物教。货币拜物教的产生也是根源于资本主义私有制,人们把生产出来的劳动产品与货币挂钩,劳动产品能否兑换成相应的货币,成为劳动产品价值的依据和标准,因而,货币似乎成为衡量商品价值的唯一标准,人们起初对于商品的崇拜也转化成对于货币的崇拜,"因此,货币拜物教的谜就是商品拜物教的谜,只不过变得明显了,耀眼了"①。货币成为人们崇拜的对象,获得更多的货币也成为人们从事生产劳动的目标。

其三,资本拜物教。在前两者的基础上,资本逐渐演化成人们的新的崇拜对象,资本拜物教也是最新形式的拜物教形式,因为"他们意识到,放在钱柜里的资本是死的,而流通中的资本会不断增殖"②。商品和货币作为实物,他们是"死的"物品,而只有流动起来的资本才能实现不断地自我增殖,因而资本也被赋予了神奇的魔力,被人们崇拜和向往,"资本的价值增殖本来是通过工人创造剩余价值实现的,但是很多人认为是资本本身即物本身所带来的,资本好像具有一种魔力,这就是资本拜物教"③。资本成为资本主义社会下主宰人们的神奇力量,人们对其崇拜和追寻也不断加强。在马克思看来,资本拜物教是资本主义社会拜物教的最高形态。

国外马克思主义学者依据现代以来的新变化,还提出了符号拜物教理论,这种拜物教理论虽然不一定正确,但是也值得我们作批判性分析,"符号拜物教与商品拜物教、货币拜物教、资本拜物教的区别在于,统治人的力量从物转向了符码(内蕴意义逻辑的符号体系),即,人们由对物的崇拜转变为对符码的崇拜"④。也就是说,符号体系成为主宰人们的统治力量,人们开始

---

① 《马克思恩格斯文集》(第5卷),人民出版社,2009年版,第113页。
② 《马克思恩格斯文集》(第1卷),人民出版社,2009年版,第56页。
③ 贾淑品:《马克思拜物教思想与劳动异化理论的历史与逻辑》,《上海师范大学学报》(哲学社会科学版),2019年第4期,第18页。
④ 范宝舟、董志芯:《符号拜物教的表现形式及精神异化特质探析》,《世界哲学》,2019年第1期,第18页。

崇拜符号体系，而且这种符号统治还会深入人的精神领域，统摄、俘获和征服人们的内心和思想，造成人们的精神异化发展，意象、景观和能指等构建的符号世界统治了人们的现实生活世界，人们在不断追寻和崇拜中失去自我、沉浸其中。总之，在资本逻辑的主导下，各种拜物教主宰了人们的生活，引起人们的生活异化和精神异化，青年农民工由于身处市场经济的大潮下，必不可少地会受到市场经济和资本逻辑的负面影响，各种拜物教现象也在青年农民工身上凸显。

新时代，青年农民工从农村走向城市，在城市发达的市场经济背景下生存和发展，其价值判断能力、理性思考能力都较弱，很容易在资本逻辑的操纵下生成各种拜物教观念，其一，青年农民工容易形成商品拜物教观念。在商品相对匮乏的农村地区走向物资丰盛的城市，青年农民工面临的是巨大的视觉冲击和心理冲击，而在资本逻辑操纵的商品诱惑下，商品不仅具有使用价值和交换价值，甚至也成为身份的象征，青年农民工虽然收入有限，但是对各种高档的消费品、奢侈品的崇拜和追求却日益增强，特别是各种传统节假日期间，各种攀比消费、奢侈品消费似乎成为他们回乡、回农村的身份象征。总之，对于青年农民工而言，他们对于商品的追求和崇拜，主要是对其象征价值的崇拜，而不是对其使用价值的追求。

其二，青年农民工容易生成货币拜物教观念。市场经济条件下，货币被赋予了神奇的魅力，它可以购买任何进入市场流通领域的商品，也会带来身份和地位等象征价值，金钱万能的观念逐渐深入人心，类似"金钱不是万能的，没有金钱是万万不能的"等金钱崇拜话语流行于日常生活中，青年农民工在这种氛围的耳濡目染之下，必然也会形成崇拜金钱、崇拜货币的观念，货币拜物教一方面表现为穷尽各种工作手段来"挣钱"，由于自身的技能有限，他们通过自身的劳动来获取相应的报酬较低，有部分甚至走上违法犯罪道路，沦为了货币的附庸，"金钱"似乎成为他们生活的唯一目的。另一方面，在对货币的膜拜中,他们容易放弃精神文化层面的追求,沉浸于金钱的追求中不能自拔,思想境界和道德文化也长期停留于较低层次。

其三,青年农民工还容易被符号拜物教所俘获和操纵。市场经济下,资本为实现逐利的目的,制造着各种节日仪式,以仪式操演捆绑商品消费的方式来加速资本的循环,因而各种节日仪式、生活仪式被赋予了特殊的意义和象征,而青年农民工在城市的工作和生活中就容易受到这些意识形态幻象的影响,追求各种仪式,在恋爱、工作与生活中,不顾财力、精力的限制,盲目追求各种仪式,形成了仪式崇拜,其本质就是鲍德里亚等人所说的符号拜物教,他们追求的并不是仪式本身,而是仪式背后的符号意义和象征价值,譬如当前社会各种情人节的仪式、各种传统节日的仪式、引进的西方节日的仪式等。同时,青年农民工还会追求各种象征符号,如各种名牌包包、品牌衣物等。总之,在"仪式感"的追寻下,他们迷失在生活的各种仪式和符号中,崇拜着各种仪式符号、象征符号等。

（三）资本逻辑主导下传统文化的失范引起青年农民工精神领域的空虚与失落

青年农民工虽然成长于社会主义国家的沃土之上,但是由于农村地区的封闭性和传统性等原因,使得他们接受到的传统文化教育较多,这种代际传承的文化记忆深刻地影响着他们的言行举止和价值观,也会在青年农民工进城的过程中被带进城市,但是,传统文化在城市的传承却往往遭受到了资本逻辑的操纵,成为资本逻辑实现增殖的工具和手段,这种二元反差往往会对青年农民工造成思想冲击,引起他们精神领域的空虚感和失落感。那么,资本逻辑主导下传统文化究竟呈现出怎样的发展态势呢?正如布尔迪厄指出的：“文化商品既可以呈现物质性的一面，又可以象征性地呈现出来。”[①]文化一旦被生产为商品，它就具有经济和精神两种属性，对于传统文化的发展亦是如此，传统文化在资本逻辑的主导下不断被生产和再生产为商品，对于这种文化商品需要从两个方面来辩证分析，一方面，“资本逻辑介入传统文化之中，使传统文化的发展获得经济动力的支撑”[②]，商业资本的介入，使得传统文化发展拥有了大量的资金支持，可以使其得到延续和创新性发展，如近年来影视作品对传统文化的吸纳和创新，一些少数民族的文化仪式在资本的助推下被打造为旅游特色、纪念品等，还有部分民俗文化被物质化为各种产品得以储存和传承。但另一方面，资本的目的是盈利和获得剩余价值，资本只会越来越趋向于盈利高的文化产品和文化产业，通过流水线式的复制和生产来获取最大化的利益，而一些具有文化内涵的传统文化或因收益低、或因投入高、或因盈利周期长而被选择性放弃，这就会进一步造成文化产品的同质化发展，文化产品的精神内涵和文化意义则会逐渐式微，而其商品属性则不断提升，这对传统文化发展也是一种致命伤害。在新时代，我国传统文化的创新发展则面临着这种困境，对于进城的青年农民工而言，在传统文化较熏陶下成长的他们遭遇城市中传统文化的失范发展，会产生相应的文化失落感。

在商业经济和资本逻辑的演绎和操纵下，传统文化容易被肢解和异化发展，成为商业目的和资本增殖的工具和噱头，青年农民工群体面对这种传统文化的失范状况，一方面会引起他们对传统文化的怀疑与自我否定，在农村地区长期的传统文化教育和文化氛围的熏陶下，青年农民工进入城市后，

---

① 包亚明主编：《文化资本与社会炼金术——布尔迪厄访谈录》，包亚明译，上海人民出版社，1997年，第266页。

② 薛永龙、吴学琴：《资本逻辑场域下传统文化的发展困境及出路》，《中国石油大学学报》（社会科学版），2018年第5期，第86页。

往往发现传统文化在商业资本的运作下已经成为盈利的工具和手段。以传统节日为例,在农村地区往往是走亲访友,亲人和朋友之间增进情感交流的文化传承,但是在城市中,往往就会成为资本的狂欢,各种商业噱头借此发挥,把节日变成各种无用的仪式、各种商品的消费等,这些都会让青年农民工群体无所适从,不知道究竟该如何对待传统文化,引起精神领域的文化失落感和空无感。另一方面,青年农民工面对这种文化发展境遇,要么产生对于城市文化、城市市场逻辑的抵制与反抗,要么就被资本逻辑所俘获,成为其新的附庸和崇拜者。但是,无论何种选择,都会对青年农民工带来负面影响,即对于精神生活需求的疑虑和彷徨,这种疑虑和彷徨会引起他们对是否需要精神生活、精神生活需要什么的内容、精神生活需求是否已经物质化等问题产生困惑,久而久之便会选择融入市场经济的"怀抱",成为资本逻辑的新附庸,抛弃传统文化赋予他们的道德精神、价值观念和文化素养,精神生活需求也会淹没在物质欲望的追求中。

（四）资本逻辑下精神产品供给的功利化取向影响青年农民工的精神生活需求

　　在市场经济背景下，精神文化产品的生产和再生产很容易受到资本逻辑的操纵,进而完全或部分地丧失其满足精神需求的功能,马克思曾在其生涯的早期就对此进行过批判性分析,一方面,他对作者为了私人利益进行的精神产品生产进行了批判,"作者当然必须挣钱才能生活,写作,但是他决不应该为了挣钱而生活,写作。……作者绝不把自己的作品看作手段。作品就是目的本身;无论对作者本人还是对其他人来说,作品都绝不是手段,所以,在必要时作者可以为了作品的生存而牺牲他自己的生存"①。也就是说,作者

---

① 《马克思恩格斯全集》(第1卷),人民出版社,1995年版,第192页。

通过精神产品的制作和生产获得一定的个人利益是无可厚非的，也是应当的。但是，如果作者颠倒了精神作品的手段与目的，把获得个人利益当做唯一的目的，而进行作品创作、精神产品生产只是为了获得利益，这样的精神作品生产已然变味，很容易沦为市场经济下资本逻辑的奴隶，而生产出来的精神产品也会呈现庸俗化、低级化趋向。另一方面，马克思还对商业资本参与精神产品的生产过程予以了揭露和批判，马克思认为："新闻出版的最主要的自由就在于不要成为一种行业。……当然，新闻出版也作为一种行业而存在，不过那已不是作者的事，而是出版商和书商的事了。"①因为在马克思看来，新闻出版一旦成为一个行业，它就会遵循市场的规律，沦为商业资本实现盈利的工具，而新闻出版的自由也就成为空谈，为了迎合市场的需要和符合商业资本盈利需求，新闻出版就会失去出版精神作品的自由，精神作品的生产也就沦为商业的附庸，人们接收到的精神产品也就不是自由出版的产品，而是资本逻辑下的商业产品。可见，马克思较早的看透并揭露了资本逻辑主导下精神产品生产的异化状况，这也对认识和分析当前我国市场经济条件下精神产品的生产具有批判性反思和理论透视的作用。

对于进城工作的青年农民工而言，他们接触到的精神文化产品往往是城市中最底层的、最通俗的，也处于城市发展中的文化边缘地带，这些精神文化产品往往是在资本逻辑主导下不断生产和再生产的娱乐化、庸俗化产品，这些产品迎合的是人们的低级趣味和通俗品味，其精神内核和文化营养往往不够，只适合于日常生活的娱乐。以当前市场经济条件下各式各样的网络小说、自媒体时代的短视频（抖音、内涵段子等）以及网络直播为例，其产品大多是为了迎合市场需求，追求个人利益，其精神产品形式也甚为粗糙，甚至在市场逐利驱动下，一些电影院的电影、电视剧都缺乏精神内核和思想能量，只是一味地迎合大众娱乐需求。而青年农民工由于身份地位、工作原

---

① 《马克思恩格斯全集》（第 1 卷），人民出版社，1995 年版，第 193 页。

因,往往接触的就是这些比较粗糙的精神文化产品,很难接触到诸如高等教育中涉及的理论知识和科学技术知识等精致产品, 在这些精神文化产品的熏陶下,部分青年农民工业也开始迎合市场需求和资本逻辑,进行一系列操作,如各种网络直播中出现的青年农民工身影,他们利用自己的工作地点为直播场域,进行网络展演和技艺展示,进而获得高额打赏。再如一些青年农民工拍摄抖音小视频,发布到平台来获得点赞和支持,久而久之,他们的精神生活需求就会停留和止步于这些低层次的文化内容,难以获得质的提升,精神生活需求的低俗化、娱乐化也会成为常态。

二、城乡二元结构负效应的存续

青年农民工是个特殊的社会群体,之所以特殊,是因为他们从农村地区成长却不得不转换时空场域,来到城市从事各种工作,需要适应城市的生活节奏和工作环境,然而我国在发展中长期形成的城乡二元结构所带来的负面效应,也会阻碍青年农民工融入城市生活的节奏,导致他们思想领域出现各种问题,进而引起他们精神生活需求的不良发展,城乡二元结构负效应的影响表现在多个方面,包括身份归属的彷徨、二元经济结构以及二元文化结构带来的问题等,这些对青年农民工的精神生活需求都产生了一定的消极影响。

(一)城乡时空二元生存结构引起青年农民工身份归属的精神彷徨

青年农民工从农村空间场域走向城市空间场域,不仅仅是地点的转化,而且也是身份的转化,"很多年轻人独自在城市里闯荡, 他们觉得没有归属感,主要是感情没有寄托,有一种人和感情都在城市上空漂泊的感觉"[1],他们

---

① 张璇:《新生代农民工精神需要问题探析》,河北师范大学博士学位论文,2012 年,第 16 页。

从乡土的熟人社会走向城市的陌生人社会，从事着城市中一些边缘化的工作，如工地上的工人、快递小哥、外卖小哥、餐馆服务员等，这些边缘化的工作也意味着他们身份的被边缘化。而对于青年农民工自身而言，身份的认同和心灵的归属问题则成为影响他们精神生活需求的重要原因。其一，农村的熟人社会赋予了青年农民工以明确的道德身份，而在城市的陌生人社会中，道德身份的不明确不断触发着青年农民工的道德底线。正如有学者指出的："流动农民工从农村向城市涌入的过程中，其道德意识、道德标准、道德内容都逐渐发生变化，这三个方面都不同程度影响着农民工的城市认同。"①青年农民工成长于农村地区，他们受到了传统熟人社会的道德教育和道德文化熏陶，因而他们的道德认知和道德判断是基于这种熟人社会而生成的，但一旦深入城市工作，就会颠覆他们的道德认知，城市陌生人社会的交往关系会不断刷新他们对于道德底线的认知，而道德身份的转换或者变化，也会影响他们对于精神生活需求的认知。城市中经常会出现不守信、不道德行为，在自身遭受道德欺诈和不道德行为后，他们也会相应地降低自身的道德标准，进而在选择精神文化产品时也会呈现出道德标准降低的现象，以低标准的精神文化产品来满足自身的精神生活需求，这也是二元道德身份张力产生的消极后果，道德认同和道德归属问题会带来精神生活需求的不良取向。

其二，政治身份的二元张力导致青年农民工对政治知识需求的冷漠。政治信息、政治文化以及政治知识都是新时代公民精神生活需求的重要内容，而对于青年农民工来说，城乡二元结构带来的政治身份的不明确也引起他们广泛的政治冷漠，对政治漠不关心、认为政治乏味则是他们的常态思想。在农村地区成长时，他们大多数还是未成年人，对于政治的参与也由于年龄限制而未能进行，而到了城市工作后，他们逐渐成为成年人，但是由于身份

① 伍麟、曾胜:《青年农民工城市认同的道德冲击》,《青海社会科学》2019年第4期,第133页。

的限制,他们在城市中并不能找到归属感和参与感,也缺少政治参与路径。虽然自媒体时代的微信、微博等途径提供了政治参与的发声途径,但是长期处于边缘身份的青年农民工群体对于政治信息的敏感性较弱、对于政治文化和知识的需求程度较低,这些都决定了青年农民工精神生活需求中政治内容较少。一方面,他们在城市工作主要的精力是为了挣钱回家,增加经济收入是他们的主要需求和核心关注点,也导致了他们政治参与和政治知识需求的不足;另一方面,由于政治身份的模糊性,作为身处城市的农村人,他们即便要参与政治,获得更多的政治信息和政治知识,也会基于尴尬的身份而选择保守和退却,因此就会对降低对政治信息、政治知识的关注度。

其三,心理归属的漂浮不定影响了青年农民工的精神生活需求范围和广度。青年农民工出身于农村,对农村地区有着深厚的依恋和乡土情怀,对于乡土的情感和热爱导致他们在城市生活和工作时的心理融入方面往往存在矛盾心理,他们一方面渴望融入城市,在精神和心理上融入城市的节奏;但另一方面,他们对农村的深厚感情、对城市的陌生感和距离感又让他们对城市有着源于内心深处的拒斥,这种二元矛盾时刻萦绕心扉,让他们的精神生活需求也充满矛盾,一方面渴望接受城市的文化和精神文化产品,另一方面又对其有着源自内心深处的拒斥,心理归属和身份归属的模糊性和矛盾性导致他们精神生活需求经常出现问题。总之,身份认同和心理归属的二元矛盾源于城乡二元结构的历史和现实发展,也因此带来了一系列的问题,包括青年农民工在这种二元结构下产生的精神生活需求的不良发展。

(二)城乡二元经济结构限制了青年农民工的精神文化产品消费

在中国传统小农经济的主导下以及市场经济发展后,城市发展拥有着得天独厚的基础条件,也造就了我国目前的城乡二元结构和不平衡的发展结构,城乡二元经济结构对青年农民工也影响较大,农村地区的经济结构比较简单,而城市的经济结构比较复杂多元,城市地区的基础设施比农村地区丰富和完善。同时,城市地区的消费水平也比农村地区高,这些方面的差异使得青年农民工在进入城市工作后存在多个方面的不适应问题,其精神生活需求也会出现相应的问题。具体而言,城乡二元经济结构的影响表现在以下方面,其一,城市地区的文化基础设施明显好于农村地区,但是身处城市的青年农民工由于各种限制并不能享受。青年农民工在农村地区的成长经历中,很少能享受到较好的公共文化产品基础设施,如图书馆、电影院等,而在进入城市后他们虽然渴望享受公共文化产品的基础设施,但是有时候由于户籍身份的限制并不能完全享受,一方面引起他们在心理层面的无归属感和失落感,另一方面也限制了他们精神生活需求的满足;同时,由于在农村地区未能享受这些精神文化公共产品的良好基础设施,他们也不知道如何利用这些文化基础设施来提升自己的文化水平和知识技能,还会在城乡的对比中产生心理落差感和不平衡感。

其二,城乡二元的消费结构限制了青年农民工的经济条件,也对他们的精神生活需求产生影响。在农村地区成长的青年农民工由于家庭经济条件的限制往往在日常生活的消费中把物质消费作为核心内容,而精神文化产品的消费则是微乎其微,这也形成了他们关于消费的惯性思维,即大部分的经济收入要用于提升物质生活水平,忽视精神文化产品方面的消费。在城市的工作中,他们往往也秉持着这种惯性思维,虽然城市中有丰富的、多元的精神文化作品可供消费,但是出于个人的经济收入水平限制、消费习惯等原因,青年农民工很少参与到满足自身精神生活需求的消费中来,要么觉得不划算,要把经济收入用到物质生活的满足中去;要么不明确消费何种精神文化产品,不知道自身的精神生活需求到底是什么,这也是目前青年农民工精神生活需求存在问题的重要原因。

其三,城乡二元经济结构导致青年农民工在城市工作中精神生活需求的低俗化和浅薄化。农村地区相对封闭,其文化娱乐设施也相对匮乏,大多数文化娱乐活动还停留于一种文化传承,如传统的庙会、定期的集市等,而进入城市的青年农民工便会发现不一样的世界,多重多样的文化和娱乐设施,各种各样的娱乐诱惑,在城市的魅惑下,一些青年农民工抵不住诱惑,便会沉溺于城市形形色色的诱惑之中,如 KTV、足浴等文化娱乐设施,还有非法的赌博、黄色产业等,在城市丰富多彩的文化娱乐设施的诱惑和资本逻辑诱导下,青年农民工的精神休闲需求也会呈现出低端粗俗化倾向。

(三)城乡二元文化结构冲突造成的认同危机和精神空虚

国外的文化惰距理论有这样的观点,即传统文化中的习俗、生产方式、生活习惯等具有一定的惰性,它会造成现实生活变迁与文化思想观念之间存在二元差异,文化变迁的延缓性也会对社会的发展带来一定影响。对于青年农民工而言,他们正式处于这种文化与现实对立的矛盾境遇,一方面受乡土文化的熏陶与教育,另一方面又要进入城市的生活节奏和文化氛围。正如有学者分析道:"与第一代农民工相比,新生代农民工不仅仅是'经济人'也是'文化人',乡村文化与城市文化的差异使他们承受了剧烈的'文化震荡'。城市文化的巨大吸引力将其往前推和村民文化的惰性将其往回拉正是新生代农民工文化不适应的表现。"①也就是说,青年农民工在城乡二元文化格局下,很难真正获得文化生存的空间,或者是处于文化边缘人的尴尬境遇,处于一种进退两难的文化尴尬局面,一方面,他们难以完全融入城市文化中,处于城市文化的边缘地位;另一方面,由于在城市工作,他们也无法完全退回农村地区,接受乡村文化。在新时代,网络文化成为青年农民工满足自身精神文化需求的重要内容,他们借助自媒体平台进行文化交往、文化学习和

---

① 傅梅芳:《珠三角地区新生代农民工文化生活》,华南理工大学博士学位论文,2013年,第11页。

文化认知,但是网络文化的流动性、复杂性、渗透性等特征也容易造成青年农民工的思想混乱和文化认同危机。城乡二元文化结构对青年农民工精神生活需求的影响主要表现在以下方面,其一,文化认同的危机。青年农民工由于自身文化身份的二重性等原因,他们既接纳了乡村文化的熏陶,又必须适应城市文化的内容,但是这种"跨界"的文化经历和文化体验,很容易造成他们文化认同的模糊性,正如有学者指出的,城市文化的耳濡目染不断消解着青年农民工对家乡的情感认同和社会记忆,生活方式和文化体验的巨大差异使得他们越来越不适应农村的生活方式,他们成为了既融不进城也回不了乡的"边缘人"①,对城市文化的距离感与对乡村文化的陌生感叠加,容易引起他们的文化认同危机,也对新时代文化自信的培育起着消极作用。

其二,精神文化需求不明引发的精神空虚。青年农民工文化经历的二重性,使得他们在选择符合自身需求的精神文化产品时容易出现困难和矛盾,一方面,他们向往乡村文化的淳朴气息和敦厚内容;另一方面,在城市文化氛围下,他们又容易受到城市文化的影响,同时,在网络自媒体高度发展的时代,网络文化也成为重要的文化选择,成为他们满足自身精神文化需求的重要媒介。正是在这种多元化选择中,青年农民工往往迷失方向、失去自我,不知道自身究竟需要怎样的文化产品,也不知道自己的精神需求究竟是什么,为此,在丰富多元的文化产品的冲击下,他们的精神生活需求要么落入低端浅薄化境地,要么时常陷入精神空虚的思想状态。总之,城乡二元文化结构对青年农民工而言,一方面给他们带来了不同的文化体验和文化经历,丰富了他们的人生;另一方面则造成了他们普遍面临的文化认同危机和精神空虚。

---

① 李怀玉:《新生代农民工贫困代际传承问题研究》,社会科学文献出版社,2014年版,第55页。

（四）城乡二元教育结构带来的精神生活需求的功利化、单一化倾向

不可否认，我国社会发展长期以来形成的城乡二元结构在教育资源和教育基础设施方面也造成了城市与农村的巨大差异，城市地区拥有着丰富的教育资源、良好的教育基础设施，而农村地区相对而言，无论是在教育资源、教育师资、教育设备等方面，还是在教育的质量上都不如城市。青年农民工一般都成长于农村地区，虽然大多数都已完成九年义务教育，部分有大专以上学历，但是从小在农村地区所接受的教育与城市地区有着显著差异，这种差异对进城工作的青年农民工的精神生活需求也会产生一定的影响。其一，农村教育的功利性致使青年农民工对教育产生错误认知，其精神生活需求也趋向功利化。由于农村地区大多数家庭都是比较贫穷，因而农村教育往往是灌输功利思想，即形成通过教育改变命运、教育改变贫困等思维，而对教育的本质和意义很少提及，青年农民工在这种思维的作用下也会形成功利思维，他们在城市中工作也会通过功利判断来进行自我技能、自我知识的学习和提升，而在精神生活需求方面也会呈现功利主义导向，凡事都会首先通过"是否有用""是否能增加利益"来进行价值判断和选择，而精神文化产品的消费和学习往往因其不能满足利益需求而被选择性忽视或放弃，仅仅停留于一些免费的、粗糙的精神生活需求中。有调查数据指出，2013年，新生代农民工在"外出娱乐、学习培训"上的支出为1251元，占年消费总额的11.13%[1]，也就是说，一方面，青年农民工已经开始意识到自我提升的重要性，相较于老一辈农民工，其教育投入增加；但是另一方面，其教育投入还是远远不够的。

---

[1]　柳建平、张永丽：《流动、转型与发展：新生代农民工市民化问题研究》，中国社会科学出版社，2015年版，第133页。

其二,农村教育的单一化、片面化导致青年农民工进城后精神生活需求的单一化、浅薄化。相较于城市的多元化教育,如绘画、钢琴、武术、篮球等课外教育,农村教育主要是以课本教材的教育为主,青年农民工在成长中也因此形成了比较单一的精神文化需求,他们没有机会去培养其他的兴趣爱好,在他们进城工作后,也会延续着这种惯性,文化娱乐活动也较为单一,要么用手机等自媒体进行电影、电视等休闲娱乐方式,要么在城市中参与一些简单的文化生活,如去电影院、KTV 等场所进行娱乐消遣,这些都会导致他们精神生活需求的单一化、浅薄化,而无法享受城市多元的精神文化产品供给,无法提升精神生活需求的质量和数量。总之,城乡二元教育结构对青年农民工精神生活需求带来了一定的影响,使其呈现出功利化、单一化倾向。

三、社会转型期价值观的碰撞与冲突

价值观转型是伴随我国经济社会发展转型而同时进行的,在不同的时代境遇下需要与之相适应的不同价值观,价值观转型并不是一蹴而就的,它需要经历长期的改变,因为价值观作为思想观念领域的内容,具有潜移默化性和持久恒固性,因此在社会转型期,新旧价值观的碰撞和冲突必然会发生,而多元的新生价值观也会在融合和冲突中重组。对于青年农民工而言,他们由于生长在农村地区,较多地接受到的是传统价值观教育,这种代代相传的、通过生活潜移默化形成的价值观具有较强的稳定性,而进入城市工作和生活后,城市的现代价值观必然会对他们既有的价值认知、价值观念形成冲击,再加上社会转型带来的价值混乱,新旧价值观的冲突,这些都对青年农民工的价值观念带来强烈冲击,也对他们的精神生活需求产生重要影响。

(一)传统与现代的价值冲突

美国学者亨廷顿认为:"一个高度传统化的社会和一个已经实现了现代化的社会,其社会运行是稳定而有序的,而一个处在社会急剧变动、社会体制转轨的现代化之中的社会,往往充满着各种社会冲突和动荡。"①新时代,我国社会转型发展依然处于进行中,社会转型发展也引起了传统价值观与现代价值观之间的碰撞与冲突,而青年农民工作为接受传统价值观和现代价值观双重影响的典型群体,多元价值观也会在他们的思想观念中产生冲突和融合。传统价值观中很多与现代社会不相适应的部分会被逐渐剔除,而与新的生活环境相适应的新的价值观也会逐渐被他们所接受,属于社会主义先进文化的核心价值观也会在不断的培育中被认同和接纳。社会转型期,传统与现代的价值冲突对青年农民工的影响主要表现在以下几个方面,其一,容易引起价值认知的混乱。青年农民工在入城后接触到的是与乡村价值观相异的现代价值观,在新的价值观念影响下,他们往往容易产生迷茫,不知道该以何种价值观为主导、何种价值观是正确的,特别是城市中的某些价值观与他们以往的价值观产生正面冲突时,价值困惑和价值迷茫便会萦绕心扉,如果此刻得不到有效的引导和解答,那么价值认知上的混乱将影响他们的日常生活和精神生活需求。

其二,价值判断和价值选择的迷茫和困惑。青年农民工的价值观一旦处于混乱状态,他们便无法去做出正确的价值判断和价值选择,还有可能形成错误的价值观念,进而以错误的价值观为导向来从事生产活动和日常生活交往行为,而对于自身精神生活需求的判断和选择也会因此而误入歧途,选择低俗化的、浅薄化的、符号化的精神文化产品来满足自身精神需求,不注

---

① ［美］塞缪尔·P.亨廷顿:《变化社会中的政治秩序》,王冠华等译,生活·读书·新知三联出版社,1989 年,第 40–41 页。

重精神文化产品的思想内涵和精神实质,而去追求其表象化的、符号化的内容,以精神生活需求的虚假满足来自为欺骗。

其三,价值认同的错误倾向和多元倾向。在社会转型期多元价值观念的冲击下,青年农民工往往不仅不能坚守传统社会传承的价值观,而且还会被各种错误价值观念所影响,导致他们在价值认同上产生错误倾向,或者形成多元价值标准,即以自我为中心,对不同的事物秉持不同的价值准则,这些都会对他们的精神生活需求的判断和选择产生影响,致使精神休闲需求低俗化、身份认同需求变异化、社会尊重需求病态化、情感需求功利化等。总之,传统与现代的二元价值冲突在社会转型期尤为凸显,也使得处于时代交汇期的青年农民工容易处于价值认知混乱、价值选择迷茫化、价值认同多元化的思想状态,进而对他们的精神生活需求产生负面影响。

(二)城与乡的价值观念冲突

恩格斯认为:"在社会主义社会,一切人,或至少是一个国家的一切公民,或一个社会的一切成员,都应当有平等的政治地位和社会地位。"[1]但是,在我国目前条件下,城市与乡村的二元壁垒尚未完全消除,虽然在法律制度上赋予了每个人平等的权利和地位,但是部分城市人对农村的偏见依然存在,特别是去城市务工的农村人会经常遭受不平等待遇,这种歧视和偏见部分源于城乡长期形成的价值观念冲突。青年农民工作为"跨界"生活的典型代表,城乡之间的价值观念冲突不仅使得青年农民工在城市饱受身份认同危机、情感需求危机、价值认同危机等困境,而且还影响了他们精神生活需求的内容选择和满足程度。其一,政治价值观的差异,导致青年农民工政治参与需求薄弱。在农村地区,传统计划经济所带来的集体主义价值观依然影

---

① 《马克思恩格斯选集》(第3卷),人民出版社,2012年版,第480页。

响广泛,而在这种价值观影响下,个体对集体、对政治权威的绝对服从成为衍生物,而这种价值观和思维方式对青年农民工也产生深远影响,他们在农村地区形成了对政治不过问、服从政治权威的价值取向,而进入城市工作后,各种政治参与方式的拓展也为满足他们的政治参与需求提供了可能,但是在传统思维习惯和价值观念的影响下,他们既没有政治参与热情,也没有政治参与需求,他们习惯于服从政治权威,不善于、不愿意通过各种渠道进行政治发声和政治参与,其政治利益诉求也会被淹没和忽视。

其二,职业价值观的差异,影响了他们自我职业技能提升的需求。青年农民工受传统思维和农村观念影响,在职业的具体选择上,青年农民工较多地以功利价值为导向,倾向于选择"工资高"的工作,而不是选择有助于自身能力提升的、或者是潜力大的工作岗位;在职业的价值判断上,他们更加倾向于工作环境好、劳动强度小的工作,以自身的兴趣爱好和利益为职业价值判断标准,而为国家和为人民服务的意识有减弱的趋势;在职业的目标上,他们也传承了农村保守的价值取向,即期待找到比较稳定的、长期的工作,不希望职业具有高度流动性和不确定性。

其三,在生活价值观方面的差异,使得青年农民工更注重物质享受而忽视精神富足。农村地区的物资贫乏让青年农民工从小就感受到了物质资料的重要性,导致他们对于美好生活的价值设想往往停留于物质富裕方面,而忽视了精神自由和精神需求的满足,他们在城市工作后,对于物质享受的追求大大多于精神文化追求,他们将大部分的精力都放在追逐个人经济利益上,即使有休闲时刻,他们也主要用来睡觉、打游戏和其他娱乐活动。"拜金主义、享乐主义、功利主义思想的影响,也使部分新生代农民工急功近利,急于求成,重视'短平快'的培训,较多考虑眼前利益,忽视长远发展。"①他们将

---

① 黄进:《价值冲突与精神皈依——社会转型期新生代农民工价值观研究》,南京师范大学出版社,2010年版,第111页。

物质利益看做第一位,也看做最重要的内容,精神文化需求往往被忽视和选择性放弃。

(三)农与工身份的价值认同冲突

青年农民工进城工作后,身份也进行了相应的转换,从一个农村人成为一个城市人,但是由于户籍身份、无住房等原因又无法完全融入城市,成为一个真正的城市人,"农民工"这个称呼便表达了其身份的二元性和矛盾性。正如有学者指出的:"新生代农民工平均年龄在 23 岁左右, 近80%未婚,对精神、情感和家庭归宿有更强的需求,不愿承受夫妻分居之性情孤寂,不愿重复'留守儿童''流动儿童'之亲情困惑,期望在城市建立新生社会网络……渴望'市民'的身份认同及社会融合,渴望得到市民待遇,获得尊重、认可与接纳,且在潜意识里想'抛弃'农村。"①青年农民工在进城工作后,大多数都渴望获得城市居民的身份认同和尊重, 他们希望通过一定的社会交往和情感互动来获得积极的心理体验,进而实现自我的身份认同,获得城市居民的身份确认和情感支持。但是,农村出身的他们在城市工作中必然会出现农与工的二重身份冲突, 在思想观念上实现身份价值的确认和转换并不是一件容易的事, 两重身份的思想矛盾和价值冲突也对青年农民工的精神生活需求产生一定影响。

其一,青年农民身份认同的"内卷化"趋向,限制了其精神生活需求的多元性。青年农民工在城市的工作中往往与城市居民缺少互动和情感交流,也引起其身份认同的"内卷化"危机,"他们与市民虽然在物理空间上实现了共同在场,但对他们来说,社会身份、经济地位、语言文化等的差异,使其与市民之间没有共同的关注焦点和共享的情感状态, 故社会交往圈子局限于农

---

① 李贵成:《价值冲突与精神皈依:社会转型期新生代农民工价值观研究》,《内蒙古社会科学》(汉文版),2013 年第 5 期,第 147 页。

民工群体之内,即社会交往趋于'内卷化',难以与市民进行全面的社会互动"①。与城市居民缺乏有效的社交互动和情感交流是青年农民工难以建构身份认同的重要原因,他们的社会互动和交往往往局限于老乡之间、熟人之间、工作地点之内等,这种"内卷化"的社会交往限制了其城市身份认同,而与老乡和熟人的情感互动则时刻提醒着他们农村人的身份认同,而且,来自农村地区家人的牵挂和联系也强化了这种身份认同。因此,二元身份认同冲突是青年农民工必须面临的问题,而这种对身份价值和身份定位的模糊认知和二元矛盾,也引发了其精神生活需求的单一化和贫瘠化,因为缺乏与市民的接触和互动,他们的精神生活需求也被限制在极小的范围内。

其二,青年农民工自身技能"两不熟"的尴尬境地更加激发了其身份焦虑与价值危机,也引发其精神领域的困惑与迷茫。青年农民工与老一代农民工相比,已经没有了熟练的农业生产技能,他们几乎不会进行农业生产活动,而在城市工作后,他们虽然有一定的工作技能,但是这些技能几乎都是基本的体力劳作技能,没有能够让他们立身安命的特殊技能,这也使得他们会时常出现农民与工人的身份焦虑。技能恐慌和能力匮乏都会引起他们的身份认同危机,一方面处于城市而未能拥有一技之长的自卑心理,另一方面作为农村人却丢失了从事农业生产技能的恐慌心理,这些都会引发他们的精神焦虑,而精神生活需求也会因焦虑等原因而受影响,在这种身份焦虑影响下,青年农民工的情感需求更加迫切、社会尊重和关怀需求也更加迫切。

（四）流动与归根的价值情节冲突

远走他乡,为生计而奔波,这就注定了青年农民工在城市中的流动属性。流动不仅表现在他们对于工作岗位的时常更换和工作地点的不确定性,

---

①　卢飞,徐依婷:《情感互动与青年农民工的身份认同——基于湖北武汉市的实证研究》,《重庆工商大学学报》(社会科学版),2017年第1期,第27页。

更体现在他们内心的漂浮感和不安全感，他们想要融入城市生活却得不到相应的情感支撑和身份认同感，想要回到乡村寻找心理归属感却发现再也回不去了，在流动与归根的情感冲突中，他们的精神生活需求也因此出现了一系列问题。其一，在陌生城市中情感需求得不到满足，影响他们的精神生活总体状况。青年农民共在城市生活中，一方面由于自身的工作原因，如从事体力劳动、工作地点不确定和工作时间较长的工作等，导致他们没有足够的闲暇时间来与城市居民进行有效互动和情感沟通，另一方面由于城市居民对他们存在一定的身份歧视，不愿意和他们过多的交流与互动，造成他们在城市中情感需求得不到满足，同时，在陌生人社会下，欺诈、不诚信等现象普遍，导致他们在从事社会交往中存在不安全感，这种信任危机也压抑了他们的情感需求，致使他们学会掩藏真实情感，学会以虚情假意来达成自身的目的，总之，青年农民工在城市生活中一方面情感需求得不到满足，导致了情感的随意性取向；另一方面，也学会压抑和掩藏真实情感，导致情感的功利化取向。

其二，来自农村地区的情感牵绊时刻萦绕他们的心扉，也使得他们精神生活需求中的情感需求凸出。青年农民工虽然身在城市，但是农村地区有着他们的精神归宿和心灵牵绊，他们的家人和亲戚朋友都在农村，但是这种长期分居异地的情况也会造成家人之间的感情淡漠化，孤独、空虚等心理会时常影响青年农民工的生活和工作，他们在城市中的情感需求也更加凸出，而大多数青年农民工都是未婚的成年人，渴望情感、期待恋爱是他们的常态，但是这种急切渴望情感的心理会引发他们恋爱观的变异，情感的需求和满足也会逐渐被功利化和随意化，进而引起青年农民工的情感危机和心理危机。

其三，青年农民工由于流动和归根的情结冲突，以致于他们自尊心特别强，获得社会尊重的需要也格外敏感。青年农民工离开家乡在城市的陌生环境中生活与工作，不仅面临来自家庭的经济压力，还有来自城市陌生环境的外部压力,在多元压力作用下,青年农民工的心理也比较脆弱、自尊心也较强,他们对社会尊重的需求也格外渴望,期待能够获得城市居民的认同与尊重,而在回乡的过程中,他们也通过炫耀性消费等方式来满足自身社会尊重的需求。但是,这一敏感的心理和尊重的需求也容易引起他们精神生活需求的异化发展,对自尊的过度敏感和对尊重的过分渴求都容易导致他们的精神焦虑和需求的变质,进而以非正常的心态来对待和处理身边的人和事。总之,正如有学者研究指出的,在人际交往方面,青年农民工与本地居民存在着疏远关系和非亲密关系,存在关系障碍、语言障碍和空间隔离;在心理维度上,他们缺少对本地的归属感,存在心理孤独感;在媒介维度上,他们普遍依赖新兴媒介,但存在着媒介素养不足等问题①。

四、社会保障与利益表达制度的缺失

青年农民工在进入城市工作后,由于我国传统的城乡二元体制限制,导致他们在多个方面遭受制度壁垒,其中社会保障制度缺失对他们影响较深,他们的精神生活需求也容易出现问题,社会保障制度的缺失主要表现在:由于户籍的限制导致住房保障制度的缺失;就业保障制度的不健全;教育保障制度的不平等;利益表达机制的不完善等方面,这些方面制度的不完善给青年农民工丰富自身的精神生活需求增加了制度壁垒和经济成本,也引发了他们精神生活需求领域的一系列问题。

(一)住房保障制度的缺失加剧青年农民工精神"流浪"

制度因素是影响青年农民工在城市从事生产交往活动的重要因素,他

---

① 袁靖华:《边缘身份融入:符号与传播——基于新生代农民工的社会调查》,浙江大学出版社,2015年版,第225页。

们在城市中的很多活动受到制度壁垒的限制而无法开展，这也对他们的生活和工作产生诸多负面影响，制度壁垒则引发了他们精神生活领域的一系列问题。住房保障制度的缺失则是其中最关键一个，青年农民工无法拥有稳定的居所直接影响他们融入城市生活的进程，身份认同危机、心理焦虑等问题随之而来。具体而言，住房保障制度缺乏对青年农民工精神生活的影响主要表现在以下几个方面，其一，户籍制度的限制导致青年农民工很难在城市中落户买房，造成他们身份融入和认同的困境。当前，在中国有些城市虽然实行积分落户的制度，即农民工可以通过积分的方式入户城市户口，但是积分需要一个长期过程，农民工要想在城市扎根也并非易事，这种城乡二元体制导致青年农民工要想落户城市就需要付出巨大的努力。而在中国的传统观念里，如果没有房屋，就等于没有家，也就没有稳定的基础，就等于一直在漂泊和流浪。同样，在现行制度体制下，如果在城市没有落户，没有自己的房屋，那么青年农民工就无法享受城市的各项基础服务设施，特别是一些文化公共产品服务，他们的文化权益得不到保障，一方面，远离农村无法享受农村的公共文化基础设施，另一方面，居住于城市却无权享受城市的各种文化公共产品。

其二，缺乏有效的租房保障制度，青年农民工只能"蜗居"生存。前些年，北京的青年"蜗居"现象经过媒体的报道一时间引起了广泛的关注，但是对于青年农民工而言，在城市租不起房子，过着"蜗居"生活是普遍现象，一方面，城市的租房体制不完善，他们需要自己花大价钱来租房，为了节约经济成本，大多数都会选择较为便宜的、生活环境差的房子进行租赁，虽然一些城市开始推行公租房和廉租房的制度，但是这些房源有限，而且还主要提供给高学历人士，青年农民工的机会很少。同时，在城市中固定单位工作的城市居民还有着住房公积金等租房和住房保障机制，而对于青年农民工来说，这些租房和住房保障制度对于他们来说都是奢求，长期"蜗居"在小房里，不仅让他们无暇顾及精神生活需求的满足，而且会对他们的身体和心理带来负面影响。总之，住房保障制度的缺失，不仅让青年农民工在城市中身体上处于漂无定居的流浪状态，也造成他们在精神上处于彷徨无措的流浪状态，精神生活需求也因此被淡化和随意化。

(二)就业保障制度匮乏诱致青年农民工无暇享受精神生活

就业制度的核心要求就是保证每个公民能够拥有平等的就业权，在就业的过程中不因性别、身份、地域等因素而遭受歧视。但是在现实的就业过程中，青年农民工在城市找工作往往会受到不平等对待和就业歧视，而在他们受到公司、单位的不公正待遇时，也因相关的法律制度保障缺乏而得不到有效维权。而就具体的工作领域而言，他们大多数从事着建筑业、制造业、重工业、服务业等工作，这些工作要么工作时间长、劳动强度大，要么工资微薄，这些都严重影响着他们的精神生活需求，导致他们要么没时间享受精神生活、要么不愿意花钱去消费精神文化产品。其一，青年农民工就业的相关制度不健全，得不到相应的工作保障。虽然相关法律制度已经规定不能歧视农民工就业，但是由于并没有明确的具体细节规定，在具体操作的过程中各用人单位依然通过各种途径限制农民工就业，他们的合法劳动权益得不到有效的保障，如不签订具体的就业合同，把青年农民工当做临时工来使用；不为他们交五险一金等基本的社会保障以减轻公司的薪金压力；没有有效的失业保障制度导致他们经常面临失业的困扰。总之，在制度不健全的大环境下，青年农民工面临着"整体收入相对较低、劳动合同执行不规范、工作稳定性差、社会保障水平偏低、职业安全隐患较多、企业人文关怀不到位"[1]等一系列问题，这些问题都深刻影响着青年农民工的社会心态和精神健康，遭

---

[1]　许丽英：《新生代农民工融入城市问题研究》，中国社会科学出版社，2018年版，第73页。

遇不公会导致他们产生消极的情绪体验,产生反社会的心理,而其他工作歧视和保障制度不完善容易致使他们一直处于疲于奔命的状态之中, 精神生活需求也会被自然忽视和选择性放弃。

其二,由于得不到相应的制度保障,青年农民工的工作环境、工资、工作时间都受到限制,导致他们无法享受和满足美好的精神生活需求。前些年,我国政府针对拖欠农民工工资的情况进行了一系列的大整顿和大治理,但是现实中依然存在针对农民工的拖欠薪资状况, 他们在工作中处于弱势群体,有时候被迫放弃签订合同,有时候虽然签了合同但是存在各种漏洞,种种情况都容易导致欠薪状况,青年农民工相较于老一辈农民工,虽然维权意识增强,但是也会遭遇这些困境。同时,由于青年农民工由于技能水平有限、身份限制和其他原因,他们经常从事时间长、薪资低、劳动强度大、劳动尊严得不到保障的工作,"他们的劳动的付出与回报是不相称的, 他们的工资收入非常的低,同时也没有得到相应的福利待遇"[1],这也导致他们对于社会尊重和社会关怀的强烈渴求、对于精神休闲需求的忽视等情况,他们没有足够的闲暇时间去满足自身的精神文化需求, 在高强度的劳作后也没有精力去追求精神生活,这些都与青年农民工的就业保障制度缺乏和不完善有关,失去了制度的兜底保障,各个用人单位便会尽其所能来耗尽他们的剩余时间。

(三)教育制度限制造成自身知识素养有限和子女教育困境

我国城乡二元体制的长期发展也造成了教育领域的二元机制, 城市教育与农村教育存在巨大差异, 而一些教育方面的制度也限制了青年农民工自身以及子女的教育条件,导致青年农民工无法享受较好的教育,限制了精神生活需求的满足。其一,对于青年农民工自身而言,在农村地区受教育本

---

① 左晓婷:《新生代农民工精神文化消费状况研究》, 太原理工大学博士学位论文,2015 年,第 31 页。

身就限制了他们的知识素养和工作技能的提升，进而影响到他们的精神生活需求内容。青年农民工大多数是在农村地区接受学校教育，而农村地区有限的教育条件，也让他们仅仅接受到了课本知识的教育，而像城市孩子的课外教育几乎没有，城市学生会参加各种兴趣班和技能班，如钢琴、篮球、足球等，而农村孩子几乎不会参加这些，这也导致青年农民工在城市工作后，发现自身的精神生活需求、文化休闲需求很有限，即使他们想要丰富业余生活和参加各种文娱活动，也会因技能有限而无能为力，这种城乡教育资源分配的差异与当前的教育制度有着紧密的联系。同时，在青年农民工参与工作后，由于缺乏相应的职业教育制度，很多单位并不会花钱去培训员工来提升他们非必要的工作技能，因此，他们在工作后也无法实现自我提升和自我发展，进而丰富自身的精神生活需求。而且，由于他们自身文化知识水平有限，大多只能参与大众化的精神文化活动，而层次较高、内容较深的精神文化产品，他们受限于知识水平也无法参与。

其二，教育制度限制了青年农民工子女的入学地点和入学条件，容易导致农民工身份的代际传承。我国城乡差异的二元教育体制，导致没有城市户口的青年农民工很难让子女去较好的学校接受教育，要么让他们留守农村，成为留守儿童，要么选择教育条件一般的学校让子女接受教育，他们的子女很难享受城市中较好的教育资源，而为了让子女学习好，享受更好的教育资源和教育条件，青年农民工必须把大量的经济收入放在教育经费上，这也限制了他们用于满足自身精神生活需求的消费。总之，目前的教育保障制度方面对青年农民工自身和子女教育方面的忽视，不仅影响了他们自身的知识素养和工作技能的提升，也限制了他们下一代的成长和发展。

（四）利益表达和传递制度不健全引发的积怨情绪

在当前阶段，我国各项法律制度还不完善，青年农民工的双重身份导致他们既难以在城市通过制度途径向党和政府传递利益诉求和意见表达，又不会在农村通过农村的相应途径进行意见的传递，而针对农民工群体的利益表达和传统制度尚未建立，这也导致他们的利益诉求和意见不能够有效传递到党和政府，对青年农民工的精神生活也产生一定的负面影响，他们会在长期的生活与工作中产生政治不信任和积怨情绪。其一，利益诉求和意见传输缺乏有效制度途径，让青年农民工产生政治不信任心理，不断降低他们的政治参与需求。青年农民工在城市生活中会经常遭遇各种不顺利，对各种社会问题也会形成自己的看法和观点，关于自身工作和生活也会有着相应的诉求和想法，但是他们特殊的身份让他们无可靠、有效的制度途径来表达自身的利益诉求和意见。虽然在自媒体赋权时代，他们可以利用网络自媒体技术来进行意见的表达，通过网络上各种途径发声、发言和发表观点，但是这些非制度化的途径往往得不到有效的关注和回应，仅仅成为情绪的发泄地，这种利益诉求上传途径的断裂往往会让他们对政治失去信心和信任，逐渐对政治参与产生冷淡心理，认为不管自己参不参与都一样，反正没人管他们，他们的声音和意见也传递不到政府去，久而久之，在政治不信任心理的作用下，他们的政治参与需求便会降低，对政治失去兴趣和信心。

其二，利益诉求长期传递不畅会引起青年农民工的积怨情绪和不满心理，进而导致他们的精神生活需求异化发展。人不仅是具有理性的，而且也是具有情感性的，一旦在某些方面的问题长期得不到解决，便会产生情感和情绪方面的消极体验，缺乏有效的利益诉求传递的制度渠道，会让青年农民工生活中遭遇不顺产生的情绪长期积压在心中，进而形成积怨情绪和不满心理，这种情绪很容易被生活中细小之事触发和点燃，进而转化成恶性社会事件。而对于青年农民工的精神生活需求来说，长期处于消极情绪体验之中，也很难对精神生活产生积极兴趣，精神生活需求也会被导向错误方向。总之，利益诉求和意见表达的制度化渠道的缺乏，会造成青年农民工心理层面的消解情绪,进而影响他们的精神生活需求内容和形式。

五、不良社会文化思潮对青年农民工精神生活的侵蚀

在自媒体和网络迅速发展的新时代,手机等自媒体已经成为青年农民工群体的必备工具,而不良社会思潮借助各种现代传播媒介进入人们的日常生活中,以生活化的话语叙事、图像化的故事叙事来传播错误的思想观念和价值倾向,而青年农民工理性认知能力和批判能力都有限,很容易受到各种错误社会思潮的负面影响而形成错误的观念,进而影响他们的精神生活需求。目前,对青年农民工影响较大的思潮主要包括民粹主义、历史虚无主义和现代犬儒主义等思潮。

(一)民粹主义思潮的泛起及其对青年农民工的影响

民粹主义起源于 19 世纪,被认为是一种普通大众与社会精英进行政治斗争的思潮,民粹主义在不同的国家不时地被激发,挑战着既定的社会制度和秩序。民粹主义的主要特征是反精英、反权威、反理性,其生成、传播并得到广泛支持的现实土壤则是既定社会出现的各种贫富分化问题、社会不公问题、政府腐败问题等,民粹主义在理论上并没有明确的理论指导,因而在实践中则有着多元化的形态,它可以和其他思潮结合起来,呈现出不同的样态。具体而言,"民粹主义反对精英和权威,表达了民众对社会现实的不满,仇富、仇官、反智是民粹主义的典型样态,而现代民粹主义则在时尚的包装中仍然呈现出'家族相似'的基本特征:反精英、反建制和反理性"①。民粹主义思潮不仅具有思想观念上的危害性,还具有现实生活的破坏性,以我国香

---

① 王奎、胡树祥:《网络民粹主义辨析》,《教学与研究》,2020 年第 5 期,第 41 页。

港的"占中事件"为例,它就是民粹主义思潮影响下,各种思潮以及境内外反华势力共同促成的,它对香港的经济社会发展产生了极大的负面影响。而在网络化时代,自媒体网络所具有的扁平化、信息高速传播等特征成为民粹主义发展壮大的便利条件,其传播和发展相较于传统民粹主义更具危害性和广泛性。

青年农民工一方面生存于城市中,受到民粹主义思潮影响的概率增大,另一方面也生活于网络虚拟世界中,更加容易受到网络民粹主义思潮的影响,再加上他们本身就处于城市的底层,经常遭遇各种不顺心之事和社会不公之事,因而很容易被民粹主义的话语和思想观点所影响,以感同身受的方式成为民粹主义者,更甚者会成为其践行者,通过反社会的行为来支持民粹主义。具体而言,民粹主义思潮对青年农民工的影响主要体现在以下方面。其一,思想上的民粹化和激进化。在网络化时代,民粹主义具有泛化的特质,即泛化为各种反政府、反精英、反权威的思想观念,它可以利用现实生活中存在的一切问题来反理性、反权威,仿佛任何问题都必须由现行社会体制来负责、由社会精英来负责,进而把民粹主义泛化到社会生活的方方面面,渲染各种消极社会情绪和社会"负能量"。青年农民工由于理性化批判能力较弱,再加上深处陌生城市情绪敏感,很容易受其影响,在思想上和观念上接纳和认同民粹主义,进而产生反政府、反既定社会体制、反精英、反权威等思想,这些思想会表现在对民粹主义话语、言论的支持,特别是在微信朋友圈、微博账号转发一些相关言论,传递社会情绪和负面社会心理,进行反社会、反党和反政府的观点传播。这种思想上的民粹化、激进化和非理性化会严重干扰和影响青年农民工的精神生活需求,他们会因此而拒绝接受正面的、健康的、主流的思想文化传播,质疑社会"正能量",进而形成反社会心理。

其二,行为上的反社会、反政府取向。一旦青年农民工在思想观念上产生对民粹主义的价值认同,就会很容易误导自身的行为,在日常生活和实践交往中采取错误的行动，比如在社会生活的日常交往中很容易因生活不顺等小事来抱怨社会，做出反社会的行为，以非理性的情绪宣泄为导向，与他人产生社会冲突；再如，容易在日常生活的朋友交往中传递"负能量"，宣泄各种情绪，抱怨政府、抱怨社会、抱怨精英等；再如，容易在网络社群中结成以"民粹"癖好为目标的小群体，参与非法活动。总之，民粹主义具有极大的负面影响，青年农民工在其影响下会产生错误认知、思维方式和价值观念，进而对社会和谐和稳定产生不利影响。

（二）历史虚无主义信息的泛滥及其对青年农民工的影响

历史虚无主义是当前影响我国意识形态领域安全的重要错误思潮之一，它利用大众娱乐心理和猎奇心理进行广泛传播，并且以问题悬设的方式制造心理暗示、以逻辑论证来强化心理认同[1]，使得历史虚无主义的信息广泛传播，并且获得了较多不明真相群众的认同，其对群众思想的危害性不言而喻。对于青年农民工来说，他们本身对政治知识、历史知识的掌握就不够好，再加上历史虚无主义信息具有强烈迷惑性的叙事手法，使得他们很容易对其产生认同，并且以此为依据来否定制度优越性、否定党的领导和党的历史。在自媒体迅速发展的背景下，历史虚无主义传播呈现出以下几个特征，首先，自媒体平台成为其传播的重要媒介。一些有目的、有计划的、有组织的人和别有用心的人，把丑化、歪曲革命领导人形象的内容和改写的历史事件通过论坛和贴吧的帖子、微博和微信的朋友圈、QQ 空间等网络途径迅速传播，通过转发传播给大量阅读和接受群体，制造特定的舆论氛围，从而带来广泛影响。

其次，网络大 V、知名公众人物和所谓的意见领袖有意或无意的成为历

---

① 赵爱霞：《历史虚无主义的社会心理分析及其应对》，《思想教育研究》，2020 年第 5 期，第 62 页。

史虚无主义的主要推手。一些网络大 V 和知名公众人物缺乏真正的批判意识和求实精神,对网上的舶来品不假思索地加以转发和传播,直接推动了其影响的扩大化。还有一些网络大 V 自己在网上抛出和炮制一些虚无历史的话题,并加以主观阐释和渲染、掺杂主观偏见和个人意见,从而显示自己的"真知灼见",在网络上形成广泛热议,形成一定虚无历史的舆论氛围。

再次,一些学术人物或知名学者成为历史虚无主义的理论阐释者和理论辩护者。在网络上,一些所谓知名学术人物或学者,打着揭露历史真相的幌子,要对历史事件进行所谓的客观理性分析和科学实证研究,实则是诋毁与质疑革命英雄人物,否定重大历史事件的进步历史意义,公然成为历史虚无主义的理论辩证者,为虚无和歪曲历史事件提供所谓的"科学证明"和"理性分析"。

最后,普通网民群众成为历史虚无主义的助推者。一些不明事理的网民群众,对网络大 V 或意见领袖发表的虚无历史的微博或帖子内容,不加理性思考和分析,盲目跟风,为的就是使自己看上去特立独行,以凸显自己的与众不同。甚至有时候还觉得他们分析的有道理,赞同其观点,跟着转发这些微博,或在跟帖中大加赞扬,表示支持。这些网民缺乏理性判断,喜欢关注小道消息和八卦新闻,为了显摆自己多有见识,不假思索地传播历史虚无主义的谣言,不自觉地成了历史虚无主义者的帮凶。总之,在自媒体时代,历史虚无主义的言论、信息已经渗入日常生活并产生一定的负面影响。

对于青年农民工而言,历史虚无主义对他们的精神生活也产生了一定的负面影响,主要表现在三点,其一,历史虚无主义影响他们对历史的认知和判断。历史虚无主义的主要内容就是歪曲历史真相、抹黑历史英雄人物、替某些反面人物翻案,其阴险的政治目的就是要否定现有的中国制度、中国道路和中国共产党,而这些观点和信息如果被容易轻信的青年农民工所接收,很容易颠覆他们对历史的正确认知,进而被错误观点所蛊惑和蒙蔽,对近代以来中国人民所探索的正确道路产生怀疑,对历史的真相产生质疑。其二,历史虚无主义影响他们对现实政治的判断和认同。历史虚无主义的阴险目的就是要通过虚无历史的方式来否定现实、攻击政治合法性,进而瓦解民众的政治认同和政治信任,其背后的推手大多是反党、反社会的敌对势力,因此,一定数量的青年农民工群体受此影响,也会产生政治信任危机,作为一个拥有 1 亿多人的群体, 他们对党的支持和对国家的认同是社会长治久安和和谐稳定的重要力量,一旦他们被历史虚无主义所蛊惑,则会动摇政治根基,对他们的政治生活需求也会产生负面影响。其三,历史虚无主义影响他们精神生活需求的内容。青年农民工一旦陷入历史虚无主义的窠臼,就会不停地寻找历史猎奇和虚无事件, 通过各种野史、奇闻异事的方式来了解"不一样"的历史,这也会对他们的精神生活需求带来负面影响,各种历史虚无主义的信息、言论、历史叙事则会成为他们关注的重要内容,进而放弃精神生活中的其他内容,包括对"正史"的学习和需求。总之,历史虚无主义是具有深度危害性的社会思潮,对青年农民工的影响也不容忽视。

(三)现代犬儒主义思潮的传播及其对青年农民工的影响

犬儒主义本来是古希腊的一个学派,他们崇尚"像狗一样"的生活,即以随性、随意的生活来表达对现实的不满。其在后来的发展中不断进化形成了现代犬儒主义,正如有学者指出的,现代犬儒主义主要有以下几个特征,即"犬儒主义是一种具有无原则地怀疑、有意识地虚假、不反抗地愤世三大特征的后启蒙虚假意识"[①]。也就是说,现代犬儒主义已经与之前的不一样,并且产生了新的特征和取向,它已经渗透于当代资本主义国家的方方面面,而我国在发展市场经济后, 现代犬儒主义也在我国产生了新的变种和新的样态,其对青少年的影响也不容忽视,其中,近年来我国出现的"丧文化"现象、

---

① 操奇:《启蒙的天敌:犬儒理性论略》,《哲学研究》,2015 年第 6 期,第 91 页。

"佛系"现象、精致利己主义现象都可以说是其新变种和新样态。

现代犬儒主义对青年农民工的影响也不容小觑。他们生产和生活中承受着一定的经济压力和精神压力，很容易被现代犬儒主义的观点和价值观带偏，进而处于生活失望、精神颓废的状态。其一，"丧文化"是近年来流行于网络空间的文化现象，对青年农民工的生活态度产生消极影响。丧文化主要是表达了一种对现实失望、对生活失去兴趣的态度，它对现实状况保持着一种"丧"的姿态，觉得现实没有意义、生活没有乐趣、未来没有希望，以"丧"的态度来反抗社会、表达不满。这种"丧文化"容易引起青年农民工的广泛情感共鸣，因为他们生活于城市的底层，容易感觉到迷茫和困惑，在繁重的体力劳动下容易对生活失去信心、对未来丧失希望，进而以消极的心态来对待生活，不仅对物质生活失去信心也对精神生活丧失兴趣。

其二，"佛系"现象也是近年来流行于我国社会生活领域的文化现象，对青年农民工的社会心态也产生一定影响。"佛系"现象表现为一种对一切都看淡、无欲无求的心态，实际上，它是对现实失望之后，觉得靠自己的努力也实现不了目标后的一种消极应对和无声反抗，他们只求过好自己，看淡一切名利的追求。这种生活态度和价值取向虽然在一定意义上有其良好的一面，即可以让人们看淡名利诉求，以一种平和的心态来过好自己的生活，对于青年农民工来说，这种心态可以让他们做好自己的本职工作，以积极的心态面对生活，而不是充满戾气、抱怨社会、发泄不满情绪，但另一方面，这种态度也容易磨平他们的积极进取的精神和奋斗向上的动能，而以一种碌碌无为的方式度过日常生活。

其三，精致利己主义现象也是近年被广泛提及的一种社会现象，它同样对青年农民工的价值观和精神生活产生一定的消极影响。精致利己主义者以精致的行动为掩饰，利用既有的社会规则来使自身的利益最大化，以看似合理的手段来隐蔽地实现个人利益是其根本特征，其本质上是利己主义的新发展,也是现代犬儒主义的新样态。青年农民工一旦接受这种思想观念和价值取向,容易变成工于心计的经济人,简而言之,虽然有着"精致"作为掩饰,但是利己主义的实质也会最终被揭露,为了个人利益不顾一切的行径也会遭到集体的唾弃,青年农民工无论是完成工作任务还是生活交往,都是需要集体的配合与协同才能更好地实现,一旦形成这种错误的价值取向,一方面容易在工作和生活被孤立,另一方面容易越走越深,放弃正确价值观和人生目标。总之,以现代犬儒主义在中国的不同样态为依据,对其毒害青年农民工思想的事实和后果进行分析,可以总结得出影响他们精神生活需求的社会思潮因素。

六、网络文化乱象对青年农民工精神追求的弱化

青年一代对网络的使用率较高、受网络的影响较大、对网络的依赖度较高,他们的生活与工作都与网络息息相关。但是,在网络空间治理尚存在漏洞和不完善之处的当下,网络空间中的各种文化乱象对青年也有着一定的消极影响,"这样一种开放式的局面,很容易对作为'网络原著民'的新生代农民工的文化意识形态和价值观产生冲击"[①],青年农民工由于受教育程度有限、理性辨识能力较弱、价值判断导向不明确,更容易受网络文化乱象的消极影响,进而导致他们的精神生活需求异化发展。

(一)网络文化的娱乐化影响青年农民工精神追求

在资本逻辑的主导下,网络文化发展越来越趋向于以盈利导向,出现了诸如流量为王的文化产品生产逻辑,而文化产品的娱乐化去向正是这种逻

---

① 田兵:《网络时代新生代农民工文化需求问题探究——基于北京市的抽样调查与分析》,中共中央党校博士学位论文,2016年,第29页。

辑作祟的结果,为了娱乐大众、增加流量、获得更多的收益,网络文化作品的创作逐渐失去其精神内核和价值意蕴。而青年农民工作为网络媒介的高频度使用者,他们通过网络接收外界信息、进行人际交往、实现消遣娱乐等,在媒介使用的过程中,网络文化无形中对他们也产生了潜移默化的影响,而当前网络文化的娱乐化倾向也深刻地影响和改变着他们的思想观念和日常行为。其一,资本逻辑下的网络付费娱乐活动成为部分青年农民工的日常生活必需品。通过手机和电脑进行娱乐消遣活动成为他们工作之余的生活,而有些青年农民工则沉迷其中不能自拔,一部分人网络游戏上瘾,把大好的青春时光消磨于虚拟的网络游戏中,有时候还会花钱来购买游戏装备,增加生活成本和消费;而有一些甚至会在网络上沾染网络赌博等恶习,最终导致倾家荡产。网络游戏(如王者荣耀等游戏)具有很强的致瘾性,一旦意志不坚定的青年农民工对其上瘾,就会花费大量的时间和精力在上面,不仅影响生活休息,有时还会耽误工作,对他们的精神摧残也相当严重。

其二,网络文化中提倡及时行乐的观念会消磨青年农民工的理想和目标,容易引起他们精神涣散。在泛娱乐化思潮和消费主义思潮的双重影响下,网络领域充斥着各种及时行乐的观念和行为,如网络直播、抖音视频等风靡一时的热度,这些行为广受青少年的追捧和关注,一些青年农民工也因此陷入其中,有一些人不惜花费巨资打赏自己欣赏的主播,而其原因仅仅是为了在网络直播中寻找存在感和认同感。有一些青年农民工为了挣钱,也加入网络主播的队伍,通过各种新鲜的花样来吸引观众和获得打赏。还有些人通过上传抖音视频来进行娱乐、通过抖音平台来进行虚拟交往等,这些都是网络文化娱乐化的现实表现,其泛滥和发展容易引发青年农民工精神生活出现过度娱乐化和低俗化,使其不能通过健康的精神生活来进行自我提升和自我发展,而是沉浸于粗制滥造的庸俗生活中,导致自身发展停滞不前。

（二）网络文化的庸俗化冲击青年农民工崇高理想

在网络化时代，网络的匿名性和逐利性等特征造成了网络文化的庸俗化发展，而庸俗文化也给青年农民工带来了不良影响，消解了他们的崇高理想，瓦解了他们的高尚情操和价值追求。其一，网络语言的低俗化发展，给青年农民工营造了低劣的话语氛围。自媒体网络不仅是信息发布和传播的中介，也是人们进行虚拟交往的空间场域，话语作为传播信息、人际交往的必要载体，在网络空间领域也不断被创造、创新和发展，但是，由于网民群体的素质不一、网络的匿名性等原因，导致网络空间话语的发展呈现出乱象，一些低俗化的网络话语被广泛使用，并且营造了一个不够健康的话语氛围，青年农民工本来文化素养就不算太高，再受到网络话语的影响，也会形成不良的话语习惯，正如有学者形象描述的："有的人借着屏幕的保护，在谩骂中寻找一种满足感、存在感，脏话、粗话成了网民宣泄愤怒的手段，脏话连篇已经是部分网络使用者家常便饭的事了。"[1]而青年农民工一旦在这种话语氛围中进行信息接收和网络交往，也必然会受其影响，形成低俗恶劣的话语习惯，进而在庸俗的网络话语中消解了崇高意志和精神追求。

其二，网络空间各种类型的庸俗化文化迅速发展，影响了青年农民工的精神生活质量。在网络空间文化乱象的背景下，各种庸俗文化迅速发展，充斥网络空间，典型的如黄色文化、恶搞文化等，这些低俗文化有些会让青年农民工沉浸其中不能自拔，有些则会带偏方向，让他们在接收后模仿和学习。如网络空间的黄色文化，近几年政府部门加强了网络监管和网络治理，黄色文化在网络空间传播已经得到有效治理和控制，没有像21世纪前10年网络刚流行时那样泛滥，但是其通过各种隐蔽渠道依然在传播，青年农民

---

[1]　王琦：《当代中国网络文化乱象及其治理路径研究》，南京航空航天大学硕士学位论文，2018年，第14页。

工在陌生的城市工作,孤单和寂寞的心理容易使他们接受并沉迷于这种文化中不能自拔,有时候甚至不惜重金去购买和消费,这种文化不仅污染了他们的思想、威胁精神健康,还容易引发一系列心理问题。再如近年来盛行的恶搞文化,"一些网络恶搞现象,如对《西游记》的恶搞,对电影《闪闪的红星》的恶搞,是对人们已经认定的经典思想和主流文化价值观的颠覆"[1],这种对传统和经典的低俗颠覆和恶搞,消解了人们的崇高信仰和内在精神追求,容易对青年农民工形成负面的榜样,让他们也陷入恶搞的漩涡。精神生活需求也会随之低俗化。

其三,网络文学作品和精神产品的低俗化。网络领域在资本逻辑的主导下也不断地生产着各类满足人们精神文化需求的网络作品,他们以逐利为导向,以低俗化的作品生产来吸引眼球和获得浏览量。以网络小说为例,青年农民工往往喜欢玄幻类小说和情感类小说,其中,玄幻小说往往以武侠小说为架构,以西式魔幻题材为点缀,以各种超自然元素的诸如修仙、道术、鬼怪、魔法、幻想和神话为内容,迎合作者的某些心理需要,如社会下层人物的艰辛成长、英雄角色的惊天逆袭等[2],使得他们沉浸其中,在幻想性空间中满足自身对于奇迹的渴望、对于出人头地的期待等,而这些低俗的写法往往并没有什么思想营养和"正能量",不利于青年农民工精神生活需求质量的提升。

(三)西方文化的网络入侵冲击青年农民工的文化自信和精神信仰

网络空间的开放性特征为世界各国的文化交往提供了便利,但是也为外来文化的入侵提供了条件,发达资本主义国家的强势文化借助网络媒介

---

① 田旭明:《守护在线之德:网络文化乱象的伦理反思》,《中州学刊》,2015 年第 9 期,第 89 页。

② 宋瑾:《我国新生代农民工城市文化融入研究:基于移动互联网社会影响视角》,西南财经大学出版社,2018 年版,第 73 页。

侵入我国,对我国民众的生活观念和价值观都产生重要影响,也对青年农民工的生活带来了一定的影响,他们在外来文化宣传的影响下容易丧失文化自信、产生崇洋媚外心理,具体而言,表现在以下几个方面。其一,外来文化的网络入侵容易让不明真相的青年农民工产生崇洋媚外心理。不可否认,国外文化有其优秀的内容,也在对外宣传方面做得比较好,特别是网络化时代,发达国家的文化输出更加便捷和多元,如电影、品牌和科技产品等文化输出,优秀的文化内容再加上宣传的包装,很容易受到广大青年农民工群体的追捧与关注。但是,外来文化在网络空间的传播与追捧,也很容易造成青年农民工的崇洋媚外心理,他们在接触到优秀的外来文化时,一方面会欣然接受并努力学习,另一方面则会在外来文化输入的有效引导下对本民族的文化产生质疑和不自信,盲目追捧国外文化,如近年来出现的各种精日分子、哈韩分子、崇美分子等,他们都是对国外文化过度追捧,导致自我否定和自我嫌弃,进而形成错误的文化心理。

其二,外来文化的网络入侵还容易引发青年农民工的文化认同危机,进而给他们的精神生活需求带来不良影响。"文化自信就是对于本民族文化价值的认可、文化生命力的肯定、文化身份的认同以及正确的文化心态等。"[1]在网络空间的外来文化影响下,青年农民工很容易受到国外文化的影响,对外来文化形成崇拜和追捧,而对本民族文化内容失去认同和自信,认为外来文化优于中华文化、外来文化就是先进的而本民族文化是落后的,在文化的比较中形成错误文化认同观。但实际上,他们缺少辩证思维能力和理性分析能力,盲目崇外的文化观容易产生对本民族文化的一味否定,进而以外来文化否定自身文化,把外来精神文化产品作为精神生活的主要内容,而放弃本民族的精神文化产品。总之,外来文化的网络入侵一方面丰富了网络空间的

---

[1] 左路平、吴学琴:《论文化记忆与文化自信》,《思想教育研究》,2017年第11期,第50页。

文化内容,使其变得更加丰富多彩;但是更严重的是带来本民族的文化认同危机和错误文化心理,对于青年农民工的精神生活需求也带来诸多负面影响。

七、社会负面问题对青年农民工价值判断的掣肘和干扰

伴随着我国改革的进一步推进和市场经济的深入发展,经济社会领域的问题和社会矛盾也不断凸显,各种社会负面问题的爆发也对社会成员的心态和精神产生重要影响,特别是处于城市边缘生存境遇的青年农民工群体,他们自身的情绪敏感性容易导致他们对社会问题的过度解读,而社会负面问题有时候也会直接涉及他们自身的利益,因此他们的价值判断和社会心态都会受到社会问题的掣肘和干扰。

(一)社会不公事件的滋生引发青年农民工的价值认同危机

青年农民工在城市中处于社会边缘地位,他们不仅亲身接触到各类社会问题,遭遇过诸多社会不公,而且也会聆听到很多社会不公的底层声音,这种氛围容易让他们困于"信息茧房"之中,只看到社会的黑暗面,而忽视社会的健康、阳光一面,而社会不公也刺激着他们的敏感神经,容易引发他们的价值信仰危机。具体而言,社会不公事件对青年农民工的影响表现在以下方面,其一,自身及身边亲戚朋友遭遇社会不公问题,直接影响青年农民工的价值判断。青年农民工以及身边的亲戚朋友大多处于社会底层,他们在日常生活和工作中容易遭受来自外部的歧视与不公对待,如就业中的不公对待、工作时遭受的职业歧视等,而大多情况下他们也都是无力反抗,只能默默忍受,这种社会不公则会给他们的社会心理和价值观带来影响,他们渴望社会地位和金钱来改变身份,改变社会不公的弱势地位。社会不公事件的发生往往容易在他们的群体内部流传,在集体的交往中形成集体共识和群体

情绪，在他们的交往中往往会相互之间发泄对于社会的不满和对于社会不公的抱怨，这种集体情绪一旦长期弥散而得不到有效的疏解，则会影响他们的价值观和精神信仰。社会不公事件也会形成对于社会主义核心价值观的消解，公正价值观是社会主义核心价值观的重要组成部分，人们对其已经形成广泛价值认同，但是现实生活中青年农民工在遭遇不公事件后、在聆听身边的不公事实后，则会形成对于核心价值观的质疑和诘难，影响他们的价值判断和精神信仰。

其二，青年农民工往往会作为旁观群体参与社会不公事件的网络讨论中，在网络舆论中表达自身的观点和想法。在自媒体时代，很多社会不公事件经过网络传播可以得到更广泛的关注和讨论，也促进了一些不公事件的解决，青年农民工在网络时代也会接触到这类信息。一方面，他们高度关注与自身利益切实相关的社会不公事件，如拖欠农民工工资事件、外卖小哥遭遇职业歧视、某些公司老板压榨员工事件等，这些事件与他们切身利益相关，他们在接收到这类信息后也会积极参与网络围观和网络讨论中去，在网络舆论中还会发表自己的观点和想法，试图通过网络发声来提升自身群体的社会地位和减少社会不公。另一方面，他们也会关注其他社会不公事件，参与到对社会问题的声讨中、对社会制度的反思中、对社会公平的强烈诉求中，其他社会不公事件的频发也会引起他们价值观的变化。

(二)政治腐败问题对青年农民工政治价值观的影响

市场经济浪潮下，有一部分党员干部丧失理想信念，被资本逻辑所俘获并堕落，进行权钱交易、权色交易、权权交易等行为，也引发了一系列贪污腐败问题，党的内部团结和外部形象也因此遭受损坏，贪腐问题也成为近年来我们党自我净化、自我革命的重要治理对象，也清理了一大批党内、政府内的贪污腐败官员，净化了党内政治生态和党员队伍。但是不可否认的是，党内贪污腐败问题将长期存在,是党的一项长期治理任务。政治腐败问题也影响了青年农民工对政治的价值认知,对政治参与需求的价值判断等,一方面,政治腐败问题容易让青年农民工产生政治不信任心理,特别是涉及到基层政府的腐败问题,当听到贪腐分子滥用权力、制造社会不公、以权谋私等问题时,他们会觉得党和政府不可靠,觉得党和政府都一个样,都是某些官员谋私利的地方,而他们自己就是社会弱势的一方,就是任人宰割的底层群体,因此他们很容易形成错误的政治价值观,而政治参与需求也会随之减弱。另一方面,政治腐败问题也很容易带来政治仇恨和反社会心理,政治腐败意味着一部分掌握政治权力的政治官员会利用权力干预正常的社会秩序和市场规律,而无权者则面临着被压迫和被欺负的现实境况,在这种二元对立中,社会矛盾很容易被激发,而且很容易形成社会舆论,如前些年出现的"我爸是李刚"事件、"城管暴力执法"现象则充分展示了这一点,权力寻租、权力霸凌等现象屡屡出现,而社会弱势群体在遭受这种不公平对待后极容易产生政治仇恨心理,他们因遭受权力侵害而对政治权力充满仇恨,对政府官员充满敌视,青年农民工处于城市社会的底层,可能他们正是在城市中摆地摊而遭受暴力执法的受害者,也可能他们在工作的过程中遭受有权者的不公对待,总而言之,他们的生活环境决定了很容易遭受政治权力的侵害和不公对待,而这些都会引发他们集体的焦虑与不满情绪,他们的政治价值观也会因此改变,对政治权威的信仰、对政治参与的热情也会因此而削弱。

(三)社会贫富差距引发青年农民工滋生相对剥夺感

共同富裕是中国特色社会主义建设和发展的目标和方向,推进全面建成小康社会也是新时代的重要目标。但是,在推动消灭绝对贫困的历史进程中,我国生活的相对贫困依然存在,而且贫富分化也有愈益扩大的趋势,贫富分化是市场经济的弊端所致,对社会成员的价值观念、社会心理等都会产生不良影响,贫富差距过大还会引发一系列的社会矛盾和社会问题,青年农民工进入城市工作就是为了摆脱农村生活的贫困状态,为了增加经济收入而被迫做出的选择,他们更容易在贫富分化的社会发展中被迫走向贫穷的一极,而这些都会对他们的社会心态、价值取向产生重要影响。

其一,社会上一些炫富事件严重影响青年农民工的社会心态,容易使其产生相对剥夺感和社会不公感。近年来,网络上经常爆发一些富二代、官二代的炫富事件,很多经过调查都是通过非法途径致富,或者说依靠特殊权力和背景来敛财,这种情况一经爆料,就会引起广大网民群体的集体吐槽和广泛不满,人们的不公平感和相对剥削感一下子就会集中爆发。青年农民工本身就处于人生发展中情绪容易激动的年纪,再加上自身的经济收入和社会地位都较低,在这种群体情绪的渲染中很容易陷入其中,成为宣泄不满情绪的一员,抱怨社会、发泄对政府的不满,仇富心理也会在心中酝酿和滋生,这些负面情绪和消极心理不仅消磨着他们工作的积极性、对于社会的正面认知和前进的动力,而且严重的甚至会引导他们走上歧途,近年来由农民工群体引发的社会事件也时有发生,大多数是由各类事件引起的心理不平衡诱发的,其中贫富分化导致的相对剥削感就是重要原因。

其二,社会贫富分化给青年农民工带来了巨大精神压力,精神焦虑的时常发生影响了他们精神生活的质量。社会贫富分化在日常生活中以鲜明对比的方式呈现给青年农民工,增加了他们的精神焦虑和压力,如在城市中别人住在别墅区,开着豪车,而自己却蜗居在小房间里;别人的孩子上着最好的学校,享受着最优质的教育资源和基础设施,而自己的孩子却在农村成为留守儿童。日常生活中无形的对比都会给他们增添精神的压力,他们想在城市挣钱回家让家人、孩子过上幸福生活,而碍于能力有限只能以体力劳动的方式挣着微薄的收入,这些会让青年农民工产生自卑心理、精神压力,对自身和家庭的未来产生焦虑,也对贫穷产生焦虑,贫富分化正在以他们看得见的方式对他们产生身心和精神方面的伤害,这也让他们精神领域充满焦虑,精神生活需求也会被焦虑和压力所取代,进而出现各种问题。总之,社会的贫富分化对处于社会底层的青年农民工群体而言,不仅是一种物质生活方面的打击,也是一种精神层面的摧残和伤害。

第六章 加强新时代青年农民工精神生活需求价值引导的有效对策

随着物质文化生活条件的不断提高,人们对精神生活的需要愈加强烈,满足人们精神生活需求是实现美好生活需求的重要内容。对此,党和国家领导人多次强调要不断丰富人民精神文化生活、满足人民群众精神文化生活的需要、构筑人民精神家园,并取得显著效果。但当前精神贫困问题在青年农民工群体中仍然表现得较为突出,精神生活需求的简单化和粗俗化、情感需求的功利性和随意性、价值追求的符号化和浅薄化等现象依然存在,这些问题若不及时有效地解决,会加剧青年农民工的不满不公心理、愤恨怨怼情绪和极端仇视心态,从而不利于经济发展与社会和谐稳定。因此,要重视新时代青年农民工精神生活需求问题,努力探寻其解决之道。

一、发挥党委领导和政府主导的作用

毫无疑问,党和政府是解决青年农民工精神生活贫瘠问题,使青年农民工享有健康丰富的精神文化生活的最重要的主体力量。因此,要充分发挥党和政府在丰富青年农民工精神生活中的领导和主导作用。

(一)全面推进城乡二元户籍制度改革

城乡二元户籍制是新中国成立初期党和国家迫于战后一穷二白、百废待兴的发展现实和复杂的国内外政治环境而作出的优先发展重工业战略背景之下难以避免的制度选择与制度安排,其形成既是历史必然也是现实需要。就当时而言,其实行具有一定时代合理性和现实必然性,且曾发挥过不可替代的作用。但随着经济社会的发展,这一制度的合理性和积极作用也被逐渐弱化,并在事实上成为了横亘在城乡之间的难以逾越的壁垒和障碍,不仅拉大了城乡之间、地区之间的经济差距、收入差距,而且拉大了人心差距,成为当前城乡发展一体化进程持续深入推进阻碍和桎梏。而这一制度所衍生出来的城乡之间人与人关系的不合理问题以及教育、医疗、养老、就业、住房等一系列福利保障的不平等问题,成为新时代青年农民工精神生活匮乏甚至缺失的制度性根源。因此,改变二元户籍制度成为解决新时代青年农民工精神生活贫乏问题的必由之路和无法回避且不得不解决的政策性和制度性问题。近年来,国家出台了一系列文件来推进城乡户籍制度改革,但也并未明确到什么时候完成这项改革,而且户籍改革取得成效的关键不仅仅是统一身份,更在于消除城乡的医疗、就业、环境、住房等方面的差别待遇,注重各项配套政策的落细落小落实,这就要求充分发挥在城乡二元户籍制改革和创新中党委领导和政府主导的重要作用。

第一,树立正确改革理念。思想是行动的先导,正确的思想观念是党和政府切实推进城乡二元户籍制改革的关键。因此,在城乡二元户籍制度改革过程中,首先要厘清为何要改、为谁而改的问题。城乡分而治之的户籍制度既造成了城乡之间基础设施建设上的巨大差距,同时也造成了人与人之间关系的疏离,权益和利益的落差,诸如城乡人心隔阂、身份歧视、福利差距以及相关权益不平等,等等。从而导致青年农民工在身份上被"边缘化",在生活上城乡"两栖"居无定所,在精神上陷入文化"孤岛"、精神"荒漠",在就业、养老、医疗、教育上缺乏保障、无所依靠,等等。可见,身份的认同、权益的平等和价值的肯定是解决问题关键。因此,改革二元户籍制度、改变和打破城乡二元分割的现状和阻碍,既是必要的也是紧迫的。唯此,才可实现人尽其才、安居乐业的目标。有专家指出,"要尽快制定并实施'废除城乡二元户籍制度,全面实行居住证制度'的具体行动方案"①。党和政府要转变过去的一些工作思维,摆脱过去的经验桎梏,在政策的制定、实施和落实过程中要树立正确的价值取向,真正将"人"而不是地方经济利益和财政收入作为二元户籍制度改革的出发点和落脚点,始终秉持以人民为中心、为人民服务的改革思想。只有这样,才能从根本上淡化二元户籍的阻碍、冲破制度的制约、跨越制度的鸿沟,从而真正解决新时代青年农民工精神生活贫瘠问题。

第二,优化户籍管理制度。二元户籍制度下特有的农业户口和非农业户口及伴随其间的各方面待遇、权益与福利的区别是造成进城务工农民精神生活匮乏、文化生活层次低且内容方式单一的重要因素。因此,改变二元户籍制必须要优化户籍管理制度。这就要求地方党委和政府科学优化和切实落实相关制度政策。一方面,要完善统一的户籍登记制度。户籍登记是户籍制度的重要组成部分,改变二元户籍制度必须要完善统一的户籍登记制度。2014年国务院颁布的《关于进一步推进户籍制度改革的意见》作出了将农业与非农业户口统一为居民户口的决定,改革目标是进一步调整户口迁移政策,统一城乡户口登记制度,全面实施居住证制度,加快建设和共享国家人口基础信息库,稳步推进义务教育、就业服务、基本养老、基本医疗卫生、住房保障等城镇基本公共服务覆盖全部常住人口。这表明,农业与非农业身份

---

① 迟福林:《2020:让城乡二元户籍制度成为历史》,《人民政协报》,2017年3月4日。

壁垒正在逐步被打破,但切实落实与有效实施的阻力依然较大。因此,在新时代背景下,在全面建设社会主义现代化国家的新征程上,基层党委和政府必须进一步完善统一的户籍登记制度,以彻底打破农业与非农户口所带来的身份界限、户籍歧视、社会偏见以及权益福利差距,为新时代青年农民工真正立足城市、融入城市提供坚实保障。另一方面,要制定科学的准入门槛。目前,许多城市尤其是北京、上海等特大城市,外来务工人员落户条件依然很高,甚至可以说是这些外来务工者所远不能及的。这些"高门槛"不仅会导致户籍改革收效甚微,而且会挫伤外来务工群体的工作激情、生活热情和未来祈盼,从而进一步加剧其精神的"荒漠化"。这就要求地方党委和政府根据实际情况,在城市发展的综合承载力可承载前提下适当降低准入门槛、放宽户籍限制,为有经济能力在城市购房的、有知识学历在城市谋得稳定工作的或者虽无稳定工作但常年在城市谋生的农民工创造定居城市、融入城市的机会和条件,从而促进新时代青年农民工精神"荒漠化"问题的解决。

第三,剥离制度"附加值"。改变城乡二元户籍制度关键是改革依附于这一制度之上的一系列利益"附加值",包括就业、医疗、养老、教育、卫生、住房等方面。虽然,城市市民享有一系列良好的社会保障体系,但是作为"外来人口"的农民工群体却始终游离在这些保障体系之外,因而成为城市里的"弱势群体""边缘人",这就不可避免地造成了农民工群体安全感缺失、归属感缺乏、精神文化生活匮乏的现状。因此,地方党委和政府一方面要加大对二元户籍制度配套制度的改革以逐步剥离依附在二元户籍制度上的利益附加值,另一方面要建全和完善对农民工群体的福利保障政策以逐步增强农民工的权益保障,从而逐步缩小城乡户籍的保障差距和权益落差,满足农民工共享物质和精神发展成果的愿望,进而为新时代青年农民工走出文化"孤岛"提供有效保障。

（二）健全保障制度体系

青年农民工是推动城市建设的主力军，是促进城市发展的不可或缺的中坚力量。然而,现实问题是,他们难以融进他们亲手建造起来的城市、难以享受他们亲手创造出来的物质和精神文明,身处繁华都市中却深陷文化"孤岛"和精神"荒漠",仿佛"局外人"和"旁观者"。之所以如此,症结主要在于农民工的合法权益和基本权利没有得到真正切实有效的保障，农民工的市民身份没有得到真正认同,从而使他们对城市缺乏归属感和安全感,并由此产生自卑感与疏离感。因此，要切实解决新时代青年农民工精神生活需求问题,地方党委和政府必须建立健全关切青年农民工群体的社会保障体系。

一是健全就业管理制度。目前,针对农民工的就业管理和服务制度还相对欠缺和不够健全。比如,一些企业在招聘中依然存在对农民工歧视、偏见,一些社区、街道依然缺乏针对农民工就业管理和就业服务的机构和网站。这就要求，基层党委和政府要建立健全针对青年农民工群体的就业管理和就业服务制度。一方面,建立健全统筹城乡的就业制度,打破城乡就业藩篱、消除城乡就业制度差别和限制,从而促进和落实公平、公正、统一、开放的就业制度,进而消除对青年农民工的就业歧视、就业偏见。另一方面,设立街道和社区就业管理和服务中心,加强对进城农民工群体的就业指导和就业服务,最大限度回应他们就业诉求、满足他们的就业需求。此外,建立和完善针对青年农民工群体的就业激励机制,对有能力、有志向创业的青年农民工给予一定的政策扶持和税收支持,包括减税、免税、低息贷款等。总之,健全的就业管理和就业服务制度,有助于增强青年农民工的奋斗精神、拼搏意识、城市归属感和安全感,从而激发他们对工作的热情、对生活的信心和对人生的追求,进而有助于消除其精神世界的空虚和迷茫问题。

二是健全失业保险制度。因为青年农民工的工作多为餐饮、建筑类型,相对来说这些工作流动性大、稳定性低,且绝大多数的青年农民工在工作之前并未与用人单位和企业签订劳动合同,所以缺少一定的保障。由此,无形之中增加了青年农民工群体对物质生活的后顾之忧,从而也制约了他们的精神生活需求。这就要求地方党委和政府要多管齐下、多措并举,建立和健全针对青年农民工群体的失业保险制度,为青年农民工提供更多的保障。一方面,加强对青年农民工群体的法律宣传和普及,增强其依法签订劳动合同的意识。另一方面,加强对用人单位和企业的监督力度,提高用人单位和企业依法与农民工签订劳动合同的自觉性。此外,提高相关政府部门对青年农民工就业问题的重视意识和服务意识,建立健全针对农民工群体的就业和失业的管理和登记系统,同时为失业青年农民工提供一定失业援助和再就业指导。

三是健全医疗保险制度。当前城市的医疗保险已经开始逐步覆盖农民工群体,但是覆盖面有限、缺乏相应监督机制且保费高、保率低、使用程序复杂。因此,对于减轻青年农民工的生活负担、增强他们的安全感来说效果并未十分显著。这就要求地方党委和政府建立健全医疗保险制度,使农民工病有所医、有病敢医。一方面,提高统筹协调能力,扩大医保覆盖范围,积极探索并建立联通不同省、市、县的统一医疗保险系统,将工作流动性大的和暂时失业的农民工也纳入其中。另一方面,建立相应的监督机制,加强对企业的监管,敦促其自觉按时为农民工缴纳保费。此外,适当降低保费、提高医疗赔付率、简化医疗赔付流程,增强农民工的参保意愿和积极性。只有这样,才能增强青年农民工的安全感和主人翁地位。

四是健全工伤保险制度。一方面,青年农民工工作环境差、工作时间长、工作强度大、工作危险系数高,是工伤事故易发高发的群体。另一方面,部分农民工工作流动性大、劳动合同缺乏、参保意识淡薄,因而又是容易成为"漏保之鱼"的群体。因此,地方党委和政府必须健全关切农民工的工伤保险制度。一方面,健全和优化工伤预防机制,加强相关部门对合理生产、安全生产的检查、监督和管理力度,减少工伤事故的发生。另一方面,加强相关制度法规的执行力度,提高用人单位和企业的责任意识,遏制其逃避事故责任、拒绝理赔的企图。此外,加强工伤保险政策宣传,同时简化理赔程序,提高农民工的参保意识和参保意愿。只有这样,才能减轻青年农民工的后顾之忧,提高他们对自身精神生活的关注度。

五是健全养老保险制度。建立健全关切农民工群体的养老保险制度,才能真正让农民工群体共享改革发展的成果。这就要求地方党委和政府,一方面,要建立起跨地区联网统一的养老保险系统和平台,对农民工的养老信息进行统一登记和统筹管理, 为农民工跨地区转移和接续养老保险关系提供便利。另一方面,建立健全城乡一体的、无差别的养老保险体系,并将进城务工者纳入其中,使其老有所依,真正感受到城市的温暖。此外,降低参保费用、加强政策宣传,从而提高企业为农民工缴纳养老保险费用的自觉性、责任意识,以及农民工自身参保意愿和意识。

总之,地方党委和政府应建立健全关切农民工群体的社会保障体系,切实保障农民工的合法权益,使其劳有所获、获而有感,病有所医、有病敢医、老有所养,才能免除他们的后顾之忧,这是解决新时代青年农民工精神生活需求的制度保障。

(三)强化物质基础

所谓"仓廪实而知礼节,衣食足而知荣辱"。物质生活的充足感、满足感是精神生活的愉悦感与充盈感的基础和前提。正如马克思所言:"物质生活的生产方式制约着整个社会生活、政治生活和精神生活的过程。不是人们的意识决定人们的存在,相反,是人们的社会存在决定人们的意识。"①可见,物

---

① 《马克思恩格斯选集》(第2卷),人民出版社,2012年版,第2页。

质生活之于精神生活的重要性。可以说,物质生活制约着整个精神生活发展的全过程。因此,要不断改善青年农民工的物质生活条件,只有当物质生活基础足够坚实才能支撑起精神生活的丰富和发展。但是,当前青年农民工的生活水平仍然较低、物质基础仍然相对薄弱,这就不可避免地会对他们的精神生活水平的提升造成制约。因此,强化和夯实物质基础是地方党委和政府解决新时代青年农民工精神生活需求问题的题中应有之义。

第一,提高青年农民工工资水平。对于青年农民工来说,其主要的收入来源于工资,因此地方党委和政府强化青年农民工物质基础的第一要务就是提高他们的工资水平,这是提升青年农民工精神生活质量的根本前提。首先,提高最低工资标准。由于青年农民工所从事的大部分是简单、重复的体力型、劳动密集型的工作,这些工作准入门槛低、技术含量低、可替代性强,所以劳动报酬低、福利待遇差。这就要求地方党委和政府在综合考虑地方经济发展水平、收入水平、消费水平、企业收益等因素基础上适当提高最低工资标准。其次,加强对企业的监管力度。地方党委和政府要加强对用人单位和企业的监督管理,避免和杜绝强制加班、无偿加班、克扣工资、拖欠工资的现象,使农民工劳而有获、获而有感。再次,健全相关法律法规。法律法规是保障农民工合法权益得到切实享有的根本途径,因此党委和政府相关部门必须通过立法、完善法律制度的途径来切实保障青年农民工的合理合法收入。最后,创新管理方法。地方党委和政府在提高农民工工资问题上,不可避免地要涉及到如何处理好、协调好政府、企业以及农民工个人的关系问题。这就要求地方党委和政府通过总结以往工作经验、立足时代与实践要求、合理借鉴与辩证吸收西方发达国家在相关问题上的理论与实践经验来不断创新工作和管理方法,从而恰切协调各方关系、实现互利共赢。只有收入得到有效保障,青年农民工才有闲情逸致去思考如何进一步丰富和发展自身的精神生活,如何进一步满足自身在精神文化层面上的需要,从而走出文化

"孤岛"和精神"荒漠"。

第二，改善青年农民工居住坏境。提升新时代青年农民工精神生活上的获得感与幸福感必须要解决其住房问题、改善其居住环境，这就要求地方党委和政府切实解决好青年农民工的居住问题，一方面，要敦促用人单位和企业提高青年农民工住宿条件。青年农民工大多收入低，无法负担起高额的房租，因而往往都是挤住在企业集体宿舍、城中村、棚户区、偏远郊外甚至集装箱板房，居住环境较为拥挤且缺乏基本的卫生条件和安全条件。只有切实改善青年农民工居住条件、优化其居住环境，使其住得舒服、舒适、舒心，才能使他们有更多闲暇心力去进行精神生活方面的考虑。另一方面，要健全住房保障体系，将青年农民工纳入城市住房保障体系，包括将青年农民工纳入经济适用房、廉租房、公租房适用对象，购房优惠政策适用对象，住房公积金适用对象，等等。如此，方可既改善青年农民工的居住环境，从而提高他们进行精神文化活动的积极性和参与度，又可以方便他们家人、亲友进城探望从而一定程度上减轻其精神世界和情感世界的空虚感。总而言之，只有让青年农民工不仅有得住而且住得好，才能进一步解决其精神文化生活上的问题。

第三，加强公共文化基础设施建设。如上所述，青年农民工大多居住在嘈杂拥挤的城中村、远离城市中心的郊外、工业园区的集体宿舍以及尘土飞扬的建筑工地，这些地方的共同点是文化基础设施落后、文化产品缺乏。而且结束一天工作之后的青年农民工几乎很难再有长途跋涉到市中心看书、看电影、健身的时间和精力，因而他们更多地是选择与手机为伴、与网络游戏为伴、与身边工友为伴，不可避免地造成了青年农民工精神文化生活内容匮乏、形式单一的现象。这就要求地方党委和政府要完善公共文化基础设施建设，一要加大资金投入力度，资金是基础和前提，只有资金充足才能保证公共文化基础设施建设的顺利推进。二要扩大公共文化基础设施建设范围，尤其是在农民工集中居住的地方，兴建相应的文化活动场所，包括社区阅览室、社区文化宫、社区体育馆、社区文化广场,等等,从而保证公共文化设施和文化产品最大限度地覆盖和惠及农民工群体。只有这样,才能切实回应和满足青年农民工群体的精神生活诉求和需要。

(四)整顿文化市场

在解决新时代青年农民工精神生活需求的过程中,要充分借助文化市场在其中的积极作用。但目前文化市场上仍然许多问题,比如,文化设施和文化产品分配不均、供需不一致,精品文化供给不足,低端娱乐产品甚至庸俗负面产品较多,等等。这些问题的存在显然不利于新时代青年农民工的精神生活质量的提升、需求的满足。因此,整顿文化市场、推进和落实文化供给侧结构性改革就成为地方党委和政府解决新时代青年农民工精神生活需求问题的重要举措。

其一,优化文化市场资源配置,促进文化供给平衡。一定程度上,文化供给与人们文化获得感成正相关,也就是说,文化供给越多,文化获得感越强;文化供给越少,获得感越弱。因此,满足新时代青年农民工精神文化需求要着力解决文化供给问题。就目前而言,城市主城区的文化资源明显多于城市边缘以及乡镇农村地区,城市市民可获得的文化设施与文化产品的丰富度明显大于外来务工人员。而文化资源的分配不均问题、文化设施和文化产品供给不平衡问题必然会弱化青年农民工群体的文化获得感,从而导致他们陷入文化"孤岛"。这就要求地方党委和政府进一步优化文化市场资源配置、进一步促进文化供给平衡,从而不断满足新时代青年农民工对精神生活的需求。一方面,加强顶层设计。地方党委和政府要从全局的角度认真分析、科学规划、统筹协调城市文化基础设施建设、文化产品供给,从而促进城市文化资源的优化配置、解决城市文化资源分布不均问题,进而解决新时代青年农民工精神生活问题。另一方面,进一步促进基本公共文化服务标准化、均等化。这就要求地方党委和政府大力推进文化惠民工程、增加针对青年农民工的文化服务总量,以解决文化发展水平、文化产品供给不均衡问题,从而更好地满足新时代青年农民工的精神生活需求。比如,通过在农民工生活和工作地附近新建、扩建、改建文化广场、临时图书馆、临时健身房以及临时电影院等,为青年农民工提供更加丰富的文化产品;通过定期举办针对青年农民工群体的教育培训活动、才艺秀活动以及运动会等,满足青年农民工多样化的文化需求。

其二,健全文化需求反馈机制,提高文化供给效率。由于受到工作性质、生活环境、收入水平、受教育程度以及个人兴趣等因素影响,青年农民工的文化需求也存在一定差异。只有对青年农民工的文化需求了若指掌、了然于胸,才能对症下药,从而更好地满足他们的精神文化需求。因此,地方党委和政府要建立健全针对青年农民工的文化需求反馈机制。首先,可以通过实地走访、面对面访谈、调查问卷、网络反馈等形式,收集青年农民工的文化偏好和文化需求信息,并通过智能算法对相关数据进行统计、分析、筛选,从而了解青年农民工群体的具体文化需求、文化偏好。其次,可以通过健全意见反馈渠道,包括开通热线电话和电子邮箱、建立官网和公众号等,加强与青年农民工的交流,加深对他们的了解,接受他们的建议,从而提高公共文化服务、公共文化产品供给与青年农民工的文化需求之间的匹配度。最后,要建立健全动态跟踪体系, 及时了解青年农民工文化需求的变化情况, 从而及时、有效地对公共文化服务的形式、公共文化产品的内容、种类进行更新和调整。只有不断健全文化需求反馈机制,才能使公共文化服务与公共文化产品供给与青年农民工的文化需求越来越趋向一致, 从而实现文化服务与文化产品精准供给,提高文化供给效率。这既是有效解决新时代青年农民工精神生活需求问题的重要路径,也是落实文化供给侧结构性改革的必然要求。

其三,健全文化产品评价体系,增加精品文化供给。近年来,随着经济社会的发展、物质生活的丰富,人们的精神文化需求和消费也日益增长。而需求和消费是生产的动力,因此文化产品在数量、种类和质量上也呈现不断上升趋势。但是,有高原无高峰、有数量缺质量、精品文化供给不足等问题依然存在,这不利于实现新时代青年农民工日益增长的精神生活需要之愿。因此,地方党委和政府要建立健全文化产品评价体系,增加精品文化供给。一方面,要坚持正确的评价导向,切实将富强、民主、文明、和谐、自由、平等、公正、法治、爱国、敬业、诚信、友善的社会主义核心价值观融入文化建设和文化发展的过程之中,增强文化产品的思想引领性。另一方面,要形成科学评价标准,坚持将"人民群众满意作为评价作品最高标准,把群众评价、专家评价、市场检验统一起来⋯⋯改革评奖制度,精简评奖种类,建立公开、公平、公正的评奖机制"①,增强文化产品的权威性和社会效益。此外,要创新评价方法,大力鼓励原创文化产品,提升文化创作水平。只有这样,才能不断提高文化产品质量,增加思想积极、导向正确、内涵深刻的精品文化的供给,从而为新时代青年农民工提供更多更好的精神食粮。

其四,完善文化市场监管机制,消除负面文化影响。当前,文化市场上文化乱象、不良文化产品滋生蔓延等问题依然存在,尤其是网络空间,俨然成为了"重灾区"。比如,低俗网络视频、庸俗网络小说、粗俗网络语言、网络赌博、网络谣言、网络诈骗以及色情网站等层出不穷。在互联网与智能手机高度普及的当下,这些负面的文化信息对于青年农民工思想、精神、价值观的危害是巨大的。因此,地方党委和政府要完善文化市场监管机制、规范文化市场秩序,消除负面文化影响。一方面,建立健全文化市场监管的法律法规,尤其是修订和完善网络文化市场的相关法律法规,形成相对健全和稳定的他律体系,使文化市场监管有法可依。另一方面,明确监管责任,这就要求

---

① 蒋建国:《建立健全现代文化市场体系》,《求是》,2013 年第 24 期,第 24–27 页。

地方党委和政府各部门制定权责清单、明确部门分工、明晰执法主体职责边界,使文化市场监管机制的落实有条不紊,从而提高执法效率、增强法之效力。此外,创新监管机制,充分运用现代技术手段,促进监管的数据化、智能化,从而提高监管效率。总之,只有不断健全和完善文化市场监管机制,才能有效遏制文化市场乱象丛生之状、防止不良文化产品滋生蔓延、清除文化市场中的瘴气污烟,从而为新时代青年农民工营造一个清朗的精神生活环境。

二、坚持社会主义核心价值观的价值引领

"人类社会发展的历史表明,对一个民族、一个国家来说,最持久、最深层的力量是全社会共同认可的核心价值观"[①],"只有当个人在某种程度上受一些共同的价值所引导时,一个自由的社会才会成功发挥作用"[②]。社会主义核心价值观包含国家、社会、个人层面的价值目标、价值取向、价值准则,"回答了我们要建设什么样的国家、建设什么样的社会、培育什么样的公民的重大问题",是当代中国精神的集中体现,是社会主义最本质的精神要素,是全体人民共同的价值追求。因而,为人的认知、道德、理想、情感以及行为等提供正确的价值遵循,为人的精神生活的丰富与发展提供正确的价值导向。因此,满足新时代青年农民工精神生活需要、提升青年农民工精神生活质量,必须坚持以社会主义核心价值观的价值为引领和导向。

---

① 习近平:《青年要自觉践行社会主义核心价值观——在北京大学师生座谈会上的讲话》,人民出版社,2014年,第3-4页。

② [英]哈耶克:《自由秩序原理》,邓正译,生活·读书·新知三联书店,1997年版,第94页。

（一）以社会主义核心价值观的理论形态丰富青年农民工认知生活

认知是人通过一定方式，包括感觉、记忆、思维、心理化、社会化等，在头脑中对外界事物与信息进行智能加工的过程。这一个过程是主观与客观相互作用、相互影响的过程，且更多地表现为主观性。因此，认知有正确与错误、积极与消极之分。总体来说，青年农民工的认知在主流上是积极的、健康的。但是，由于受到一定因素的影响，诸如收入水平、居住环境、管理体制、社会偏见、受教育程度以及自身素质，等等，部分青年农民工的认知状况也在一定程度上存在消极、不健康等问题，比如，不公平感、不和谐感、不安全感、空虚感、无能为力感等。这些问题的存在在相当程度上会对部分青年农民工的精神追求与精神状态产生消极影响，从而阻碍他们精神生活的丰富与发展、精神生活需求的满足。这就要求坚持以社会主义核心价值观为引领，为青年农民工的认知确立清晰的价值判断标准、提供正确的价值遵循，促使他们形成对社会、对职业、对自身的正确认知，从而摆脱认知困境、纠正认知偏差、提升认知水平和认知能力，进而不断提升自身精神生活质量。

其一，以社会主义核心价值观引领青年农民工的社会认知。所谓社会认知，即"个体对来自于自身、他人和周围环境的社会信息例如社会性客体和社会现象及其关系的认知，以及对这种认知与行为之间关系的理解和预测"[①]。也就是说，是主体之于客体的认识、理解、判断与思考。就此而言，如果主体存在绝对化、片面化、极端化等不健康、不正确的社会认知，也必然会使主体自身陷入对抗、极端、消极、负面等不良社会心态的漩涡之中。当前，随着改革开放向纵深发展，一些深层次的社会问题也逐渐浮现，包括发展不平衡不

---

① 转引自卢海阳、杨龙、李宝值：《就业质量、社会认知与农民工幸福感》，《中国农村观察》，2017年第3期，第57-71页。（Greenwald, A.G., and M.R.Banaji, 1995, "Implicit Social Cognition:Attitudes, Self-esteem, and Stereotypes", Psychological Review, 102（1）:4-27.）

充分问题、贫富差距问题、阶层分化问题、生态环境恶化问题,等等,伴随这些社会问题而来的还有不满不公心理、社会浮躁心态。由于受知识水平和自身实际制约,青年农民工往往缺乏对事物和现实的辩证认识和理性认知,从而更容易受这些负面社会心态的影响,甚至更容易产生社会心态失衡问题。因此,要坚持以社会主义核心价值观引领青年农民工的社会认知,社会主义核心价值观包含"自由、平等、公正、法治"的社会价值取向,有助于引导青年农民工形成健康的、积极的、充满正能量的社会认知。一方面,引导青年农民工群体正确认识"自由、平等"的价值要义。我国重视自由与平等的价值理念,并从法律上、制度上、经济上、物质上予以保障,但自由与平等都是有条件的、相对的、受一定社会历史条件制约的且不是一蹴而就的。正确认识和理解自由与平等的价值要义,有助于青年农民工用理性心态、辩证思维、长远眼光去看待现实生活中的一些不平等、不自由现象,从而对社会形成积极的、正确的认知。另一方面,引导青年农民工群体正确认识"公平、正义"的价值要义。公平正义是人们孜孜以求的目标和锲而不舍的追求,党和国家重视对"公正"价值理念的倡导与落实,并提出让全体人民共享改革发展成果、共享人生出彩机会、共享梦想成真机会,这正是对人们对于公平正义的诉求的殷切回应。但是,绝对的公平是不存在的。因此,引导青年农民工树立正确的公平观、正义观,有助于减轻部分青年农民工不满、不公、仇富等不良社会心态。此外,引导青年农民工树立法治观念。法治对人们的行为具有重要的引领和规范作用,落实"法治"价值理念有助于提高青年农民工的法律意识,也有助于提升党和政府在青年农民工心中的公信力和权威,从而减少他们消极社会心态、促进社会和谐稳定。总之,"自由、平等、公正、法治"是从社会层面对社会主义核心价值观的凝练,它通过引导青年农民工形成辩证的思维方式、建立正确的社会认知体系来调节、疏导青年农民工非理性的社会心态和不良的社会情绪,从而帮助青年农民工形成积极、健康、正确、理性的社会认知。因此，要坚持以社会主义核心观为引领，唯有如此，才能促进青年农民工精神生活质量的有效提高。

其二，以社会主义核心价值观引领青年农民工的价值认知。孔子言："德之不修，学之不讲，闻义不能徙，不善不能改，是吾忧也。"孔子此处所忧正是人的品德修养、人的价值认知。可见，价值认知问题是自古便是人们重视、关注、探讨的问题。当前，亦如是。在社会转型时期、在多元文化背景之下，人所追求的、选择的精神生活样态往往是受其价值观所决定，而其价值观的选择和形成往往又受其价值认知决定。因此，在新旧价值体系交融交错、多元思想文化交织、网络文化方兴未艾的环境之下，青年农民工精神生活的丰富与发展离不开他们正确价值认知的形成和确立。但是，青年农民工群体由于受自身知识文化、理论素养的制约，对一些消极的价值观、思想理念和文化产品缺乏辨别能力，从而不可避免会出现一些价值认知偏差问题。因此，丰富新时代青年农民工的精神生活必须要重视和关注青年农民工的认知问题，尤其是价值认知问题。这就要求把倡导"爱国、敬业、诚信、友善"价值理念的社会主义核心价值观弘扬好、落实好，用社会主义核心价值观的价值理念、价值准则、道德规范去净化青年农民工的心灵、优化青年农民工的心态、引导青年农民工树立正确的价值取向。一方面要用社会主义核心价值观的价值理念为青年农民工树立价值标杆。青年农民工价值认知中本来就具有是非、善恶、美丑、真伪等价值意识和评判杆秤，因此要以社会主义核心价值理念为基本标准，廓清青年农民工的价值认知，鼓励他们更多地保留心灵中美好的一面、思想意识中充满正能量和正义感的一面，并且进一步激发和发掘他们以社会主义核心价值观为价值标准树立符合社会发展要求、符合自身发展需要的更高的价值追求。另一方面要用积极价值理念去凝聚价值共识。"爱国、敬业、诚信、友善"价值理念包含了社会公德、职业道德、家庭美德、个人品德各个方面，为青年农民工的价值取向、行为准则、道德选择、品德修养等提供了基本价值遵循,有利于扫除青年农民工价值认知中的消极、负面成分,从而不断提高对青年农民工价值认知的整合能力和引领能力。总之,以社会主义核心价值观为引领,有助于促使新时代青年农民工形成更充实、更深刻、更积极向上的价值认知,从而进一步提升新时代青年农民工精神生活质量。

其三,以社会主义核心价值观引领青年农民工的职业认知。职业认知是青年农民工在生活与工作中对自身及自身所从事的工作的认知。正确的职业认知有助于推动青年农民工作出正确的职业选择,反之,则会影响青年农民工的工作积极性。现实中青年农民工所从事的工作多为城市市民所不愿从事的,如建筑、餐饮、保洁、环卫、外卖、快递、高空作业、下水道维修等,这些工作苦、累、脏、危险、收入低、保障差、作息时间不固定。因此,对于既缺乏吃苦耐劳、艰苦奋斗精神,又对生活工作期望值过高的部分青年农民工来说,难免会在理想与现实的巨大落差面前产生消极心态、自卑心理、失落情绪、迷茫彷徨之感。而社会主义核心价值观凝聚了中华优秀传统文化、社会主义先进文化,蕴含着许多辩证的思维方法、科学的人生观、世界观、价值观,能够引导青年农民工树立正确的职业观。因此,要以社会主义核心价值观为引领,促使青年农民工确立正确的、积极的职业认知与自我认知。一方面,职业无贵贱,要以社会主义核心价值观的价值理念引导青年农民工正确看待所从事的工作,从而帮助他们形成正确的职业认知、树立正确的职业理想,鼓励他们爱岗敬业,让他们认识到在平凡的岗位上也创造出不平凡的人生,实现共享人生出彩机会的梦想。另一方面,农民工是城市建设的主体之一,正是因为他们在各行各业的兢兢业业的工作才促进了城市的繁荣发展。因此,要以社会主义核心价值观的价值理念提高青年农民工的自我认知水平,促使青年农民工确立正确的自我认知、肯定自我价值,同时增强市民意识以及城市归属感。从而减轻他们心中的焦躁、失落、迷茫、自卑、疏离、挫败的心绪,使他们形成乐观、积极的生活态度和工作心态,进而促使他们的精神世界进一步充实、精神生活进一步丰富和发展。

(二)以社会主义核心价值观的制度形态规范青年农民工道德生活

"道德是依据社会舆论、生活习惯、传统伦理,特别是人们的内心信念来驱使和维持的一套软的行为规范,是人类精神的'自律'"①,道德生活是"有关人们利益关系的实践理性生活,是追求人格完善、社会和谐与公正的创造性生活"②,一定个体、群体乃至社会的道德生活会对一定个体、群体乃至社会的精神生活产生重大影响。

就青年农民工而言,一方面,由于出生和生长在乡村,原来内心深处所形成的相对稳定的传统道德观念、道德文化,比如乡规民约、习俗习惯、伦理规范、行为准则以及吃苦耐劳、勤俭朴素精神品质等,依然在其血液中流淌着、在其思维中根植着,这些道德观念、道德文化既包含积极的成分也包含消极的成分。另一方面,由于离开乡村来到城市,因而青年农民工的思想道德观念不可避免地会受到多元思想文化的冲击,包括城乡二元文化、网络文化以及西方功利主义、享乐主义、拜金主义等,从而使得他们本身的传统道德意识、道德观念、道德信仰日渐淡化。此外,由于绝大部分青年农民工本身受教育程度不高,走出校园踏入社会之后又鲜少能有再次接受道德教育的机会,所以缺乏对一些事物和现象的理性判断和辩证思考,这就使得他们在价值判断和道德行为选择上容易出现功利主义、拜金主义、从众心理、跟风行为,从而容易被带入不良道德观念及行为的"漩涡"。因此,在传统道德观念在青年农民工心里日渐式微、新的道德观念又汹涌而至之时,青年农民工原有的正确的、积极的、向上的道德之"墙"要么被一点点催毁,要么已是断

---

① 荀晓鲲:《青年农民工的正确价值观培育研究》,北京交通大学,2014 年,第 28 页。
② 高兆明:《道德生活论》,河海大学出版社,1993 年版,第 13 页。

壁残垣,从而导致青年农民工群体道德意识淡化、道德失范、诚信缺失行为时有发生。马克思·韦伯曾指出:"把赚钱视为人有义务实现的目的本身,视为一种天职的思想,与任何时代的道德情感都是对立的。"①因此,青年农民工道德生活中的不健康因素必然会对其精神生活造成消极影响,这不利于其精神生活质量的提高、精神生活需求的满足。社会主义核心价值观既包含国家层面的价值取向,又包含社会层面的价值准则,还包含个人层面的价值目标;既承续中华优秀传统文化基因,又体现当前社会的道德伦理规范,是民族精神和国家精神的集中体现。就此而言,"核心价值观,其实就是一种德,既是个人的德,也是一种大德,就是国家的德、社会的德"②。这就要求要充分发挥社会主义核心价值观在青年农民工道德生活中的引领作用,这对于提升青年农民工道德素质、促进青年农民工正确道德养成、规范青年农民工道德生活至关重要。

其一,以社会主义核心价值观强化青年农民工道德认知。当前,部分青年农民工的思想中仍然存在许多不健康的、糟粕的、落后的、腐朽的道德观念,比如封建迷信思想严重、诚信观念缺失、集体精神缺乏、亲情意识寡淡、家庭观念淡薄,等等。这表明,部分青年农民工仍然缺乏正确的道德认知。而社会主义核心价值观中包含丰富的道德内容,包括爱国主义、爱岗敬业、诚信友善、文明守法,等等,这些内容有助于祛除青年农民工思想中落后的、腐朽的、不健康的道德观念。因此,要加强社会主义核心价值观在青年农民工群体中的宣传教育,以社会主义核心价值观为内核来统领和强化青年农民工的道德认知。一方面,要加强正面教育与引导。这就要求充分借助网络、社交媒体、电视、广播渠道将社会主义核心价值观融入到人生观、价值观、世界

---

① [德]马克思·韦伯:《新教伦理与资本精神》,彭强、黄晓京译,陕西师范大学出版社,2002年版,第47页。

② 《习近平在北京大学师生座谈会上的讲话》,《人民日报》,2018年5月2日第1版。

观的教育之中,融入到社会公德、职业道德、家庭美德的教育之中,用正确、科学的道德认知替代错误、腐朽、落后的道德认知。另一方面,要坚持因材施教。青年农民工来自五湖四海,他们的生活经历、受教育程度和道德认知现状参差不齐。这就要求道德教育和引领过程要有的放矢、对症下药,从而使青年农民工形成正确的道德认知,提升自身的道德素质。

其二,以社会主义核心价值观规范青年农民工道德行为。由于出生和成长环境的制约、知识文化水平的制约,部分青年农民工的道德品质相对较低、道德行为相对较差,包括出口成"脏"、随地吐痰、坑蒙拐骗、赌博嫖娼、抢劫盗窃等不良行为。这些行为既制约青年农民工自身精神生活的丰富和发展,也对社会和谐发展构成挑战。因此,要用社会主义核心价值观引领和规范青年农民工的道德行为。一方面,加强先进人物和事迹的宣传报道,发挥榜样的道德导向作用,包括"爱岗敬业榜样""敬老孝亲榜样""助人为乐榜样""见义勇为榜样",等等。通过对这些高尚道德品质和道德行为的宣传、弘扬,促使青年农民工在高尚的道德熏陶中自觉反思自身的思想与言行,并逐渐将这些品质内化于心并外化于行。另一方面,要将社会主义核心价值观融入青年农民工的生活实践之中,社会主义核心价值观的引领不能只停留在理论的宣讲上、宣传牌的标语上和简单的说教上,而要真真正正地融入到青年农民工生活实践方方面面、角角落落,将社会主义核心价值观的价值理念熔铸在青年农民工日常一言一行中。只有这样,才能引领他们以正确的、高尚的道德思想、道德理念去抵制低俗的、腐朽的、不健康的道德思想的侵蚀,从而促使他们自觉形成合乎道德规范的行为。

(三)以社会主义核心价值观目标形态的引领青年农民工理想生活

"理想与信仰是主导人的整个精神生活系统发展,赋予人生以意义的高级精神需要⋯⋯根植于人的有限生命,体现着人的有限生命,因而是人的精神生活的最高体,是一个人生活的根基。它不能被取消,也不能被替代。"①所谓"哀莫大于心死,愁莫大于无志","无志"即没有志向、没有理想。"青年是整个社会力量中最积极、最有生气的力量,国家希望在青年,民族未来在青年"②,因此,新时代的青年要树立远大理想。正如邓小平所言:"我们一定要经常教育我们的人民,尤其是我们的青年,要有理想。"③但是,理想既不是幻想,也不是空想,更不是妄想,理想是合理的想象与理性的希望,所谓"合理"即合乎自身实际、合乎社会实际,所谓"理性"即对其可行性进行全面了解和分析。因此,"人是需要理想,但是需要符合于自然界的人的理想,而不是超自然的理想"④。只有这样的理想才是能对青年的精神产生激励、成为青年的精神生活的最高体,从而才能够对行动产生正确指引和导向作用的理想。

　　然而问题在于,当前青年农民工群体中既存在理想缺乏、缺位问题,也存在理想脱离实际问题,更存在理想被取代问题。比如,部分青年农民工或以解决眼前温饱为目的,对工作与生活缺乏目标和计划,混沌度日、得过且过甚至自暴自弃,缺乏对理想的追求;或由于理想过高、脱离实际而陷入"空想""幻想""漩涡";或由于心浮气躁、急功近利导致理想偏离正确轨道;或错以对物质生活的追求当成对理想的追求,以物质需要取代理想需要,等等。正是由于这些问题的存在且长期悬而未决,从而使得青年农民工理想缺乏、信仰缺失、价值失落,从而给精神生活需求问题的解决带来重重困难。这就要求坚持以社会主义核心价值观为引领,帮助青年农民工树立正确的、远大的人生理想,形成健康的理想生活,从而助力其精神生活的进一步丰富和发展。

---

① 廖小琴、廖小明:《重构人的精神生活》,中央编译出版社,2015年版,第254页。

② 《习近平谈治国理政》(第3卷),外文出版社,2020年版,第334页。

③ 《邓小平文选》(第3卷),人民出版社,1993年版,第110页。

④ 《列宁全集》(第38卷),人民出版社,1959年版,第69页。

　　一要注重科学性与价值性相结合。所谓"科学性",即主观符合客观,也就是说,理想的确立要切近现实、与实际相符。这就要求坚持以社会主义核心价值观引领青年农民工确立符合客观实际的个人理想和职业理想,这里的客观实际既包括其自身能力水平也包括外部客观环境,只有与实际相符的理想才能对人的思想和行为产生积极的推动作用。所谓"价值性",即方向性,也就是说,所确立的理想应当以解决生活的意义和人生的价值为目标。而生活意义与人生价值既包括对个人自身的意义与价值,也包括对社会的意义与价值,而且从根本上来说,后者对前者有规定性意义和决定性作用。正如马克思所言:"如果我们选择了最能为人类福利而劳动的职业,那么,重担就不能把我们压倒……我们多感到的就不是可怜的、有限的、自私的乐趣。"[①]所以,理想的价值性就是把自己的"小我"融入社会和国家的"大我"之中,与社会发展和国家需要同频共振。这就要求坚持以社会主义核心价值观引领青年农民工确立符合社会发展要求的、体现社会党和国家发展目标的社会理想,只有与社会利益、国家利益和民族利益相符的理想,才能提高理想的层次和理想生活质量,从而有效抵御各种错误思潮和错误价值观的冲击和侵蚀。总之,只有切实将科学性与价值性二者统一、结合起来,才能有效引领青年农民工确立正确的理想追求,从而丰富其理想生活,进而助力精神生活质量提升。

　　二要注重未来与现实相结合。理想既指向未来由关切现实,社会主义核心价值观国家层面的价值取向、社会层面的价值准则以及个人层面的价值目标本身正是既内含着现实指向,又内含着未来展望。因此,是现实性与理想性的统一与结合。这种统一与结合恰好为解决青年农民工理想缺失、缺位、泛化、功利化和非理性化等问题提供有效指引,从而促使青年农民工确

---

　　① 《马克思恩格斯选集》(第40卷),人民出版社,1965年版,第7页。

立既符合实际的、观照现实的、合理的、远大的人生理想。

三要注重理论性与实践性相结合。理想要靠脚踏实地的奋斗、靠孜孜不倦的工匠精神、靠永不放弃的拼搏来实现。青年农民工既要志存高远、信念坚定,更要砥砺奋斗、劈波斩浪实在实践中将理想变为现实。这就要求以社会主义核心价值观引领青年农民工的理想生活要坚持理论与实践二者之间的统一,既要从理论层面加强社会主义核心价值观的教育与引导,将其中内含的价值取向、理想信念内化为青年农民工的思想意识的一部分,使他们自觉树立崇高的理想追求。又要将社会主义核心价值观融入青年农民工的工作实践和生活实践之中,促使他们将理想追求真正落实到实践行为之中,并通过努力奋斗、踏实拼搏将理想转化为现实。

(四)以社会主义核心价值观的话语形态充盈青年农民工情感生活

情感生活是人的生活中不可或缺的一部分。所谓"情感",即一种从社会角度被建构起来的关于感觉、表现型姿势和文化意义的模式,[1]其"作为一种心理体验,既有个体性,又有社会性"[2]。因此,每个人都必须有着某种情感的社会支持,即向他人进行情感倾诉并从他人那里获得情感安慰和心理依赖,包括父母与子女之间、情侣和夫妇之间、朋友和亲戚之间,等等。[3]可以说,一个人的情感支持度高低直接关系到其情感生活的幸福感与获得感的高低,同时会影响人的精神生活。因此,满足新时代青年农民工精神生活需求要满足他们的情感生活需要。

[1]　Gordon,S. L.1981.*The Sociology of Senti ments and Emotion.* in M.Rosenberg,R.H.Turner(eds.).*Social Psychology:Sociological Perspectives.*New York:Basic Books.

[2]　王宁:《略论情感的社会方式——情感社会学研究笔记》,《社会学研究》,2000 年第 4 期,第123 页。

[3]　王宁:《略论情感的社会方式——情感社会学研究笔记》,《社会学研究》,2000 年第 4 期,第124 页。

　　然而，由于各种因素的影响，青年农民工情感支持度始终处于较低状态。一方面，青年农民工长期背井离乡在陌生城市谋生，工作苦累，闲暇时间少，因而不得不与父母、子女、伴侣长期分隔两地，从而缺少来自家人情感关爱、安慰和支持。另一方面，青年农民工虽然常年在城市里工作和生活，但是往往从事的是最苦、最脏、最累、最危险的工作，同时由于穿着打扮、言行举止、居住环境以及社会制度等因素的影响，他们难以获得城市居民的尊重、认同，因而始终游离在城市主流圈层之外，所以情感表达长期被压抑、情感支持长期缺乏，并最终"内卷化"①为"情感孤岛"②。正因如此，青年农民工情感生活长期处于孤独空虚状态。但是，情感作为人的精神的重要部分，和物质一样是人的生命之需，所以人不能没有情感。而当一个人的内心情感无处安放、情感需求无法得到满足时，便有可能转而通过其他方式获取。就青年农民工而言，有可能通过身边工友、明星偶像、网络主播、网络游戏、网络恋爱甚至金钱名利等方式获取，这就使得部分青年农民工的情感释放随意性、情感需求功利性、情感交往浅层化。因此，要提高青年农民工的情感支持度、丰富其精神生活，不仅要从制度层面考虑，更要从思想价值观层面考虑。

　　这就要求加强社会主义核心价值观教育，以社会主义核心价值观的话语充盈青年农民工的感情生活。一要改进话语传播方式。社会主义核心价值观的话语能否真正落入青年农民工的心里，并内化为青年农民工情感世界、情感生活中的一部分，主要在于其话语传播方式。因此，在倡导、传播和弘扬社会主义核心价值观的过程中要采用青年农民工喜闻乐见的形式，尤其是要采用符合青年农民工的接受能力的、反应青年农民工心声的、为青年农民工所喜爱的形式。只有这样才能与青年农民工的内心情感需求契合，从而实

---

　　① 刘世定、邱泽奇：《"内卷化"概念辨析》，《社会学研究》，2004年第5期，第8页。
　　② 王春光：《农村流动人口的"半城市化"问题研究》，《社会学研究》，2006年第5期，第107–121页。

现情感联结并唤起他们进行情感呼应,进而祛除他们情感世界中的浊尘、杂念。二要提升话语引领力。"解决情感问题,应当注意实现从情绪到情操的转变。情绪是情感的基础,情操是情感的升华。"①这就要求在以社会主义核心价值观话语充盈青年农民工的情感生活的过程中,必须要切实提升社会主义核心价值观的话语引领力,也就是"要明确社会主义核心价值观……必将引领我国走向光明未来、实现中华民族伟大复兴,我们每个人都应对它充满感情"②。只有这样才会自觉认同并汲取其中包含的家庭、社会、国家的情感养分,从而以此来充实和滋养自己的情感生活。

（五）以社会主义核心价值观的实践形态引导青年农民工行为

当前,在外在的制度、政策、教育、管理以及青年农民工内在的认知、素质、心理等因素综合影响下,青年农民工群体行为失范现象时有发生。包括,随地吐痰、乱扔垃圾、大声喧哗、粗话连篇等轻度失范行为;偷窃扒窃、偷工减料、欺瞒哄骗、造谣污蔑等中度失范行为;制假售假、抢劫斗殴、非法传销、杀人强奸、卖淫嫖娼、吸毒贩毒等重度失范行为。这些行为轻者不符合社会公德、行为准则,重者扰乱社会秩序、影响社会治安、违反法律法规、威胁人民生命财产安全,如果无法得到及时有效地解决,不仅不利于青年农民工自身的发展,而且会对构建社会主义和谐社会造成制约。因此,必须要坚持以社会主义核心价值观引导青年农民工的行为,这既是解决新时代青年农民工精神生活需求问题的题中应有之义,也是构建社会主义和谐社会的必然要求。

一要以社会主义核心价值观营造包容的社会氛围。青年农民工群体行为失范问题的产生既有青年农民工自身内在原因,也有外部社会的外在原因。其中部分青年农民工之所以做出一些不当行为,在很大程度上是由于他

---

① 李泽泉:《践行核心价值观应抓好'知、情、意、行'》,《人民日报》,2014 年 11 月 4 日第 7 版。

② 李泽泉:《践行核心价值观应抓好'知、情、意、行'》,《人民日报》,2014 年 11 月 4 日第 7 版。

们在工作和生活中受到了歧视和不公正待遇，这种歧视与不公使得他们对周围人、对社会产生愤恨仇视情绪，从而引发过激和报复社会的行为。因此，要加强社会主义核心价值观的宣传和教育，将社会主义核心价值观融入人民生产生活的方方面面，并使之转化为社会风尚，从而营造和谐、包容、友爱的社会氛围。这样的社会氛围有助于消除城市居民对农民工群体的误解、偏见、歧视，化解二者之间的身份隔阂与阶层藩篱，从而暖化和感化青年农民工的内心，提高他们的价值感、归属感，减少他们的自卑感、疏离感，进而减少失范行为发生的机会。

二要以社会主义核心价值观提升青年农民工的自身素质。青年农民工自身内在素质、心理、认知等方面存在的问题，包括受教育水平不高、法律意识不强、道德观念淡薄等，也是引起他们行为失范的重要原因。因此，要将提升青年农民工群体的自身素质和道德水平作为解决这一问题的落脚点。这就要求将社会主义核心价值观渗透到青年农民工生产生活的各个领域，并使之内化为他们的自身道德品质和价值认识，从而帮助青年农民工树立正确的人生观、价值观和世界观，形成正确的金钱观、义利观、荣辱观，从而做到知荣辱、明大德、守公德、严私德，进而推动他们自觉养成符合自身发展需要、符合社会发展要求的正确的、良好的、健康的行为习惯以减少违法犯罪隐忧。

三、发挥社会文化的协同引导作用

青年农民工精神生活需求的满足，还必须发挥社区文化建设、企业文化建设、网络文化建设等方面的协同力，引导和丰富青年工精神生活产品供给。

(一)加强社区文化建设

社区是青年农民工生活的重要场所之一，社区文化设施的健全完善与否直接关切到青年农民工精神生活质量。因此，要充分发挥社区在改善青年农民工精神文化生活中的职能与作用。这就要求切实加强社区文化建设，增加社区文化供给，回应青年农民工的精神文化诉求、满足青年农民工的精神文化需求。

第一，完善社区文化基础设施建设。当前，部分社区尤其是老旧小区、城中村和郊外的文化基础设施仍然相对缺乏，而这些地方恰恰是农民工较为集中居住的地方。因此，在城市规划和建设上要关注社区文化基础设施建设，改善社区的文化供给状况，为青年农民工创建良好的精神生活家园。这就要求，一方面，增加财政支持。充足的资金支持是各项文化设施建设规划得以顺利落实的前提和保障，因此要加大社区文化建设资金投入力度，兴建社区文化活动场所，增加社区公益性文化服务设施供给。另一方面，合理规划，科学布局。总体来说，城市的文化基础设施和文化产品并不缺乏，问题在于这些文化设施和文化产品分布不均，从而使得部分老旧小区、偏远小区缺乏相应文化配套设施。因此，社区文化基础设施建设要坚持统筹协调、合理规划、科学布局。此外，统筹营利性与非营利性文化活动场所的兴建比例。青年农民工群体收入水平相对较低，家庭负担较重，能够被用于发展资料消费和享受资料消费的资金相当有限。因此，在规划文化基础设施建设过程中要统筹协调营利性与公益性文化设施和文化产品的比例，充分将青年农民工的收入特点、消费特点、文化需求特点纳入考虑范围，有针对性地为青年农民工提供符合他们实际、契合他们需要并为他们多喜爱地文化设施和文化产品。比如，免费开放的市民公园、健身场地、活动室、图书馆以及电影院，等等，从而提高青年农民工群体参与度与获得感。

第二,健全社区文化服务体系。提升青年农民工精神生活质量,增强他们对城市的认同感和归属感,必须要回应他们对精神生活的诉求、关切他们的精神生活需求, 这就要求切实将如何改善青年农民工精神生活状况这一问题纳入社区文化服务体系建设和管理的全过程, 增加社区文化设施和文化产品的有序供给和有效供给。一要健全和完善社区文化服务机制。社区文化服务机制是社区各项文化设施和各类文化产品得以有序供给、有效供给的重要保障,只有各项机制的有效运行、协调联动才能保证社区精神文化设施和产品的持续、有效供给。因此,要建立、健全社区文化服务的法律运行机制、财政机制、决策机制、评价机制和管理机制。二要优化社区公共文化资源配置。社区公共文化资源的有限性决定了对现有资源进行充分利用、有效整合、合理协调的必要性和紧迫性。因此,要根据需要有的放矢、合理安排、统筹协调,才能最大限度地提高资源利用率,增加文化设施和文化产品的有序供给和有效供给,从而处理好社区公共文化资源供需关系。三要增强社区文化设施和文化产品的普惠性与共享性。社区公共文化设施和产品的服务对象是所有社区成员,包括青年农民工群体与城市市民。因此,要切实推进、促进并确保文化基础设施和基本公共服务均等化,从而保障他们平等、共同享用各类文化设施和文化产品的权利, 进而增强青年农民工的城市归属感和身份认同感。

第三,营造健康和谐的社区氛围。氛围能够对人的心理状况和精神状况产生巨大影响, 因此改善青年农民工精神生活状况除了要增加社区文化设施供给,还要创建良好的社区氛围。一方面,加强社会主义核心价值观的宣传与弘扬。社会主义核心价值观既承载中华传统文化的优秀基因、又反应现代社会的价值理念,对青年农民工的精神生活的丰富与发展具有积极作用。在实际推进中,可以通过在社区、街道张贴社会主义核心价值观标语,将其中蕴含的优秀价值理念,包括敬老爱亲、家庭和睦、诚实守信、文明友善、爱国敬业等,潜移默化地入脑入心,并形成行为习惯,从而引导青年农民工自觉形成合乎道德规范、合乎法律规则、合乎社会要求、合乎个人发展需要的向上、向善的思想和行为。另一方面,积极开展丰富多彩、形式多样、为人们所喜爱的社区文化活动。社区文化活动是加强社区居民交流沟通的重要方式和渠道,因此可以通过开展各类文化活动促进城市市民和青年农民工之间的交流,加强城市市民对青年农民工群体的了解,转变城市市民对青年农民工的偏见和歧视。从而增进彼此之间的感情,减少彼此之间的误解并消除原本由于职业、收入、出身、文化水平等各方面的差异而长期存在于彼此之间的隔阂,为青年农民工营造和谐、友爱的生活环境和文化环境,进而增强青年农民工的身份认同感、归属感。

(二)加强企业文化建设

企业是青年农民工工作和生活的主要场所,从而也是丰富青年农民工精神生活的重要载体。因此,企业文化建设和人文关怀情况直接影响青年农民工精神生活状况。但是,当前部分企业在文化设施、文化活动供给上仍然存在供给不足问题,在技术技能培训上仍然存在重视不够问题,在管理方式上仍然存在人性化缺失问题,等等。企业人文关怀缺失和精神生活忽视问题可能会加重青年农民工精神生活压力,并有可能引发一系列其他的心理问题和社会问题。因此,要增强企业对青年农民工精神生活的重视与关注,充分发挥企业在满足青年农民工精神诉求、提升青年农民工精神生活质量中的重要作用。

第一,增加文化设施供给。文化设施的充足与完善是青年农民工精神生活的重要保障。这就要求企业,一要加大文化建设资金投入力度。图书馆、阅览室、活动室、网吧、球场等文化设施建设需要大量的资金支持,因此只有充足的资金投入,才能保证这些文化设施建设顺利落实,否则将是"巧妇难为无米之炊"。二要对文化设施建设进行科学规划与合理安排。就内容而言,要契合青年农民工群体的精神需求特点,青年农民工的文化程度普遍不高,因此书籍内容既要丰富多样、积极向上,又要通俗易懂、讲求实用。就形式而言,要综合考虑青年农民工的兴趣爱好,青年农民工兴趣爱好各不相同,因此,在文化设施安排上既要充分考虑又要有的放矢,包括足球场、篮球场、乒乓球场、羽毛球场、健身场、K 歌房、阅览室,等等,从而满足不同兴趣爱好的青年农民工的文化娱乐需求。就位置与数量而言,要综合考虑供求、便利与成本等因素,尽量将文化活动场所安排在青年农民工的生活区和公共休息区,同时采用错峰使用和预约制度来合理解决数量相对不足问题。三要加强各类文化设施的管理与维护。这就要求安排专门人员对文化设施进行定期维护和检查,及时将损坏的设施进行更换和维修,及时对书籍进行更新和补充。只有这样,才能真正将文化设施供给落到实处,提高精神文化服务水平,丰富青年农民工精神生活。

第二,增加文化活动供给。除了增加文化设施供给以外,还要增加文化活动供给。一方面,要完善企业工会组织。企业工会组织是青年农民工权益与利益的代表者,是精神文化活动的主要促进者和组织者。然而,当前一些企业或缺少工会组织或工会组织形同虚设,没有真正履行维护青年农民工各项物质权益和精神权益的职责。因此,要健全和完善企业工会组织,加大改革力度,增强工会组织的责任意识。另一方面,企业工会组织要在充分考虑青年农民工自身特点和精神文化需求的基础上积极开展丰富多彩、形式多样的文化活动。比如,为提升青年农民工文化素质和职业技能而开展的技术技能培训活动;为增强青年农民工成就感、价值感、竞争性、创造性而开展的比赛、竞赛活动,包括技术技能比赛、歌唱比赛、舞蹈比赛、诗歌朗诵比赛等;为增强青年农民工互帮互助意识以及彼此之间感情而开展的各类体育比赛。这些活动,不仅能够缓解青年农民工工作和生活中各种难以释放的情绪和压力,而且能够为他们的业余生活增添色彩和乐趣,促使他们保持乐观积极的人生态度和工作态度,从而提升他们的精神状态和精神面貌,进而帮助他们走出精神生活贫乏、单一的困境。

第三,增加文化活动时间供给。时间是丰富精神文化生活的一个重要前提,如果缺乏闲暇时间,那么再多再好的文化设施也无济于事。但是,问题恰恰在于,对于青年农民工来说,加班是常态,休息时间少且不固定是常态,这就使得青年农民工能够用在精神生活享受上的时间相当有限。而这种现象的根本原因,在于部分企业的用工制度和用工时间不合理、不科学、不合规定。比如,部分企业为了追求利益最大化,并未严格遵守国家规定的 8 小时工作制,而是随意加班甚至未设置固定的休息时间。而工作时间的增加必然会导致闲暇时间的减少,休息时间的不固定必然会导致精神生活的无序性,这一方面使得本来应该用于精神生活的时间不得不用于进行物质生产,并且由于这种物质生产不是出于自愿的,因而必然会增加青年农民工的痛苦。另一方面使得精神生活质量会不可避免地因混乱无序而被大大降低。可见,这种缺乏人性化和人文关怀的工作制度和管理制度在事实上加重了青年农民工的心理压力和精神压力。而当这种压力累积到一定程度时,就有可能会导致这一群体出现一些极端的行为。因此,健全工作机制、改进管理方式、增加人文关怀,增加精神文化活动时间供给刻不容缓。

一要认真落实"以人为本"的管理理念。青年农民工不是机器,不可能在简单的、机械的劳动中长时间运转而无疲惫感、厌倦感,况且他们自身作为人的特性和本质决定了他们不仅有物质需求,而且有精神需求。正如马克思所言:"真正的人=思维着的精神。"因此,企业在追求其自身利益最大化的同时,要坚持"以人为本",充分尊重青年农民工其作为独立的、活生生的人的本质需要,积极回应青年农民工的权益与利益诉求。二要规范用工时间。这里包含两个层面,一方面要按照国家标准严格规范工作时间,另一方面要提高基本工资水平。因为精神生活必须依靠一定的物质基础来支撑,而对于农民工来说,加班费亦是其每月收入的重要来源。因此,如果单纯采用标准工作时间而基本工资不变的话,那么问题并未能真正解决。所以,企业在规范用工时间的同时,必须要适当提高工资水平。只有这样,才能既保障青年农民工参与精神文化生活的时间、精力,又提高青年农民工参与精神文化的积极性,从而切实落实人文关怀,丰富和发展青年农民工精神生活。

(三)加强网络文化建设

毋庸置疑,互联网的迅猛发展和高度普及,为本来缺乏闲暇时间和闲暇资金进行精神文化享受的青年农民工提供了巨大的便利,一定程度上推动了青年农民工精神生活的丰富和发展。但是,任何事物都包含着两面性,正如马克思所言:"在我们这个时代,每一种事物好像都包含有自己的反面,我们看到,机器具有减少人类劳动和使劳动更有成效的神奇力量,然而却引起了饥饿和过度的疲劳……技术的胜利,似乎是以道德败坏为代价换来的……我们的一切发现和进步,似乎结果是使物质力量具有理智生命,而人的生命则化为愚钝的物质力量。"①互联网的发展和普及,亦如是!其在给青年农民工的精神文化生活带来巨大便利的同时,也不可避免地会带来诸多消极影响。

一方面,由于互联网领域自身建设的不足以及相关法律法规的不健全、不完善,使得互联网的监督、管理和治理仍然困境重重,从而导致互联网领域既杂草丛生,泛滥着大量消极的、低俗的信息,又杂音满布,充斥着诸多错误思潮和不正确价值观。这些不良信息和错误价值观不仅会扰乱青年农民工的价值认知、侵蚀他们的精神世界,而且容易导致青年农民工出现一些违

---

① 《马克思恩格斯全集》(第 2 卷),人民出版社,1985 年版,第 79 页。

法违规甚至犯罪的行为。另一方面,互联网和智能手机的普及,使得青年农民工越来越沉浸于网络虚拟世界,成为"低头族",从而导致他们能够用于参与现实生活中的精神文化活动的时间大大减少。这不仅不利于改善青年农民工的精神生活现状,而且会使他们的精神文化生活的内容和形式更加趋向单一、狭窄,使得"文化孤岛"效应和"城市边缘人"问题愈发凸显。问题在于,互联网领域越来越成为青年农民工精神文化生活的一个重要场所,这既是不得不承认的事实,也是不得不面对的现实。因此,加强网络文化建设、增加网络优秀文化产品供给、使青年农民工能够通过网络领域享受到更多更好的精神文化产品就成为了满足新时代青年农民工精神生活需求的必要要求。

一是建立健全网络空间法律法规。"天下从事者,不可以无法仪,无法而其事能成者无有也。"(《墨子·法仪》)也就是说,任何事情必须制定一定的法则,无法可依,则事难成。因此,加强网络文化建设,必须充分发挥法律法规的他律作用。虽然,我国已陆续出台了一系列相关的网络法律法规,但是仍然存在种类少、覆盖面窄、针对性弱等问题。因此,要加大网络立法力度、健全网络法律法规、完善网络法律体系,将法律触角延伸至互联网领域的各个角落。一方面,要增强立法主体对网络立法重要性的认识。思想是行动的先导,立法主体只有充分认识到网络立法的重要性和紧迫性,才能增强立法自觉,切实推进网络立法进程。另一方面,要提高立法针对性。对一些重点问题、亟需解决问题、苗头问题要加快立法工作,从而使网络立法不断适应网络的发展速度和发展需要。总之,只有不断建立健全和完善网络法律法规体系,才能保障网络空间天朗气清、秩序井然,从而为青年农民工的文化生活与文化需求创造良好的网络环境。

二是加强网络空间监督管理。随着互联网的发展和普及,网络空间已然成为了青年农民工精神文化生活的重要场所。但是,网络空间的乱象、杂音亦确实不利于青年农民工精神文化生活的丰富和发展。因此,要加强网络空间监督,健全网络空间管理体系,净化网络空间环境,从而为青年农民工营造健康的网络文化环境,提供内容积极、内涵深刻的网络文化产品。这就要求充分发挥网络各个主体的监管作用, 正如习近平总书记所说,"网络空间治理,应该坚持多边参与、多方参与,由大家商量着办,发挥政府、国际组织、互联网企业、技术社群、民间机构、公民个人等各个主体作用"①。一方面,政府部门要建立健全网络监督管理机制、增强网络监督管理意识、落实网络监督管理责任、提高网络监督管理效率、加强网络监督管理执行力度,对各类网站、视频进行严格审查,对违法违规网站进行整顿、处罚,从而切断不良信息的产生源头和传播渠道。另一方面, 网络经营者作为网络空间的重要成员,要增强互相监督意识、提高主体责任、充分发挥主体的作用,从而为营造清朗网络空间作出应有贡献。此外, 要充分发挥网民的监督作用和监督意识,网民作为网络空间中人数最多的主体,其检举在网络空间的监督管理中起着重要作用。总之,只有充分发挥网络各个主体的监管作用,才能不断提升网络空间的监督和管理效果, 从而为青年农民工的精神文化生活提供健康、良好的网络环境。

三是完善网络道德规范。加强网络文化建设,除了要提高制度法规的他律性,增强硬约束力以外,还要提高网络经营者和网民包括青年农民工自身在内的自律性,增强软约束力。软约束是一种内生性约束,是依靠内心力量、内在认知的驱动而自发形成的行为约束力。因此,增强软约束力的关键就是促使网络经营者和网民包括青年农民工自身自觉形成正确的道德认知、道德评判,树立正确的价值理念和道德信念,只有这样才能对他们的行为实现更好的约束和规范。这就要求不断完善网络道德规范,促使网络经营者、网

---

① 习近平:《在第二届世界互联网大会开幕式上的讲话》,新华网,2015 年 12 月 17 日。

民自觉提高自身素质,自觉增强网络社会的责任意识,自觉养成绿色、健康、文明、良好的上网习惯,从而净化网络空间,为青年农民工营造健康、文明、和谐的网络精神文化环境。

　　四是提升主流话语的网络引领力。当前,网络空间中涤荡着各种思潮、飘荡着各种思想、充斥着各种言论,既有正确的、积极的,也有错误的、消极的。因此,"如何有效掌控网上舆论,如何应对网上热点话题,如何处置网上突发事件,做好对社会思潮、社会热点以及各种文化现象的引导,是加强网络文化建设和管理的一个重要内容"①。这就要求不断提升主流话语的网络引领力,以主流强音廓清网络空间中的浊尘杂音,以主流舆论引领网络舆论向上向善。一方面,加强新闻媒体队伍建设,充分发挥新闻媒体人作为话语主体的舆论引领作用;另一方面,增加主流话语的有效供给,主流话语供给的有效性直接影响到主流话语的引领力。因此,既要增加主流话语在网络空间中的供给数量,又要提升主流话语在网络空间中的供给质量,还要创新和转变主流话语的传播方式,更要提升网络空间主流话语与网络大众的话语需求的契合度。只有这样,才能使主流话语落在网络空间的各个角落,落入每一个网络大众的心底深处,从而切实提升主流话语对网络思想文化的话语引领力,优化网络空间环境,进而有效发挥网络文化在满足青年农民工精神生活需要中的积极作用。

四、加强青年农民工主体性的自主建构

　　"人活着总要解决'为什么活着'和'怎样活着'的问题,这是人安身立命的需要"②,而这个解决问题的过程就是人的精神世界的自我建构过程、精神

---

① 曲青山:《进一步加强网络文化建设和管理》,《理论前沿》,2009 年第 9 期。
② 廖小琴、廖小明:《重构人的精神生活》,中央编译出版社,2015 年版,第 294 页。

需求的自我满足过程、精神生活的自我丰富和发展的过程。可以说,"一个人的精神生活是否有质量,以及质量达到何种程度,关键就看他是否学会了自我发反思和超越"①。这就意味着,新时代青年农民工精神生活需求问题的解决,不仅要充分依靠党委、政府、企业、社会等外在力量,而且要更多地依靠青年农民工自身的内生力量。这就要求不断加强青年农民工主体性的自主建构,不断提高青年农民工解决自身精神生活困境、满足自身精神生活需要、提高自身精神生活质量的能力。

(一)加强科学文化知识学习

科学文化知识是人的精神文化生活的载体,人可以通过丰富的科学文化知识充实自身的精神生活、建构自身的精神世界、提高自身的精神生活质量。当前,由于青年农民工群体普遍受教育水平较低、科学文化知识相对缺乏,与城市市民的知识水平相比差距较大、与当下日新月异的社会发展相比脱节严重。所以,引发了部分青年农民工的自卑心理、恐慌心理,从而使得"边缘人"情况和文化"孤岛"效应进一步加剧,这对青年农民工精神生活的丰富和发展构成了严重的制约。从青年农民工自身角度来说,改善和解决这一问题的有效方法是增强自身的科学文化知识、提高自身的专业技能,从而克服自卑心理和本领恐慌心态。因此,青年农民工要不断加强科学文化知识学习,从而不断促进自身精神生活的丰富和发展,不断满足自身对精神生活的新需要和新期待。

一是增强学习意识。思想是行动的先导,只有在头脑中树立起学习意识,才能推动自主学习行为的形成、自觉学习习惯的养成。这就要求青年农民工要充分认识到学习的重要性。学习不仅能增长人的知识才干,使人在知

---

① 廖小琴、廖小明:《重构人的精神生活》,中央编译出版社,2015年版,第294页。

识汲取过程不断开阔眼界、开阔思路、开阔胸襟,而且能提高人的思想境界、道德水平,丰富人的精神世界。只有深刻认识到学习的重要性,才能增强学习的自觉性和紧迫感,促使自己不断去学习,从而在学习中提升精神追求、获得精神享受。二是提高学习能力。随着科学技术的不断创新,知识信息的迅猛增长和经济社会的不断发展,社会对个体的要求越来越高,虽然青年农民工较老一代农民工在文化程度、思想观念、经济水平等都有一定程度的提高,但相对于城市人来说,新生代农民工的文化素质仍相对较低,各种专业技能严重缺乏,出现了所谓的"本领恐慌"。这种"恐慌"归根结底是自身本领能力和知识水平不足所致。因而,青年农民工要主动更新知识内容、优化知识结构、拓宽眼界和视野,才能提高各方面知识素养和本领能力,从而克服"本领恐慌"问题和自卑心理。三是丰富学习形式。一方面,可以通过积极参加企业组织的技能培训班,提升自身的专业技能;另一方面,可以通过广泛阅读有益书籍,提升自身的理论水平和知识视野;此外,还可以依托网络资源,通过网络课程,开展学习。

需要特别指出的是,根据教育部颁发的有关规定,"农民工考生"参加普通高校成人高考可享受单独划线和单独录取,给予农民工享受照顾加分政策。现已有河北省开展 2021 年"求学圆梦行动",对那些有学历提升需求且符合入学条件的农民工,都可以在所在单位的工会报名,无就业的农民工可到当地市乡镇总工会报名。参与这次行动招生的大学有河北农业大学、河北中医学院、石家庄铁道大学等 18 所高校,涵盖土木工程、机械制造及自动化、动物医学等 141 个专业。农民工提升学历的学费,鼓励各参与院校实行优惠政策,鼓励企业对农民工参与继续教育培训予以补助,鼓励各级工会对农民工教育学习进行物质支持等,这就给青年农民工加强自身的科学文化学习提供了很好的平台和机会,让农民工在提升自我的发展和自我的过程中提升了精神文化水平。

（二）提升文化审美能力

审美是人理解和掌握世界的一种方式，是理性与感性、主观与客观综合作用的过程，文化审美是人通过自身的审美方式进行文化鉴赏和文化观照的过程。因此，人的文化审美能力如何往往既与其主观情感、认知水平、文化修养密切相关，又与其所处的社会环境、经济条件、文明发展密切相关。人的文化审美能力与人的精神世界、文化生活息息相关，一定程度上，人的文化审美能力的提升也能带动人的精神世界和精神生活的丰富。因此，丰富和发展新时代青年农民工精神生活要不断提升青年农民工的文化审美能力。这就要求，一方面，树立正确的文化鉴赏态度。当前，随着网络技术的快速发展，一系列自媒体、短视频如潮水般汹涌而来、如春草般疯狂滋长，一时间，网络空间成了"众神狂欢"的"广场"。其中雅俗共存、泥沙俱下、鱼龙混杂、良莠不齐，而且越是低俗的、丑陋的、雷人的，围观者越多。在互联网时代，这种以获得心理满足和精神刺激为目的的审丑文化的泛滥不仅冲击着人们对美的崇敬之情，使人们出现审美偏差，而且冲击着人们的精神生活。因此，青年农民工要树立正确的文化审美态度和健康的文化审美观，才能避免落入文化审丑漩涡，从而提升精神生活质量。另一方面，提升文化鉴赏能力。文化鉴赏能力的增强有助于文化审美能力的提升。然而，青年农民工或忙于为生计奔波而无暇顾及，或沉浸于网络游戏、网络聊天、网络直播、赌博等低端娱乐方式之中而无法自拔。这无益于文化审美能力的提升，更无益于精神生活的丰富和发展。因此，青年农民工要注重对自身文化鉴赏能力的培养，比如，利用闲暇时间阅读优秀的文学作品、观看歌剧戏剧节目、参观博物馆、参观美术馆，等等，从而在文化鉴赏能力的不断提升中自觉树立正确的文化审美观念，不断充实和完善自己，使自己的精神生活更上一个层次。

（三）培育健康、理性和平和的社会心理

健康、理性、平和的社会心理有助于促进人的精神生活健康发展。当前，受制于城乡二元户籍制度，青年农民工"两栖人""边缘人""外来者"的身份依然没有改变，这些身份不仅使得青年农民工在教育、医疗、卫生、住房、收入、工作环境等方面与城市市民存在较大差距，而且使得青年农民工遭受冷眼、漠视、歧视、不平等、不公正对待，从而使得部分青年农民工滋生了对社会的不满不公心理、愤恨怨怼情绪、仇富仇官心态。这些不健康、不理性的心理、心态有可能会引发青年农民工的极端行为、过激行为和报复行为，从而不仅对农民工自身精神生活的健康发展带来消极影响，而且对社会的和谐稳定、经济的健康发展构成制约。因此，要积极引导青年农民工形成健康的、理性的、平和的社会心理，这既是提升青年农民工自身精神生活质量的必然要求，也是建构和谐社会、建设社会主义现代化强国的题中之义。

从制度保障而言，一是要改革二元户籍制度，使农民工真正获得身份认同、社会认同、情感认同。二是要加快建构起惠及外来务工人员的社会保障体系，在保率、保费以及教育、养老、医疗、卫生等各项权益上使青年农民工真正共享改革发展成果。只有这样，才能提高青年农民工对工作与生活的信心与热情，从而促使他们自觉形成健康的社会心理、良好的社会心态，进而带动他们精神生活的健康发展。

从思想教育而言，一是要加强社会主义核心价值观的引领作用，促使青年农民工自觉树立正确的人生观、价值观、世界观，并自觉形成符合自身精神生活发展需求、符合社会和谐稳定和经济健康发展需要的人生信念和价值理念。二是要加强教育引导，鼓励青年农民工从地理意义上的城市"边缘"走入城市中心，积极主动参与各种文化活动，享受各种文化服务；从心理层面上的"孤岛"逃脱出来，逐渐消除自卑心理，增强自我身份认同，积极主动融入城市。从而,自觉端正对自身、对社会的思想认识,形成积极正确的人生态度和生活理念,进而促进自身精神生活的进一步丰富和发展。

(四)提高参与高质量文化生活的自觉性和积极性

精神生活与文化活动之间存在密切关系,可以说,人们参与文化活动的过程也是其精神生活不断得到丰富和发展的过程。然而,青年农民工自身由于受到自身观念、文化素质等因素的影响,参与高质量文化生活的意识薄弱、自觉性不强、积极性不高,这是导致他们精神生活相对匮乏的重要原因。因此,要进一步激发青年农民工参与文化活动的激情和热情,提高青年农民工文化参与的积极性与主动性,从而不断丰富精神生活、满足精神需求。一方面,要转变思想观念,增强主体意识和主人翁精神。青年农民工是城市人口的重要组成部分,是城市建设、发展不可或缺的力量,是城市维持正常运转不得不依靠的力量。因此,要转变青年农民工妄自菲薄的心态,增强他们的主体意识和权利意识,促使他们积极参与到企业、街道、社区开展的文化活动之中,积极享受城市提供的公共文化服务设施。另一方面,要不断提高知识文化水平。知识文化水平会对青年农民工的文化兴趣产生一定影响,如果知识文化水平较低,那么对高雅文化活动和高品位文化产品便会难以提起兴趣,甚至即便产生兴趣,也会因心余力绌而难以真正参与和融入其中。可见,青年农民工自身文化水平在一定程度上影响着其参与文化活动的积极性和主动性。因此,青年农民工要充分认识到学习的重要性,不断加强对知识文化的汲取与学习,不断加强自身主体性的自主建构,不断陶冶情操、丰富和发展自己的精神生活。

参考文献

（一）图书、著作类

1.《马克思恩格斯选集》(第1—4卷),人民出版社,1995年版。

2.《马克思恩格斯全集》(第3卷),人民出版社,1960年版。

3.《马克思恩格斯全集》(第3卷),人民出版社,2002年版。

4.《马克思恩格斯全集》(第26卷),人民出版社,1972年版。

5.《马克思恩格斯全集》(第26卷),人民出版社,1974年版。

6.《马克思恩格斯全集》(第30卷),人民出版社,1995年版。

7.《马克思恩格斯全集》(第31卷),人民出版社,1998年版。

8.《马克思恩格斯全集》(第42卷),人民出版社,1979年版。

9.《马克思恩格斯全集》(第44卷),人民出版社,2001年版。

10.《马克思恩格斯全集》(第46卷),人民出版社,2003年版。

11.马克思、恩格斯:《德意志意识形态》(节选本),人民出版社,2003年版。

12.《列宁选集》(第1—4卷),人民出版社,1995年版。

13.《毛泽东选集》(第 1—4 卷),人民出版社,1991 年版。

14.《毛泽东文集》(第 1—2 卷),人民出版社,1993 年版。

15.《毛泽东文集》(第 3—5 卷),人民出版社,1996 年版。

16.《毛泽东文集》(第 6—8 卷),人民出版社,1999 年版。

17.《邓小平文选》(第 1—2 卷),人民出版社,1994 年版。

18.《邓小平文选》(第 3 卷),人民出版社,1993 年版。

19.《江泽民论有中国特色社会主义(专题摘编)》,中央文献出版社,2002 年版。

20.中共中央政策研究室编:《江泽民论社会主义精神文明建设》,中央文献出版社,2000 年版。

21.中共中央宣传部:《毛泽东邓小平江泽民论弘扬和培育民族精神》,学习出版社,2003 年版。

22.中共中央文献研究室编:《毛泽东邓小平江泽民论世界观人生观价值观》,人民出版社,1997 年版。

23.江泽民:《全面建设小康社会开创中国特色社会主义事业新局面——在中国共产党第十六次全国代表大会上的讲话》,人民出版社,2002 年版。

24.胡锦涛:《在"三个代表"重要思想理论研讨会上的讲话》,人民出版社,2003 年版。

25.《中共中央国务院关于进一步加强和改进未成年人思想道德建设的若干意见》,人民出版社,2004 年版。

26.《习近平谈治国理政》,外文出版社,2014 年版。

27.《习近平谈治国理政》(第二卷),外文出版社,2017 年版。

28.《习近平谈治国理政》(第三卷),外文出版社,2020 年版。

29.《习近平谈治国理政》(第四卷),外文出版社,2022 年版。

30.《习近平著作选读》(第一卷),人民出版社,2023 年版。

31.《习近平著作选读》(第二卷),人民出版社,2023年版。

32.中共中央文献研究室:《习近平关于社会主义文化建设论述摘编》,中央文献出版社,2017年版。

33.包哲兴、张同基:《精神生活及其感觉的起源》,宁夏人民出版社,1998年版。

34.陈志尚:《人的自由全面发展论》,中国人民大学出版社,2004年版。

35.仇德辉:《情感学概论》,湖南人民出版社,2001年版。

36.风笑天、林南:《中国城市居民生活质量研究》,华中理工大学出版社,1998年版。

37.高峰等:《生活质量与小康社会》,苏州大学出版社,2003年版。

38. 国务院研究室课题组:《中国农民工调研报告》, 中国言实出版社,2006年版。

39.郝登峰:《现代精神动力论》,广东人民出版社,2005年版。

40.侯惠勤、姜迎春、黄明理:《冲突与整合——如何认识我国社会主义改革实践过程对人们思想的影响》,中国人民大学出版社,2004年版。

41.黄进:《价值冲突与精神皈依——社会转型期新生代农民工价值观研究》,南京师范大学出版社,2010年版。

42.蒋云根:《政治人的心理世界》,学林出版社,2002年版。

43.乐国安:《当前中国人际关系研究》,南开大学出版社,2002年版。

44.李德顺:《生命的价值》,中国社会出版社,2004年版。

45.李贵成:《民工荒视域下的新生代农民工价值观》,科学出版社,2016年版。

46.李贵成:《民工荒视域下的新生代农民工价值观研究》,科学出版社,2016年版。

47.李怀玉:《新生代农民工贫困代际传承问题研究》,社会科学文献出版社,2014年版。

48.李文阁:《生活价值论》,云南人民出版社,2005年版。

49.李银河、王震宇、唐灿、马春华:《穷人与富人——中国城市家庭贫富分化调查》,华东师范大学出版社,2004年版。

50.廖小琴:《当前中国青年精神生活质量调查研究》,中国社会科学出版社,2019年版。

51.廖小琴、廖小明:《重构人的精神生活》,中央编译出版社,2015年版。

52.柳建平、张永丽:《流动、转型与发展:新生代农民工市民化问题研究》,中国社会科学出版社,2015年版。

53.吕书正:《全面建设小康社会》,新华出版社,2002年版。

54.骆郁廷:《精神动力论》,武汉大学出版社,2003年版。

55.马惠娣:《休闲:人类美丽的精神家园》,中国经济出版社,2004年版。

56.沙莲香:《中国人素质研究》,河南人民出版社,2001年版。

57.宋惠昌、何建华:《全面建设小康社会》,中央文献出版社,2002年版。

58.苏国:《小康社会的幸福生活》,四川人民出版社,2003年版。

59.孙美堂:《文化价值论》,云南人民出版社,2005年版。

60.王坤庆:《精神与教育》,上海教育出版社,2002年版。

61.王崎峰:《改革开放以来中国大学生精神生活研究》,武汉理工大学出版社,2016年版。

62.杨岚:《人类情感论》,百花文艺出版社,2002年版。

63.杨岚、张维真:《中国当代人文精神的构建》,人民出版社,2002年版。

64.尹世杰:《消费文化学》,湖北人民出版社,2002年版。

65.袁靖华:《边缘身份融入:符号与传播——基于新生代农民工的社会调查》,浙江大学出版社,2015年版。

66.张景安、马惠娣主编:《中国公众休闲状况调查》,中国经济出版社,

2004 年版。

67.张耀灿、郑永廷、刘书林、吴潜涛:《现代思想政治教育学》,人民出版社,2001 年版。

68.郑雪、邱林、严标宾、张兴贵:《幸福心理学》,暨南大学出版社,2004 年版。

69.郑永廷等:《社会主义意识形态发展研究》,人民出版社,2002 年版。

70.郑永廷、罗珊:《中国精神生活发展与规律研究》,中山大学出版社,2012 年版。

71.周长城等:《社会发展与生活质量》,社会科学文献出版社,2001 年版。

72.周长城等:《中国生活质量:现状与评价》,社会科学文献出版社,2003 年版。

73.周海林、谢高地:《人类生存困境——发展的悖论》,社会科学文献出版社,2003 年版。

(二)论文

1.鲍荣娟:《大学生精神文化生活建设研究》,哈尔滨师范大学博士学位论文,2017 年。

2.操奇:《启蒙的天敌:犬儒理性论略》,《哲学研究》,2015 年第 6 期。

3.丁成际:《新生代农民工精神文化生活现状分析及对策》,《毛泽东邓小平理论研究》,2012 年第 6 期。

4.傅梅芳:《珠三角地区新生代农民工文化生活》,华南理工大学博士学位论文,2013 年。

5.何海兵、向德彩:《精神生活的现代境遇及其变革诉求》,《思想教育研究》,2017 年第 7 期。

6.黄丽云:《新生代农民工市民化中的价值观问题研究——以福建省为

例》,福建师范大学博士学位论文,2012 年。

7.廉思、陶元浩:《服务业新生代农民工精神文化生活的实证研究——基于北京的调查分析》,《中国青年研究》,2013 年第 5 期。

8.廖元新、卢忠萍等:《新生代农民工思想道德建设思考》,《江西社会科学》,2012 年第 11 期。

9.凌石德:《论当代大学生的精神需求》,《湖北社会科学》,2014 年第 10 期。

10.卢飞、徐依婷:《情感互动与青年农民工的身份认同——基于湖北武汉市的实证研究》,《重庆工商大学学报》(社会科学版),2017 年第 1 期。

11.罗姗:《论当代社会精神生活的维度与向度》,《思想理论教育》,2012 年第 15 期。

12.苏威:《当代中国人的精神生活困境及其超越研究》,东北师范大学博士学位论文,2018 年。

13.汤苍松、林盛:《新型城镇化进程中的新生代农民工道德建设问题》,《探索》,2014 年第 5 期。

14.田兵:《网络时代新生代农民工文化需求问题探究——基于北京市的抽样调查与分析》,中共中央党校博士学位论文,2016 年。

15.田旭明:《守护在线之德:网络文化乱象的伦理反思》,《中州学刊》,2015 年第 9 期。

16.万美容、张艳斌:《论新生代农民工精神生活发展困境及应对——基于个体化理论的研究视角》,《学习与实践》,2017 年第 7 期。

17.王春光:《新生代农村流动人口的社会认同与城乡融合的关系》,《社会学研究》,2001 年第 3 期。

18.王奎、胡树祥:《网络民粹主义辨析》,《教学与研究》,2020 年第 5 期。

19.王明学、胡祥等:《新生代农民工精神文化生活研究》,《中国青年研究》,2013 年第 1 期。

20.王玉如:《当代中国人的精神生活质量研究》,东北师范大学博士学位论文,2012 年。

21.吴春梅、郝苏君等:《政治社会化路径下农民工主流意识形态认同的实证分析》,《政治学研究》,2014 年第 2 期。

22.吴凯波:《城镇化进程中农民工价值观现状及教育引导研究》,华中师范大学博士学位论文,2018 年。

23.荀晓坤:《青年农民工的正确价值观培育研究》,北京交通大学博士学位论文,2014 年。

24.颜晓峰:《满足人民美好精神生活需要的高质量发展》,《南通大学学报(社会科学版)》,2019 年第 1 期。

25.曾兰:《90 后大学生精神生活现状及其优化研究》,华中师范大学博士学位论文,2016 年。

26.赵爱霞:《历史虚无主义的社会心理分析及其应对》,《思想教育研究》,2020 年第 5 期。

27.左路平、吴学琴:《论文化记忆与文化自信》,《思想教育研究》,2017年第 11 期。

28.左晓婷:《新生代农民工精神文化消费状况研究》,太原理工大学博士学位论文,2015 年。

附录:新时代青年农民工精神生活需求现状调查问卷

亲爱的农民工朋友:

　　您好!

　　我们是国家社科基金项目"新时代青年农民工精神生活需求及价值引导研究"的课题组研究人员,我们组织的这项问卷调查目的是了解1980年以后出生的青年农民工的精神生活需求现状,研究结果将提交政府有关部门,为党和国家制定相关政策提供决策参考,以更好地满足新时代青年农民工朋友的精神生活需求。

　　问卷中除最后一个问题外,每一个问题下面都有若干选项,请您根据自己的实际情况和真实想法,在相应的选项上打√,最后一个问题为开放式问题,您可以在横线上简要填上您的真实需求。本次调查所收集的数据只用于统计分析,答案无对错之分,您不需要在问卷上填写您的姓名和具体的居住地点,也不用担心调查会对您的生活造成不利影响,请认真、放心填写。

　　占用您宝贵时间为我们填写这份问卷,不胜感激,衷心感谢您的支持与合作。

1. 您的家乡所在地区是( )。(单选)

　　A. 我国西部农村(广西、四川、重庆、贵州、云南、西藏、青海、新疆、甘肃、内蒙、宁夏、陕西)

　　B. 我国中部农村(山西、河南、安徽、湖北、江西、湖南、吉林、黑龙江)

　　C. 我国东部农村(北京、天津、河北、辽宁、上海、江苏、浙江、福建、山东、广东、海南)

　　D. 其他

2. 您的工作所在地区是(　　　)。(单选)

    A.我国西部地区(广西、四川、重庆、贵州、云南、西藏、青海、新疆、甘肃、内
        蒙、宁夏、陕西)

    B.我国中部地区(山西、河南、安徽、湖北、江西、湖南、吉林、黑龙江)

    C.我国东部地区(北京、天津、河北、辽宁、上海、江苏、浙江、福建、山东、广
        东、海南)

    D.其他

3. 您的性别是(　　　)。(单选)

    A.男　　　　　　　　B.女

4. 您的年龄(　　　)。(单选)

    A.20 岁以下　　　　　B.20-30　　　　　　C.31-41

5. 您的文化程度(　　　)。(单选)

    A.未上过学　B.小学未毕业　C.小学毕业　D.初中毕业　E.高中毕业
    F.中专、技校毕业　G.大专毕业　H.本科毕业及以上

6. 您的婚姻状况(　　　)。(单选)

    A.未婚　　　　　　B.已婚　　　　　　C.离异　　　　　　D.其他

7. 您个人平均月收入(　　　)。(单选)

    A.1500 元及以下　　B.1501-3000 元　C.3001-5000 元　D.5000-10000 元
    E.10000 元以上

8. 您外出打工的时间是(　　　)。(单选)

    A.1—3 年　　　　　B.3—6 年　　　　　C.6—9 年　　　　　D.9 以上

9. 您每天除工作和睡觉以外的闲暇时间大概是(　　　)。(单选)

    A.小于 2 小时　　　B.2—4 小时　　　C.4—6 小时　　　D.大于 6 小时

10. 您的闲暇娱乐活动主要有哪些? (　　　)。(多选)

    A.打网络游戏　　B.打牌、下棋、打麻将　　　C.逛街、散步

D.看电视或电影　　E.外出聚会　　F.读书看报　　G.健身运动　　H.其他

11. 您的消费主要用于哪几个方面?(　　　)(多选)

A.衣食住行　　　　　B.教育培训　　　　　C.人际交往　　　　　D.寄钱回家

E.娱乐消遣　　　　　F.其他

12. 您对您现在的工作满意吗?(　　　)(单选)

A.很满意　　　　　B.基本满意　　　　　C.一般　　　　　D.不太满意

E.很不满意

13. 您对您现在所居住地方的条件和环境满意吗?(　　　)(单选)

A.很满意　　　　　B.基本满意　　　　　C.一般　　　　　D.不太满意

E.很不满意

14. 您判断幸福家庭的主要标准是什么?(　　　)(多选)

A.较高且稳定的收入　　　　　　B.较好的居住环境和设施

C.和谐友善的家庭关系和氛围　　　　　D.子女身心健康成长

E.其他

15. 您平常通过学习提升自我的主要目的是(　　　)。(多选)

A.更新知识　　B.获取学历文凭　　C.职位晋升　　D.赢得社会和亲友的尊重

E.当前所从事工作的需要　　F.从众心理　　G.其他

16. 您所在工作单位开展的精神文化活动(　　　)。(单选)

A. 完全能够满足我的需要

B. 基本能够满足我的需要

C. 不能满足我的需要

D. 没有提供任何精神文化活动

17. 您对您所在城市的人际关系满意吗?(　　　)(单选)

A.很满意　　　　　B.基本满意　　　　　C.一般　　　　　D.不太满意

E.很不满意

18. 您认为农民工的子女教育方面存在哪些问题？（　　　）（多选）

　　A.受教育机会不平等　　　B.公办学校高额的借读费和赞助费

　　C.民办农民工子女学校教学条件差　　　D.受城市学生歧视排挤

　　E.农民工子女的户籍问题

　　F.政府对农民工子弟学校的帮扶和监管力度不够

　　G.其他

19. 您是否经常关注国家大事？（　　　）（单选）

　　A.十分关注

　　B.更多关注一些热点、焦点问题

　　C.仅关注那些与自身利益相关的新闻和政策

　　D.不关注

20. 您对现阶段中国全面建设现代化国家的目标有信心吗？（　　　）（单选）

　　A. 非常有信心　　　B.一般　　　C.没信心　　　D.说不清

21. 当有人发表同中央精神相违背的言论、非议党的理论和路线方针政策、散步传播政治谣言时,您的态度是(　　　)。（单选）

　　A.全盘相信　　　B.部分相信　　　C.不相信　　　D.不相信并严肃纠正

　　E.与我无关

22. 您最渴望享受该地政府提供哪些方面的公共服务？（　　　）（多选）

　　A.就业培训,提高自身技能　　　B.户籍改革,变成市民

　　C.住房保障,乐于安居　　　D.医疗保障,方便看病

　　E.子女义务教育　　　F.其他服务

23. 您是否有宗教信仰？（　　　）（单选）

　　A.有（请填写）　　　B.无　　　C.其他

24. 当道德与自身利益冲突时,您会如何选择？（　　　）（单选）

　　A.坚守道德　　　B.个人利益最大

C.先考虑道德再考虑个人利益　　　　D.先考虑个人利益再考虑道德

25. 请问您对社会主义核心价值观的了解情况是（　　　）。（单选）

　　A.非常了解　　　　B.基本了解　　　　C.仅听说过　　　　D.不清楚

26. 您认为社会主义核心价值观是否对您的工作生活起到了积极作用吗？

　　（　　　）（单选）

　　A.起到很多积极作用　　　　　　　　B.起到一些积极作用

　　C.起到很少积极作用　　　　　　　　D.没有任何积极作用

27. 在实施乡村振兴战略过程中，您是否愿意为家乡贡献自己的力量？

　　（单选）

　　A.非常愿意　　　　B.不愿意　　　　C.看情况而定　　　　D.不知道

28. 对于未来生活的打算，您更愿意（　　　）。（单选）

　　A.留在城市　　　　B.返回家乡　　　　C.不确定　　　　D.没有想过

29. 精神生活是美好生活的重要体现，您对自己的精神生活是否满意？

　　（　　　）（单选）

　　A.非常满意　　　　B.满意　　　　C.一般　　　　D.不太满意

　　E.很不满意　　　　F.说不清

30. 您希望政府能在其他哪些方面为您的精神生活需求提供更多的帮助？

后 记

　　带领人民创造高品质的幸福生活是中国共产党始终不渝的奋斗目标。习近平总书记说过："人民对美好生活的向往是我们党的奋斗目标，解决人民最关心最直接最现实的利益问题是执政党使命所在。"美好生活是一种理想的生活状态，但绝不是停留在理论层面的说教，而是具体化具象化生活化的存在，其实现途径需要因时因地因人进行具体化探索。近年来，理论界围绕"美好生活"话题展开了热烈探讨，取得了大量富有原创性的成果。本书立足马克思主义立场、观点和方法，融合马克思主义哲学、社会学、文化学、政治学的基础理论，坚持理论分析和实证探究相结合，对新时代青年农民工精神生活需求及价值引导问题进行了较为深入的研究，一定意义上丰富了新时代美好生活建构这一重大战略问题的学术研究，也为新时代社会主义精神文明建设、探究打开美好生活的具体方式提供了有益支持和借鉴。

　　本书是本人主持的国家社科基金青年项目"新时代青年农民工精神生活需求及价值引导研究"（18CKS036）的结题成果，其顺利出版得到了广西师范大学马克思主义理论学科（广西一流学科）的资助。自项目立项后，本人就制定研究计划和提纲，确定研究思路和内容，集中精力投入研究工作。课题组成员左路平副教授等帮助搜集了大量文献,参与了实地调研、数据分析和文字校对,也为课题研究提供了宝贵的建议。在此,诚挚感谢课题组成员的辛勤付出。

感谢西南大学黄蓉生教授和罗洪铁教授、华南师范大学陈金龙教授、桂林旅游学院林春逸教授、广西师范大学钟瑞添教授、汤志华教授和田旭明教授等专家的学术指导和宝贵建议,感谢天津人民出版社郑玥编辑的热心帮助。因本人水平和精力有限,本书难免有疏漏和不足之处,敬请读者批评指正! 本书在写作过程中借鉴和参考了有关文献资料和学界相关研究的一些观点,也尽力做了注释,参阅过的论著在"参考文献"中也已列出,如有遗漏和不当之处,敬请各位学界前辈与同仁批评指正!

蔡小菊

2023 年 8 月于桂林